怠ける権利！

過労死寸前の日本社会を救う10章

小《こ》谷《たに》 敏《さとし》

大妻女子大学教授

高文研

はじめに

「怠ける権利！」などと言えば、「ふざけたことを言うな！」とお叱りを受けそうです。誰もが働かなくなれば、社会は成り立ちません。適度な労働は、健康と幸福の源泉であると筆者も考えます。しかし、死に至るほどの勤勉は人間を不幸にするものでしかありません。この国では、現在過労死が大きな問題となっています。勤勉が人間を不幸にしている。筆者が怠惰を称揚する所以です。

「怠ける権利」ということばは、一九世紀フランスの社会主義者、ポール・ラファルグに由来しています。一日三時間以上働くと人間は不幸になる、とラファルグは述べています。バートランド・ラッセルとジョン・メーナード・ケインズという二人の偉大なイギリスの思想家は、ラファルグと同様、一日三時間程度の労働で十分社会は回っていくと考えていたのです。豊かな社会には物が溢れ、人間の代わりに働いてくれる機械も目覚ましい発達を遂げています。もう人間は、それほど働かなくてもよいはずです。それなのに過労死が増加し続けている。これ以上の矛盾は、考えることもできません。いまこそ怠惰の価値を説く、内外の思想家たちのことばに、耳を傾けるべき時ではないでしょうか。

「過労死」ということばが生まれたのは、日本がバブルの繁栄を享受していた一九八〇年代のことでした。死に至るまでの労働を人々に強いる、日本の社会構造と人々の価値観の歪みは何故生まれたのか。本書の目的はこの点を解明することにあります。

小谷 敏

※——目次

第❸章 勤勉——死に至る病

第4章　「奴隷の国家」がやってきた

第❺章 「社畜」の誕生――「包摂型社会」のゆらぎのなかで

第⑥章 「棄民の国家」の方へ
――「失われた一〇年」に起こったこと

第⑦章 「純ちゃん」と「晋ちゃん」
――「棄民の国家」の完成

第❽章 子どもと若者に「怠ける権利」を！

第9章　ベーシックインカムと「怠ける権利」

第⑩章 「なまけ者になりなさい」

第1章

「怠ける権利」とは何か

1　ポール・ラファルグという生き方

＊「現代のオブローモフ」——一九七〇年代の若者たち

筆者は学部時代、政治学科の学生でした。当時は大教室のマスプロ授業が主流。何百人もの学生に向かって教授が九〇分間ノートを読み上げ続けるスタイルがほとんどでした。二〇歳前の筆者は、政治学には何の興味ももつことができませんでした。

筆者は筋金入りの怠け学生でした。大学を卒業しても「働きたくない」とそればかり考えていたのです。そしてこの思いは、筆者だけのものではありませんでした。筆者が学部生だった一九七〇年代の後半には、若者論がブームになっていました。一九七八年に慶應義塾大学医学部の教授だった小此木啓吾は、『モラトリアム人間の時代』を刊行しています。〈註1〉アメリカの心理学者E・H・エリクソンは、若者たちがアイデンティティを確立するために、フルタイムの社会的役割を免除されている期間を「モラトリアム」と呼びました。本来モラトリアムは、大人になるための準備期間のはず。ところがいまの若者たちは、いつまでも大人になろうとはせず、モラトリアムを永続させようとしている。小此木は当時の若者の心理状態をこのように分析しています。小此木の論文を読んで、筆者は自分の心の中を見透かされているような気持ちになりました。

名古屋大学医学部の教授だった笠原嘉は、やはり一九七七年に『青年期』を出版しています。〈註2〉同書のなかで、笠原は、高い能力をもっているにもかかわらず、些細な挫折経験がもとで教室に出て行くことができなくなり、長期留年を繰り返す学生たちを「現代のオブローモフ」と呼んでいます。「オブローモフ」は一九世紀ロシアの作家ゴンチャロフの小説のタイトルです。高い知性をもつ青年貴族オブローモフが、近代化へと向かう当時のロシアの時流に乗りきることができず、寝床から出てくることすら稀な怠惰な生活の末に、短い生涯を閉じる物語です。高い知性をもちながら厳しい現実に対峙する力強さを欠いた長期留年学生たちに笠原は、帝政ロシアの青年貴族を重ね合わせていたのです。

「学校基本調査」によれば、一九七五年当時の四年生大学への進学率は、わずか二七・二％。七割に近い若者は、遅くとも二〇歳には社会に出て働いていたのです。モラトリアムの延長を試みることのできた若者は、同世代のごく一部であったとみるべきでしょう。しかし、大学紛争の主役として暴れまわった「団塊の世代」の次に登場した、一九五〇年代中葉生まれの筆者たちの世代が、「甘ったれた怠け者」の群れとして大人たちの目に映じていたことも否定し難い事実です。

＊「怠ける権利」との出会い

怠惰な日々を送っていた筆者が、大学一年生の終わりごろに出会ったのが、当時大阪大学の教授だった社会学者、井上俊の『死にがいの喪失』〈註3〉という著作でした。この本のなかで井上は、推理小説や恋愛、さらにはテレビの昼のメロドラマ等々、様々なテーマを縦横に論じていました。こんな自由な学問があるのかと驚いたものです。『死にがいの喪失』は、後に筆者が社会学者になる一つのきっかけを与えてくれた本だったのです。

　同書のなかに「怠惰と自由」という、一九世紀後半から二〇世紀初頭にかけて活躍したフランスの社会主義者、ポール・ラファルグを紹介した文章が載っていました。ラファルグの代表作が『怠ける権利』〈註4〉。労働者階級が一〇時間をはるかに超える過酷な労働に呻吟し、八時間労働の実現すら夢のまた夢として語られていた時代に、なんとラファルグは、一日三時間以上働くべきではないと主張していたのです。ラファルグの主張が、社会に出て（会社に入って？）働くことを忌避していた筆者の心の琴線に触れたことは言うまでもありません。この論文は、一八八〇年当時、ラファルグが編集長を務めていた『レガリテ（平等）』誌に発表されています。一八八〇年代は、ヨーロッパに国家主義的な風潮が広がり、帝国主義的な列強の対立が強まった時代でした。後にみるように、ラファルグは帝国主義の背後にあるものとして、過剰労働による過剰生産を指摘しています。

　井上のエッセイのなかで紹介されていた、ラファルグの生涯は、彼の思想以上に興味深いものでした。ラファルグの妻は、労働を神聖視した、あのカール・マルクスの二女ラウラだったのです。ラファルグは、キューバ生まれのクレオール（スペイン人と現地人との混血）でした。熱烈な活動と無為との間を往復するラファルグを、マルクスはあまりよく思っていませんでした。マルクスは、愛娘との結婚を前にしたラファルグに「まじめに働きなさい」とたしなめる手紙を書き送っています。筆者なら、あのマルクスに怒られれば、不本意ではあっても真面目《まじめ》に働くことを選ぶでしょう。ところがラファルグは、マルクスになんと言われようとも、終生安定した職業に就くことはなかったのです。ラファルグは、まさに筋金入りの怠け者。筆者とでは位が違い過ぎます。

ラファルグは、フランスにおけるマルクスの紹介者として、また社会主義の活動家として活躍しました。しかし労働とその蓄積がもたらす進歩を否定し、民衆が面白おかしく怠惰に暮らす世界を称揚した『怠ける権利』でのラファルグは、忠実なマルクス主義者というよりは、むしろマルクスが「空想主義的社会主義者」と貶めたユートピア主義の思想家たちへの親和性が高いという印象をもちました。事実ラファルグは、男女の同権と性の解放の思想のもとに、「ファランジェ」というコミューンを提唱したフーリエや、フーリエの思想の影響下に、協同組合に基礎を置く社会を提唱したプルードンの思想に親しんでもいました。その死に際してロシア社民党の党首だったレーニンからの弔辞が寄せられているように、マルキストとしてもラファルグは筋金入りの活動家であり、マルクスの著作のフランスへの紹介に力を注いだ人でもありますが、彼の著述のなかで後世に読み継がれているのは、なんといってもユートピアン的な『怠ける権利』だったのです。

＊美しく自由に生きる権利

齢七〇の時にラファルグが、老醜を晒すことを恐れて、妻とともに自死の道を選んだという井上の記述にも強い印象を受けました。ラファルグもラウラも非常な美貌の持ち主でした。「怠ける権利」を唱導し、義父のマルクスからその怠惰な人となりを責められながらも、ラファルグはスポーツマンタイプで、活動的な人間でもあったのです。身体が醜くなり、思うように動かなくなることが彼には我慢できなかったのでしょう。

ラファルグは美学の人でした。牛馬のように、あるいは奴隷のように働くことは美しくない。労働の日々に耐え、暗い顔をして生きることも美しくない。心の赴くままに、自由闊達に生きよ。『怠ける権利』に通底しているのは、そうした彼の美学です。井上は、ヨーロッパの社会主義者たちから自分たちの運動への「裏切り」（大事な時に戦線から離脱したという意味で）とまで非難されたラファルグの衝撃的な最期の意味を、次のように説明しています。人は誰か他者のために生きるべきではなく、自由＝自己決定こそが至上の価値をもつという彼の思想の実践だったのだと。「怠ける権利」とは人が美しく、かつ自由に生きる権利だと言うことができます。

『怠ける権利』は、社会科学者や実践家たちよりも、むしろ芸術家や文学者の生活態度に大きな影響を与えたと本書の訳者、田淵晋也は言います。男性用の小便器に「泉」という名前をつけて展覧会に出品したことで知られる、二〇世紀フランスで活躍した前衛芸術家、マルセル・デュシャンは、ラファルグの思想に心酔し、一日三時間しか働かない生涯を貫いています。その結果彼は、安らかで幸福な人生を送ることができたと田淵は述べています。芸術的創造に励むデュシャンが勤勉でなかったはずがありませんが、本来自分が求めてもいない富や栄達のために働くことを拒否することが、彼の生き方でした。「……人のためであれ、自分のためであれ、自分の人生に負担をかけ、重荷になることはやらないという基準から、「働くこと」を値踏みすることであり、その基準から見て、負担をかけすぎるような状況のもとでは、「妻、子ども、別荘、車」をもつことをしなかった——というものである」〈註5〉。

日本では近年、不要なものを徹底的に捨て去る「断捨離」がブームになっています。日本人女性の書いたお掃除の本が、世界的なベストセラーになりました〈註6〉。シンプルでスローな生活を送るために、最低限のものだけを所有して暮らしていこうと主張する「ミニマリスト」のライフスタイルが「クール」なものとして、世界的に注目を集めています。豊かな社会を生きる人々の多くは、ものの溢れる生活にもはやうんざりとしているのです。

ものの過剰を清算するためには、消費を抑制するだけでは不十分です。ものの過剰は過剰生産に由来するものです。生産を減らすためには、労働も減らさなければなりません。ものの溢れかえる豊さを実現しながらも、多くの勤労者が長時間労働に呻吟し、少なからざる人々が貧困に喘いでいる。矛盾に満ちた現代の日本社会において、ラファルグの本を繙くことには、大いに意味がありそうです。

2 「怠ける権利」とは何か

＊「労働の権利」への反駁

『怠ける権利』の出版に先立つこと三二年、一八四八年のフランスでは、民衆の蜂起によって国王ルイ・フィリップが退位する二月革命が起こっています。民衆蜂起は、フランスから、ドイツ、オーストリア等の隣国にも波及し、ウィーン会議で確立されたヨーロッパの保守的な政治秩序を崩壊させてしまいました。この時、フランスの社会主義者たちは、労働時間の短縮や授産施設の創設、さらには労働者の団結権等々の「労働の権利」を要求しています。この要求は革命政府の受け容れるところとはなりませんでしたが、労働者の諸権利や、労働時間規制の基礎を築いたものとして、これまで高く評価されてきたものです。『怠ける権利』はこの「労働の権利」に対する反駁の書としての性格をもっています。

ラファルグはなぜ、「労働の権利」に異を唱えたのでしょうか。それは、過剰な労働によってヨーロッパの民衆の健康状態は損なわれ、生きる喜びをうばわれていると、彼が感じていたからです。労働への歪んだ愛が世を覆い、プロレタリアートや、彼らの利益を代弁するはずの左翼知識人たちまでもがそれに毒されているとラファルグは嘆きます。労働の賛美は近代の産物です。古来労働は忌むべきものと考えられてきました。労働は奴隷の担うものだと考えられていたからです。「最盛期のギリシャ人もまた、労働に対しては軽蔑しか抱いていなかった。奴隷だけが働くことを許され、自由人は、肉体の訓練と知的競技を心得ているだけだった〈註7〉」。

ギリシャだけではなく、キリスト教のなかにも労働蔑視の思想があることをラファルグは指摘しています。「キリストは、山上の垂訓で、怠惰を説いた。「野の百合はいかにして育つかを思え、労せず、紡がざるなり。されど我、なんじらに告ぐ、栄華を極めたその服装《よそおい》この花の一つにもしかざりき」（マタイ伝、第六章〈註8〉）」。野の花は美しくみせるための何の努力も払っていない。ただ咲いているだけで王侯貴族の豪華な服よりも美しい——キリストはそう言っているのです。

労働を賛美する者たちは、「労働の長子」である進歩の信奉者たちでもあるとラファルグは言います。進歩とは、鉄道が敷かれ、田園地帯が工場地帯に生まれ変わることです。進歩とはよきものか？ラファルグはそう問いかけています。眼前の工場地帯の工場労働者たちは、過酷な労働に晒され、悲惨な日々を送っているのですから。「工場労働を導入してみるがよい。そうなると、喜びも、健康も、自由も、おさらばだ。人生を美しく、生きるにふさわしくする一切合財と、おさらばだ〈註9〉」。

＊過剰生産がもたらすもの

生産が過剰になれば、物価が下がり、企業の収益も低下し不況が到来します。不況になれば、ブルジョアたちはプロレタリアートを雇用しようとはしません。ところがプロレタリアートたちは、働き口を求めて資本家のもとに列をなします。そうすればプロレタリアートの労働力は、ブルジョアたちによって買いたたかれてしまう。ブルジョアの買い手市場になれば、もともと安いプロレタリアートたちの賃金はさらに引き下げられていきます。「……このあわれな者たちは、やる仕事がたっぷりある時より二分の一もの安値で、一二時間から一四時間労働を売る」[註10]。労働者たちがより安い給料でより長い時間働かされることによって、生産はますます過剰なものとなり、物価も企業収益も低下してプロレタリアートの賃金は低下の一途を辿るのです。

生産された商品は消費されなければなりません。プロレタリアートたちには、消費の能力がないのだから、ブルジョアたちはものを消費することが仕事になります。怠惰と奢侈がブルジョアたちの義務となりました。飽食の暮らしの果てに彼らは、「身体は痛み、髪は抜け落ち、歯はぐらつき、骨格はゆがみ、腹は突き出て呼吸は乱れ、動作は鈍り、関節は硬直し、手足の指はしびれてくる」[註11]。プロレタリアートたちが飢えに苦しむ一方で、ブルジョアたちも、「過剰消費の刑」に処せられているのです[註12]。

過剰生産物の消費は、ブルジョアたちだけで行うことはできません。そのためブルジョアたちは途方もない数の「非生産的使用人階級」を雇用することになります。過剰生産の社会は、生産する貧民と、消費することを主たる業務とする、ブルジョアおよび彼らに雇用される「非生産的使用人階級」とに分断されていきます。「非生産的使用人階級」の一翼を担う軍隊に雇われた兵士たちは、外国との戦争よりもまず、民衆の弾圧のために働きます[註13]。

ブルジョアたちは、過剰な生産物と、過剰なものとなった資本のはけ口を海外に求めていきます。「資本も商品のように増えていく。金融資本家たちはこれをどう捌けばよいか判らなくなる。煙草を吹かしながら日向ぼっこをしている国々へ、連中は乗り込み、鉄道を敷設し、工場を建て、呪うべき労働を輸入する。そしてある朝、フランスのこうした資本輸出は、ついに外交上の紛糾に突き当たる。……フランス、イギリス、ドイツが掴みあいの喧嘩をはじめる」〈註14〉。過剰労働のもたらす過剰生産は、国内の恐慌と貧困と階級闘争の原因となるだけではなく、諸国民の戦争をもたらすとラファルグは考えました。

＊機械の奴隷に堕した人間

中世ヨーロッパ諸都市におけるギルドは、労働時間を厳しく制限していました。近代に至っても、機械生産が始まる以前の「メリー（愉快な）イングランド」と呼ばれたイギリスと、大陸ヨーロッパ諸地域には、ラブレーやセルバンデスが描いたような「『なまけ者』の陽気な神を褒めそやし、楽しくご馳走を食べる」〈註15〉快活な空気が溢れていたのです。

機械が改良され、高度なものになれば労働者は、多くの休息が得られるはずです。ところが機械の導入とともに労働時間はむしろ長くなっていきました。人間が機械の奴隷と化している状況をラファルグは憤っています。「機械が改良され、段々高度になる速度と精密さの点で、人間の仕事に機械が打ち勝っていくにつれて、労働者は閑暇を相応に伸ばすことをせず、まるで機械と張り合うように、刻苦勉励の度を加えていく。なんと馬鹿馬鹿しい。殺人的な競争であることか」〈註16〉。

人間の労働の負担を軽減するために生まれたはずの機械が、人間の労働をさらに過酷なものにしている。ラファルグが指摘したこのパラドクスは、まさに現代の人間が経験しているものです。たしかにコンピュータは、計算や文書作成における人間の負担を大幅に軽減してくれています。ところが今日の日本のオフィスでは、手書きとそろばんの時代には想像もつかなかった「過労死」が日常的に生じているのです。コンピュータで本を注文することはできますが、コンピュータは本を探し出して消費者に届けることはできません。そのためネット書店の倉庫で働く人や、宅配業者の労働は過酷さを増しています。いまや主人はコンピュータ様。人間はその奴隷です。

人間が機械を使うのではなく、機械に人間が使われている現実があります。機械の速度に合わせて人間が働くことを強いられている、すなわち機械との競争を人間が強いられているのです。発達したＡＩ（人口知能）は、たしかに多くの人間の仕事を奪うことでしょう。しかし、それは人間の労働からの解放を意味するものではおそらくないはずです。ＡＩの奴隷としての過酷な労働に呻吟する日々が、われわれを待ち受けているのです。

＊「怠ける権利」とは何か

過剰労働の結果としての過剰生産が、恐慌と、それを解決するための戦争を引き起こす。そして機械の導入の結果、さらに過酷なものになっていった過剰労働のために、ヨーロッパ民衆の心身の健康は著しく損なわれてしまった。過剰労働こそが、諸悪の根源なのですから、それを解決する方法はただ一つ。人間が少しの時間しか働かなくなることです。「……怠ける権利を宣言しなければならぬ。一日三時間しか働かず、残りの昼夜は旨いものを食べ、怠けて暮らすように努めねばならない〈註17〉」。

「労働の権利」の主張にみられるように、フランスでは社会主義者たちまでもが、労働を聖化し続けていたのです。他方、過剰労働の弊害にいち早く気づき、何次かに及ぶ工場法の制定によって労働時間の制限を世界で最初に行ったのが、貴族主義的なイギリス政府でした。労働時間を短縮し、休日と給料を増大させることが結果として経済の力を高めることに、イギリスのブルジョアたちは賢明にも気づいていたのです。「イギリス政府は、一日、十時間以上の労働を法律で厳しく禁止した。そしてその後も変わりなく、イギリスは世界一の産業国である」。「……わずか二時間ばかりの削減が、十年間でイギリスの生産性を約三分の一増大させたとしたら、一日の労働時間を三時間に切り下げたら、フランスの生産は、どんな目もくらむ進歩を遂げることか」〈註18〉。

ラファルグの筆致には相当に破天荒なところがありますが、主張そのものはいたってまともです。長時間労働は人々を疲弊させる。過剰労働のもたらす過剰生産の結果、物価と賃金が低落し、恐慌が発生する。資本家たちが、恐慌の解消のために、過剰な生産物のはけ口を海外植民地に求めたことが、戦争の原因ともなっている。イギリスは労働時間を短縮した結果、世界最強の経済を実現した。労働時間は短ければ短いほどよい。だが長時間労働は一向に解消されない。それは労働者や社会主義者たちまでもが、労働を神聖視する観念にとりつかれているからだ。社会科学的な素養のある人であれば、これらのラファルグの主張の多くを認めるはずです。

本書においてラファルグが攻撃の対象としたのは過剰労働と、人々をそこに向かわせる、社会の中に深く根差した労働を神聖視する諸々の観念でした。怠ける権利とは、端的に労働を拒否する権利です。みんなが怠けていたのでは、社会は成り立たない。それはそのとおりです。しかし、死に至るまでの労働を拒否する権利を持たない人間は、自由な人間とは言えません。ところが二一世紀を迎えたこの国では、死に至るまでの労働を拒否する自由すら怪しくなってきています。

過半数の小中学校教員の残業時間が、過労死ラインとされる月一〇〇時間を超えているという、教師たちの信じ難い労働実態も明らかにされています。過剰労働が、この国に生きる人々の健康と幸福を損ない、日本社会の創造性と生産性を大きく毀損していることは、誰の目にも明らかです。ラファルグの『怠ける権利』のアクチュアリティは、この国においてはいささかも失われてはいないのです。

主要国の年間労働時間（2015 年）

国名	日本	アメリカ	イギリス	フランス	ドイツ
労働時間	1719	1790	1674	1482	1371

※『データブック　国際労働比較 2017』（労働政策研究・研修機構）201 頁より作成

3　働き過ぎだよ、日本人

＊前工場法的労働実態

ラファルグが「怠ける権利」を書いてから一五〇年近い歳月がたちました。この間に世界の労働時間の短縮は目覚ましく進んでいます。ＩＬＯ（国際労働機関）が第一回総会で、「一日八時間労働」を決議したのが一九一九年のことでした。日本でも一九四七年に施行された労働基準法で、一日八時間が法定労働時間となっています。「主要国の年間労働時間」（表）に示したように時短大国オランダの現在の年間労働時間は一四〇〇時間を切っています。ドイツなどでは数週間の長期休暇の取得がすべての労働者の権利として認められていますから、この一世紀の間の大陸ヨーロッパ諸国での労働時間の短縮には目覚ましいものがあります。

一九九〇年には二〇〇〇時間もあった日本の労働時間は、二〇一五年には、一七一九時間までに減少しています。それでも主要国のなかではアメリカとともに労働時間の長さが目立ちます。また残業代不払いの「サービス残業」や、家庭に仕事を持ち帰る「風呂敷残業」は当然この数字のなかには入ってきません。日本の勤労者の実際の労働時間は、この統計に示されたものよりもさらに長くなるはずです。有給休暇の消化率も五〇％程度。大陸ヨーロッパ諸国のような数週間の連続休暇など夢のまた夢です。日本と同じく第二次大戦の壊滅的敗戦から立ちあがり経済大国としての地位を築いたドイツとの間に、労働時間や休暇の取得の面では大きな差が開いてしまいました。

日本の労働法制の最大の問題点は、労働時間の制限のないことです。法定労働時間は一日八時間。それを超える場合には、「さぶろく（労働基準法第三六条）協定」に基づき、超過労働時間の上限を労使双方の合意によって取り決めることになっています。超過労働時間の上限については法律による定めはありません。労使の合意があれば、労働時間は青天井になってしまいます。無制限に近い超過労働が、働き過ぎによる過労死や過労自殺の温床になっていることは、誰の目にも明らかなはずです。

若い女性従業員の過労死によって、「ブラック企業」の代名詞のように語られた「和民」。店長たちが次々と「逃散」したために、多くの店舗を閉鎖せざるをえなかった「すき家」。外食産業の異常な労働実態は広く知られるところとなっています。外食産業は、労働力集約型産業でもあります。そして外食や居酒屋のチェーン店の氾濫によって、厳しい価格競争にも晒されています。それを勝ち抜くためには、少ない従業員を残業代も支払わずに長時間働かせることでコストを削減し、利益を上げるほかはない。死に至る長時間労働が、外食産業ではびこる所以です。

筆者の学生たちの多くが外食産業でアルバイトをしていますが、彼女たちの証言によれば、いずこの店舗でも、店長をはじめとする正社員層は、凄まじい長時間労働を強いられています。ある学生が働いていたお店の店長は連日連夜、働きづめに働いた挙句、ついには倒れてしまいました。救急車に乗せられる時、その店長は「ああ、これでしばらく休める」と彼女に話したといいます。天国のラファルグがこの事実を知れば、前工場法的な労働実態が、二一世紀の極東の経済大国を覆っていることに、びっくりぎょうてんするに違いありません。

これほど長時間働きながら、日本経済の世界の中での存在感は、往時に比べてはるかに小さなものになってしまいました。他方、ドイツは強大な経済力的な影響力をEUの域内でふるっています。時短大国ドイツの経済的活況と、過労死大国の日本の経済的退潮という対照は何とも皮肉なものです。「一日の労働時間を三時間に切り下げたら、フランスの生産は、どんな目もくらむ進歩を遂げることか」と言ったラファルグのひそみにならって言えば、一日三時間まで日本が労働者の働く時間を短縮すれば、日本経済が世界最強の地位に復帰することは、間違いありません。

＊勤勉さが招いた？　長期不況

自称在日イタリア人社会学者パオロ・マッツァリーノは、日本人が勤勉であるという「神話」に疑問符を投げかけています。マッツァリーノのみるところ、勤勉さは日本の伝統などではありません。江戸庶民はのん気なその日ぐらしをしていたのですから。近年の日本人の勤勉さは、むしろ日本経済の足を引っぱっている、とマッツァリーノは言います。〈註19〉彼は日本とオランダを比べており、労働時間は短く、ドラッグや売春さらには空き家の占拠も許される自由なオランダが高い成長率を誇っていて、真面目に長時間働く日本が低い成長率に苦しんでいることを、指摘しています。

過剰な公共事業が引き起こす財政赤字の問題が表面化した、一九九〇年代末から二〇〇〇年代初頭にかけて、日本の公共事業費とヨーロッパの雇用保険等の社会保障費がほぼ等しいという事実がしばしば指摘されていました。このデータは、日本では公共事業によって失業を防いでいたのに対して、ヨーロッパ諸国では失業が生じた場合には、社会保障によってそれに対処してきたことを示しています。〈註20〉

失業を生まない。万人に労働の場と所得とを与える。一見して日本式のやり方がよいようにみえます。たしかに経済が上昇軌道にある時には、公共事業は大きな乗数効果――政府支出が国民所得と消費とを、倍々ゲームのように増大させる効果――を生みました。道路が増えれば自動車に乗る人も増え、カーディーラーやガソリンスタンドのような自動車に関連する産業が発展し、多くの雇用を創出し、その結果増大した所得がさらなる消費を生み出して経済が成長していく。道路建設は財政にとっての負担ですが、それを上まわる税収の伸びを期待することができたのです。

しかし過剰な公共事業は、日本を「土建国家」にしてしまいました。公共事業の最盛期には、日本のアスファルト消費量はアメリカ合衆国のそれに等しく、土建業者に従事する人の数はＥＵ全体のそれに匹敵すると言われていました。過疎化が進み、これといった産業のない半島や離島や中山間地域において、公共事業への依存度は高まり、過剰な公共事業はこれら地域の美しい自然を破壊していったのです。

経済が成長のピークを過ぎると公共事業の乗数効果も小さくなります。高度経済成長期に道路を造ることは、右にみたように大きな経済波及効果を生みました。自動車の普及も飽和点に達した後にいくら道路を造っても、そうした効果は期待できません。税収の伸びも期待できないのです。道路を造れば造った分、財政赤字は増え続けることになります。道路・港湾・橋梁、そして様々な箱物等を造れば維持管理の経費がかかります。このことが九〇年代以降の地方の財政に大きな負担としてのしかかっていきました。

公共事業によって失業を生み出さないという日本式のやり方は、経済が成長している時代には有効でした。人々に働く場所を与え、新しく作られたインフラで生活が便利になり、さらなる経済の成長を呼び込んでいったのですから。しかし、経済が停滞する時代を迎えると、公共事業とその産物とは、負の財産として人々の上にのしかかってきます。過剰な公共事業に起因する財政難が、バブル崩壊後の不況を長引かせた一因となったことは否定できません。失業者を出すことなく、多くの国民に働く場を提供しようとした、勤勉性を重んじる政策が、「失われた一〇（二〇）年」をもたらしたのです。

＊供給は需要を生まない——竹中改革の愚

過剰労働が過剰生産を生み、商品価格が下落するために企業の利益は減少し、労働者の給与が引き下げられる。それを補うために労働者はさらに長い時間働きその結果商品価格が下落して……。長時間労働と過剰生産が生み出す悪夢のようなスパイラルをラファルグは指摘していました。このスパイラルから脱却する方法として彼が提示したのが、一日三時間労働だったのです。ラファルグは、景気が悪くなって仕事が減った時にも、なぜいままでと同じ一二時間働こうとするのか。何故、五時間なり六時間なりに労働時間を減らして、仕事を他者と分かち合おうとはしないのかと、労働者たちにも憤っています。ラファルグのこの主張は、一人で担っている仕事を複数の人たちが分かちあうことによって失業を防ごうという「ワークシェア」と非常によく似ています。

需要が減れば供給を減らすというのが、まともな感覚です。二〇〇〇年代初頭、バブル崩壊によってタクシー乗車の需要は、大幅に減少していました。ところが小泉政権の司令塔だった竹中平蔵は、新たな供給を生み出すことでそれまでにはなかった需要が掘り起こされるという信念のもとに、タクシー事業参入に対する規制緩和を行います。その結果、折からの不況で仕事を失った人たちがタクシー運転手の労働市場に流れ込んできました。竹中の「理論」とは異なり、供給を増やしても需要が掘り起こされることはありませんでした。その結果タクシーは完全な供給過剰の状態に陥り、運転手たちの年収は激減してしまったのです。

労働力に対する需要が乏しいにもかかわらず、皆が働こうとするから安く買いたたかれてしまう。それが、労働者を安い賃金で長時間こきつかう「ブラック企業」の跳梁跋扈を許す土壌となっています。マッツァリーノが例にあげているオランダは、労働者が仕事を分かち合う、「ワークシェアリング」の先進国です。オランダは、景気が悪くなればいままでどおりの時間働こうとするのではなく、仕事の量を減らして他の人々と分かちあえという、ラファルグの勧奨に従ったということができます。

＊過剰生産を超えて

ものやサービスの供給過剰は、ひとり日本だけの現象ではありません。冷戦終結までは、工業製品を輸出できる国は、日本とアメリカ、そして西ヨーロッパ諸国に限られていました。ところが冷戦の崩壊後、世界経済のグローバル化が進みます。ソ連を中心とする社会主義の経済圏が崩壊して、単一の世界市場が生まれます。技術と資本の移転が進んだ結果、アジアや南米の新興諸国、さらにはロシアなどが工業製品を輸出する能力をもつようになったのです。こうして工業製品の供給過剰の状態が、世界的に生じていきます。

ラファルグの指摘で興味深く思ったのが、貧民の生産した過剰な生産物を、貧民自身には消費する能力がないために、消費専従集団としてのブルジョアたちが蕩尽せざるをえず、そのために彼らの身体がひどく痛めつけられているという記述です。リーマンショックのころまで、日本、ＥＵ、新興諸国の過剰な生産物の消費を一手に引き受けていたのがアメリカでした。アメリカの労働経済学者、ジュリエット・Ｂ・ショアは、『働き過ぎのアメリカ人』〈註21〉と『浪費するアメリカ人』〈註22〉という二冊の本を著しています。ＩＴ産業の台頭によって数多《あまた》の億万長者が生まれた一九九〇年代末から二〇〇〇年代初頭にかけてのアメリカ社会は、「第二の金ぴか時代」と呼ばれています。この時代に浪費的な生活にふけっていたのは、ビル・ゲイツに代表されるＩＴ長者たちばかりではありませんでした。普通の中産階級の家庭が、子どもの誕生日のパーティに一万ドルもかけたり、豪華客船での世界一周クルーズを楽しんだりするような、浪費的な生活を送っていたのです。

贅沢な消費生活を送るためには、多額の収入が必要とされます。高い所得を得るためにはそれだけ長く働かなければなりません。狂乱の消費の時代にアメリカ人の労働時間は伸び続け、本来の勤務に加えて夜間や休日に別の仕事をもつことが普通になってしまったとショアは指摘しています。贅沢三昧の日々を送った挙句にアメリカでは肥満が凄まじい勢いで増えていきました。この時代のアメリカは、世界経済の中で、ラファルグの時代のブルジョアの役回りを演じていたのです。貧しい人たちまでをもこの浪費の饗宴に引きずりこもうとしたのが、低所得層に住宅ローンを組ませた「サブプライムローン」でした。本来ローンなど組ませてはならない貧しい人たちに無理な貸し付けを行っていたのですから、「サブプライムローン」は当然のように破綻してしまいます。その結果、訪れたのが

「リーマンショック」という世界経済の大破局だったのです。

＊「爆買い」と貿易戦争――過剰生産のはけ口を求めて

リーマンショックの後、世界経済の主役となったのが順調な経済発展を続け、二〇一〇年には日本を抜いて世界第二位の経済大国となった中国です。中国は「世界の工場」として生産面で世界に君臨しただけではなく、新しく生まれた膨大な数の中間層や富裕層の旺盛な消費行動によって、世界経済を牽引していきました。二〇一五年の流行語大賞に「爆買い」がノミネートされています。中国人の観光客たちが日本に来て、電化製品やトイレットペーパー等々の日用品などを大量に購入する現象を指したことばです。中国人観光客の「爆買い」が、疲弊した日本の地方の地域経済にとって、干天の慈雨となったことも否定し難い事実です。「水木しげるロード」で知られる、鳥取県の境港《さかいみなと》市に寄港した大型クルーズ船に乗っていた中国人観光客が、同市に近接した米子市近郊のイオンモールに殺到したために、モールの店舗のレジが壊れてしまったという笑い話のような出来事さえ起こりました。中国人の消費活動も成熟し、爆買いは過去の逸話となっています。しかし、世界経済が中国の巨大な購買力に依存している事実に変わりはありません。

ラファルグは、過剰に増殖した商品のみならず資本のはけ口を「たばこをふかしながら日向ぼっこをしている」のん気な南の国々に求めた結果、植民地の争奪戦が起こり「フランス、イギリス、ドイツが掴みあいの喧嘩をはじめる」状況を予言していました。植民地支配をめぐる列強間の闘争の時代は、とっくの昔に終わっています。しかし自由貿易という名の「掴みあいの喧嘩」は、グローバル経済の時代を迎えてますます激化しているのです。

どこの国の政府にとっても、経済成長は至上命題です。しかし、成熟し、飽和し切った先進国の国内市場に成長の余地はありません。そこで、二〇一二年末に発足した第二次安倍政権は、海外の途上国に成長市場を求めていきます。安倍政権は、新幹線はまだよいとしても、原発や果ては兵器の輸出を企てていたのです。日本の集団的自衛権行使を容認したいわゆる「戦争法案」（安保法制）も、兵器輸出との関連で考えるべき問題でしょう。環太平洋諸国の「掴みあいの喧嘩」をもたらしたであろう、TPP（環太平洋パートナーシップ協定）は、幸いにもトランプ米大統領の出現によって、頓挫してしまいました。ただもちろんトランプ大統領も、「アメリカファースト」の旗印の下、経済の領域においても「掴みあいの喧嘩」の種を世界に撒いていくであろうことは、想像に難くありません。

過剰労働がいかに世界と日本を歪めているのかを第1章ではみてきました。ラファルグはやはり正しかったと言うほかありません。日本社会はなぜ過剰労働から脱却できず、日本人は労働信仰を捨てきれないのか。この問題を考察する前に、ラファルグとは異なる立場からやはり「怠ける権利」を提唱した二人の偉大なイギリス人の言説を検討することにしましょう。二人の偉大なイギリス人とは、バートランド・ラッセルと、ジョン・メーナード・ケインズです。

【註】

〈1〉小此木啓吾『モラトリアム人間の時代』中央公論社、一九七八年

〈2〉笠原嘉『青年期』中公新書、一九七七年

〈3〉井上俊『死にがいの喪失』筑摩書房、一九七三年
〈4〉ポール・ラファラルグ、田淵晋也訳『怠ける権利』平凡社ライブラリー、二〇〇八年
〈5〉田淵晋也「平凡社ライブラリー版訳者あとがき」（同右書、二三一頁）
〈6〉近藤麻理恵『人生がときめく片づけの魔法』サンマーク出版、二〇一一年
〈7〉ラファルグ前掲書、一七〜一八頁
〈8〉同右書、一八頁
〈9〉同右書、二九頁
〈10〉同右書、三四頁
〈11〉同右書、四四頁
〈12〉同右書、四九頁
〈13〉同右書、四九頁
〈14〉同右書、三六頁
〈15〉同右書、四一頁
〈16〉同右書、四〇頁
〈17〉同右書、三七頁
〈18〉同右書、五六頁
〈19〉パオロ・マッツァリーノ『反社会学講座』イースト・プレス、二〇〇四年
〈20〉ガバン・マコーマック、松居弘道・松村博訳『空虚な楽園—戦後日本の再検討』みすず書房、一九九八年
〈21〉ジュリエット・B・ショア、森岡孝二ほか訳『働きすぎのアメリカ人—予期せぬ余暇の減少』窓社、一九九三年
〈22〉ジュリエット・B・ショア、森岡孝二監訳『浪費するアメリカ人—なぜ要らないものまで欲しがるか』岩波書店、二〇〇〇年

第2章

わが孫たちの経済的可能性？

――ケインズの予言はなぜ外れたのか

1　バートランド・ラッセル『怠惰への讃歌』

＊奴隷の道徳としての労働の讃美

バートランド・ラッセルは、二〇世紀イギリスの偉大な数学者であり、哲学者でもあった人です。社会問題に積極的にかかわり続けた彼は、第一次世界大戦に反対したために、ケンブリッジ大学を追われています。第二次世界大戦後には、世界的核兵器反対運動の先頭に立って活動をしていました。一九五〇年には、ノーベル平和賞を受賞しています。最晩年には、サルトルとともにベトナム戦争を戦争犯罪として裁く国際法廷を開催しています。彼の書いた膨大な哲学的エッセイは、英語の散文の模範とされており、筆者が若かった頃には、高校の英語の授業の副読本や、様々な大学の入試問題で彼の文章に出会いました。高校時代の英語の副読本の中に、「怠惰への讃歌」という意表を突く表題のエッセイがあったことを覚えています。豊かな知的生産を行い、旺盛な社会活動家でもあったラッセルは疑いもなく、勤勉な人でした。大変な勤勉家であり、貴族の家柄に生まれたラッセルが、あのフランスの怪しげな社会主義者であるラファルグと同じように、怠惰を礼賛していたのです。

学問や芸術そして優雅な礼儀作法等々、人々の生活を豊かにし、また幸福にする多くのものは、労働から免除された階級――アメリカの経済学者ソースタイン・ヴェブレンのことばを借りれば有閑階級――の閑暇の時間のなかから生み出されたものである。他方、人間の勤勉の産物の多くは戦争とその準備のために費やされていると、ラッセルは言います。

長い歴史のなかで労働は忌むべきものだと考えられてきました。古代ギリシャの昔から、自由民は労働をせず、骨折り仕事は奴隷に押し付けられてきたのです。労働を奴隷に強制する際、骨折り仕事が価値あるものであると彼らに刷り込めば、彼らは自発的に働くようになる。この意味で労働の讃美は奴隷の道徳であるとラッセルは言います。技術の発展によって労働は徐々に苦痛なものではなくなり、二〇世紀に入ると階級の如何を問わず誰しもが働くようになりました。こうした時代においては本来、労働の讃美は必要のないものだというのが、ラッセルの認識です。

一九一七年の一〇月革命によって、人類史上初の社会主義国家であるソビエト連邦が生まれました。労働者階級が主人公であるはずのソビエトにおいても、労働の讃美は続いている。それは何故か。ソ連の指導層は、ツァーリの後継者たち。本来的には「専制君主」です。困難な辺境の開発をも含む、社会主義国家建設のために、人民に大きな苦痛を強いる労働を調達することが不可欠だからだとラッセルは言います。ロシア革命が勃発した時、イギリスの知識人のなかには、「社会主義の祖国」ソ連に対する鑽仰《さんぎょう》が広がりました。しかし、一九二〇年代にソ連を訪れたラッセルは、権力の強制によって人間性を変えることは可能だと考えるソ連社会のあり方に根本的な疑念を抱いています。レーニンが行った農業集団化の過程で、あるいはスターリンの大粛清によって、途方もない数の人命が失われたことが後に明らかになっていきます。そして、二〇世紀の末にソ連という国は姿を消してしまいました。ラッセルの疑念が正しかったことは、歴史によって証明されたのです。

アウシュビッツの絶滅収容所の入り口には、「労働は人を自由にする（arbeit macht frei）というスローガンが掲げられていました。労働の讃美は死に至る奴隷の道徳なのです。ナチスの迫害を逃れてドイツからアメリカに亡命した偉大な哲学者テオドール・アドルノは、「アウシュビッツの後で詩を書くことは野蛮だ」と述べています。アウシュビッツの後で労働を讃美することもまた、野蛮でしょう。ところが二一世紀の日本においても相も変わらず労働の讃美が続いている。不思議な状況です。

＊一日四時間の労働で足りる世界

第一次世界大戦においては、男女を問わず壮健な人たちは、すべて戦争のために徴用されてしまいました。そうであるにもかかわらず、戦時中において日常必要な品物は滞りなく供給されていたのです。このことは、現代人の必要を満たすための生産は、いまの半分の労働量で足りることを物語っています。

要するに戦争は、生産を科学的に組織すると、現代世界の労働能力をずっと減らしても、それで現代の民衆に十分楽な生活を送らせることができることを証明したのである。それでもし戦争が終わった際、人々を戦闘や軍需品製造に振り向けられるために創められた科学的な組織を持ち続け、労働時間を四時間に切り下げてしまったなら、誰もが好都合になっただろう。〈註1〉

『怠惰への讃歌』の原著が公刊されたのは、一九三二年。世界が大恐慌の真っただ中にあった時です。失業者たちが街に溢れ、仕事を奪い合う状況が続いていました。機械が発達したために、不要となった労働者が増えたことも失業問題を深刻化させていました。フランスの著名な詩人で駐日大使も務めたポール・クローデルは、大恐慌下のアメリカに大使として滞在し、浩瀚なレポートを外務大臣あてに送っています。そのなかでも当時のアメリカで深刻化していた「技術的失業」についての報告は興味深いものです。「絶対的に機械が労働者を排除していく傾向にあるようです。『サタデーイブニングポスト』最新号には、二〇〇人分の仕事をする砂糖黍刈り取り機の写真があります。同種の別の機械が綿花にもできたようです。自動販売の食料品店ができて、店員もレジ係がいなくても買えるそうです。科学のおかげで将来大部分の事務員は解雇されるかもしれません〈註2〉」。

不況と技術革新とが相まって一挙にアメリカ社会から雇用が失われている様が、クローデルのレポートからは伝わってきます。仕事が急激に減少したのであれば、皆が八時間も働こうとするのではなく、働く時間を半分にして仕事を分かち合えば良い。そうすれば過剰生産も、失業も解消される。先にみたラファルグとラッセルは同じことを言っています。このワークシェアというべきものが実現しないのは、人々が相変わらず勤勉の美徳という観念に呪縛されているからだとラッセルは言います。

生産されたものは必ず消費されなければなりません。ラッセルは、生産にばかり価値をおいて、消費や享受という問題に人々がほとんど関心を寄せていないことを、現代の悪幣として挙げています。そのために現代人の余暇は貧しいものになってしまった。昔の農夫たちでさえ、祝祭の時にはダンスを踊って能動的に楽しんでいたのに、現在ではラジオを聴くことや映画の鑑賞、そしてフットボール観戦等の受動的なものが支配的なものになってしまっている。これは、都会人が生産活動のためにエネルギーを吸い取られてしまった結果だとラッセルは言います。教育の目標も、「生産」から余暇を豊かに過ごす能力を授けることにシフトすべきである、と。

教育を現在一般の状態より一層進化させ、ひまを賢明に使わせる趣味を幾分か与えることを、教育が目指さなければならないのが、かような四時間労働という社会制度の一つの重要な使命である。(註3)

一日四時間の労働で生活が成り立つようになれば、学問や芸術を志す人たちは、偉い教授の顔色をうかがったり、市場の動向に左右されることなく、自らの関心を追求することができるようになるとラッセルは言います。いま若い研究者たちは、大学教授職に就くための業績作りに追われています。そして私のようにすでに大学教授職にある者は、自らの地位と所属する組織とを守るために、日々業績作りと不毛な会議、そして書類書きとに追われる日々を過ごしています。一日四時間の労働で足りる豊富な余暇の時間を人々が手にするようになれば、そして学術情報へのアクセスがいま以上に容易になれば、文系の学問、さらには文化芸術のあり方も大きく、そしてよい方向に変わる可能性があります。

＊労働と報酬の問題——ベーシックインカム論の源流

現代の日本社会ではワーキングプアやブラック企業の問題が深刻化しています。フルタイムで働いても、生活保護水準以下の収入しか得ることができない人や、まったく残業手当が支払われない状況の下で、長時間労働に従事している人たちが、この国には大勢いるのです。もちろん、雇用者側の姿勢にも問題は大いにあると思いますが、経済が収縮し、雇用する側も十分な賃金を支払えない状況にあることもまた否定できません。労働と所得とを切り離すべきだという主張が、様々な立場からなされています。生きて行く上で必要な最低限の所得を無条件で万人に保障すべしという「ベーシックインカム」（以下ＢＩ）が現在注目を集めています。ＢＩの議論においてしばしばラッセルの名を目にします。ラッセルが、一九一八年に書いた『自由への道』のなかで一章を割いて、ＢＩの祖型となる議論を展開しているからです。

人口は急激に増えるが食糧生産はそれに追いつかない、多くの人々が生存ぎりぎりの生活を送ることを強いられている。人が生きていくためには、長時間必死で働かなければならないという思い込みは、そうした時代に形作られたものです。だが工業だけではなく、科学的な栽培法の導入によって、農業の生産性は目覚ましく増大しています。地球上の人口密度が、ロンドンのそれに等しくならない限り、飢餓はもはや現実的な問題とはなりえないとラッセルは言います。科学的栽培法の導入によって農業はもはや苦しい労働を伴うものではなくなりました。都市生活者が事務作業や工場労働の余暇で農業に従事するようになれば、肉体労働と知的労働の分離が解消され、人々はいまより十全な生を享受できるようになるというクロポトキンの主張を、ラッセルは共感をもって引用しています。（註４）クロポトキンは、相互扶助を基礎とする、無政府主義を唱えた、帝政ロシア時代の思想家です。

社会主義とアナーキズムとは、生産手段を社会化して、その果実の公平な分配を目指すという点では一致しています。しかし、両者の間には、労働に重きを置く社会主義と、労働を集団の成員に強いることを回避しようとするアナーキズムという差異があると、ラッセルは言います。人々の間に労働の義務を課せば、何が集団にとって有用な労働かを定義しなければならず、それを認定する指導層の権力が強まっていく。それは自由を重んじるアナーキストの忌み嫌うところです〈註5〉。

道路も水道も美術館や公園や砂浜も、そして医療や学校教育も、それまで個人に所有され、所有者以外が使う場合には有料であったものが、公営化され、無料かそれに近い状態が使用できるようになった。そうした趨勢に照らせば、お金をも含む、生存に必要な資材もまた、無償ですべての人たちに提供される時代が来ても不思議はないとラッセルは言います。これは面白い考え方だと思いました。

生活に必要な資材が無償で提供されれば人々は働かなくなるのでしょうか。適度な労働は、成人に達した人々が健康に生きる上で不可欠のものです。そして最低限の生活が保障されても、人々はよい評判を得るために働くことでしょう。労働者が自己決定権をもち、快適な職場で、一日四時間程度働くのであれば、労働は苦役から喜びに変わるはずだとラッセルは言います。働く意欲をもたない本当の怠け者などいてもごく少数です。そして、美や真理を探究したい者は、それが社会的に有用であるか否かという権力のお墨付きを得ることなく、自由に創造的な活動に携わることができます。では人々が従事することを嫌がる仕事（今日３Ｋ——きつい、汚い、危険——労働と呼ばれるような）には誰がつくのか。そうした仕事も一日四時間程度のものであれば、さしたる苦痛にはならないとラッセルは言います〈註6〉。

社会主義のメリットは、労働への誘因を高めるところにある。アナーキズムのメリットは人々に大きな自由を保障するところにある。ラッセルは次のような両者の折衷案を提案しています。生存の必要を満たすだけの所得は無条件で万人に保障し、それ以上のものについては労働の成果に応じて与える。その場合でもラッセルは、専門的な能力を必要とする仕事よりむしろ、人の嫌がる仕事に就く人に手厚い配分をすべきであると主張しています〈註７〉。

生計を営むに足る所得を万人に保障しようというラッセルの主張は、そのことばこそ使っていませんがＢＩそのものです。そして今日のＢＩについての論点のほぼすべてが（財源の問題を除けば）、約一〇〇年前に書かれたラッセルの論文のなかで検討されていることも非常に興味深く感じました。

2 ジョン・メーナード・ケインズ「わが孫たちの経済的可能性」

*ジョン・メーナード・ケインズ

ジョン・メーナード・ケインズは経済学の歴史のなかに大きな輝きを放つ偉人です。ケンブリッジ大学で数学を学んだ彼は後に経済学者に転じています。ケインズは、経済学者としてだけではなく、行政官として、あるいは投資家として、実践的な側面でも大きな足跡を遺しています。一九四四年にアメリカのニューハンプシャー州ブレトンウッズで開かれた戦後の通貨体制を決める会議には、イギリス全権として参加し、ドルを世界貿易の基軸通貨とすることを主張した、アメリカ代表の財政家ハリー・ホワイトと激しい論戦を繰り広げています。

一九二九年のウォール街の株価の大暴落によって、世界経済は大きな痛手を受けました。政府は市場に介入すべきではないという古典的な自由主義を信奉していた、アメリカのフーバー大統領が何の対策も講じなかったために、経済の状態は悪化の一途を辿っていきました。市場のプレーヤーが好きなように振る舞えば、「神の見えざる手」の力によって自ずと市場に秩序がうまれるという、アダム・スミス以来の「自由放任」哲学は、世界恐慌によって失効してしまったのです。

そうしたなかで注目を集めたのが、政府が活発に公共事業を行い、資金を市場に流すことによって、多くの有効需要が生み出されると説いた、ケインズの経済理論でした。フランクリン・ルーズベルト大統領は、大恐慌からアメリカを救うために、テネシー川流域開発事業（ＴＶＡ）に代表される多くの公共事業を実施する「ニューディール政策」を断行しています。これもケインズ理論に基づくものでした。第二次世界大戦後の西側世界の主要国は、一様にケインズ政策を採用し、「世界経済の黄金時代」を実現させていきました。欧米諸国もそして日本も、道路や港湾の建設を始めとする多数の公共事業を通して、あるいは年金や各種社会保障等によって、政府資金を市場に流通させて、有効需要を拡大し、目覚ましい経済成長を実現したのです。

ケインズは偉大な経済学者であり、豊かな社会の実現に大きく寄与した人物でした。しかし以下にみるように、ラッセルと同様ケインズもまた、経済に実は大きな価値を置いてはいなかったのです。偉大な経済学者が経済に価値を置いていない。これは興味深い逆説です。

＊「わが孫たちの経済的可能性」

大恐慌のただなかの一九三〇年、ケインズはスペインのマドリードで、「わが孫たちの経済的可能性」という有名な講演を行っています。彼はそのなかで当時世界を覆っていた世界経済の先行きに関する悲観論に反駁しています。「……いま苦しんでいるのは、年をとってリューマチにかかったからではない。急速な変化による成長痛のためであり、経済の一つの段階から次の段階に移行する際の調整が痛みを伴うためである[註８]」。一八世紀以来、資本の蓄積と技術革新は目覚ましく続いており、その勢いはいまも衰えてはいない。この講演の当時、深刻化していた失業も、テクノロジーの発達に労働

市場の調節がおいついていかないために生じた「技術的失業」に過ぎない、とケインズは言います。〈註9〉

ケインズは、人々が生活する上での経済的ニーズを、衣食住の充足等、生きていく上で不可欠な「絶対的なニーズ」と、他に優越するために求められる「相対的なニーズ」とに分けています。後者は際限のないものとなる可能性がありますが、前者には自ずと限りがあります。ケインズの孫の時代には、人々の「絶対的ニーズ」を充足するだけの生産力を備えています。それ故一〇〇年後の世界には、経済はもはや人々の主要な関心事ではなくなっているとケインズは言います。「大きな戦争がなく、人口の極端な増加がなければ、百年以内に経済の問題は解決する……といえる。これは将来を見通すなら、経済的な問題が人間にとっての永遠の問題ではないことを意味する」。〈註10〉

一〇〇年後を生きるわが孫たちは、一日三時間も働けば生活の必要を満たすことができるようになる――そうした時代が到来すれば現在のように、貪欲さが讃美されることもなくなります。豊富な余暇を手にした人たちは、現在をよりよく豊かに生きる人たちを尊敬するようになるでしょう。

昔に戻って、手段よりも目的を高く評価し、効用よりも善を選ぶようになる。一時間を、一日を高潔に、有意義に過ごす方法を教えてくれる人、ものごとを直接に楽しめる陽気な人、労せず紡がざる野の百合を尊敬するようになる。〈註11〉

一日三時間程度の労働で事足り、人々が日々を心豊かに生きることを目的とするような社会。ケインズは、人類がそうした「経済的至福の状態」に到達する速度は、次の四点にかかわっていると述べています。「人口の増加を抑制する能力、戦争と内紛を回避する決意、科学の世界で決めるのが適切な問題については科学の世界に任せる意思、資本蓄積のペースである。このうち資本蓄積のペースは、……前の三つの要因があれば自然に解決される〈註12〉」。

＊「足るを知る」——ケインズとラッセルのイギリス

ラッセルとケインズ。二〇世紀イギリスの二人の偉大な思想家が、人間は生活の必要が充足されればそれ以上の富を求めない、「足るを知る」存在であると考えていたことが興味深く感じられます。イギリスは階級社会です。ケインズ（功績によってサーに叙せられた）やラッセルのような貴族階級は、高貴な存在だと誰からも認められています。労働者階級は質素な暮らしで満足している。両者の中間に位置する中産階級には、社会的上昇への願望と、下層に転落することへの恐怖が併存していたかもしれませんが、生まれながらにしてその将来が見通せる階級社会とは、欲望の亢進に自ずと歯止めのかかる社会です。他者に優越したいという「相対的ニーズ」に支配された人々が、馬車馬のように働き続ける時代が到来すると、往時の偉大なイギリス知識人が考えなかったのは、このためでしょう。

筆者が子どもの頃に、「イギリス病」ということばをよく耳にしたものです。かつて七つの海を支配した大英帝国も、第二次世界大戦後には、インドをはじめとする海外植民地のほとんどすべてを手放し、世界の覇権も完全にアメリカに譲り渡してしまいました。イギリスは世界に先駆けて「ゆりかごから墓場まで」と呼ばれた福祉国家を実現しますが、経済は停滞を続け、アメリカはおろか、ドイツ、フランス、そして日本の後塵を拝するようになりました。「イギリス病」とは、先人が築いた富の上に安住することで、活力を失った老大国を揶揄する言葉だったのです。

階級社会の様相を長くとどめていたイギリスでは、大学大衆化の趨勢が世界的に及んでいった第二次世界大戦後においても、大学進学率がそれほど上昇しませんでした。そのため世界を覆った六〇年代末の若者の反乱の時代においても、日本やアメリカ、そしてドイツ、フランスをはじめとする大陸ヨーロッパ諸国に比べて、イギリスの大学紛争はそれほど過激なものとはならなかったのです。

世界的な経済学者だった故森嶋通夫は、一九七七年に刊行された『イギリスと日本』において、猫も杓子も大学進学を目指す日本と、高等教育が出世の手段ではなく、一部エリート層による真理探究の場としての性格をとどめているイギリスとを対比しています。森嶋は、中等教育のレベルで充実した教育が行われているイギリスでは、超一流大学を出たエリートが、ビジネスの世界ではなく、高校の先生になりたがる傾向を指摘しています。〈註13〉経済学者の森嶋が、進学熱に浮かされ、目覚ましい経済的発展をとげた日本よりむしろ、多くの高等遊民を生み出し、優雅な没落の道をたどる「イギリス病」を肯定的にとらえていることは非常に興味深く思われます。「相対的ニーズ」に支配されることのない、「古きよきイギリス」の気風は、森嶋の本が出された二年後にイギリス初の女性宰相となった、マーガレット・サッチャーの手によって一掃されてしまうのですが……。

＊外れてしまった？　ケインズの予言

ケインズは、一〇〇年後の世界について薔薇色の展望を抱いていました。この講演の行われた時点から一〇〇年後とは二〇三〇年。二〇三〇年まであと一〇年あまり。人々が一日三時間程度の労働で豊かに暮らすことができ、経済が人々の主要な関心事ではなくなって、日々をよりよく生きることに誰もが専念できる「経済的至福の状態」に世界は近づいているのでしょうか。残念ながらそうはみえません。

たしかに主要国の労働時間は、第二次世界大戦後に目覚ましく減少しています。しかし、優秀な若者が過労自殺で命を絶ち、教師のような専門性の高い職業に就く人々も含む多くの勤労者が、長時間労働に呻吟していることはご存知のとおりです。「一日三時間労働」など、夢物語でしかありません。経済はいまをもって人々の主要な、そしてもっとも深刻な関心事であり続けています。物質的な豊かさを達成した現在、かつてのように食べるにも事欠く「絶対的貧困」はさすがに姿を消しました。しかし「相対的貧困」（平均年収の中央値の半分以下の所得で暮らす人たち）に苦しむ人たちは増加の一途を辿っており、とくにこの国では母子家庭の貧困率の高さが突出しています。労働市場の収縮によって、若者たちが正規雇用の仕事に就くことが困難になってしまいました。十分な収入を得ることができず、貧困にあえぐ若者も増加を続けています。比較的恵まれた立場にいるはずの大学生たちも、学業を犠牲にしての「就活」に多くの時間とエネルギーをとられています。仕送りが年々減少する中で、学生たちは生活のためのアルバイトにも追われています。経済の右肩上がりの時代に蓄財をして、年金制度の恩恵を十分に受けているはずの高齢世代でさえ、「老後破綻」の危機が喧伝されています。二〇一〇年代後半のこの国では、老いも若きも、富める者も貧しき者も、等しく経済的な不安を抱え、経済的な動機に支配されて行動し続けています。

ケインズは、「わが孫」の世代においては、金銭の獲得を自己目的とするような性癖をもつ連中は、

「……少し気味の悪い病気、半ば犯罪的で半ば病的な性癖、なるべくなら専門家に治療をお願いしたい」類の人間とみなされるだろうと述べています。〈註14〉しかしいまや「専門家に治療をお願いしたい」類の、悪しき性癖をもつ人々が、世界の富の大きな部分を占有し、かつ偉大な成功者として人々の鑽仰《さんぎょう》の的となっているのです。これがマドリード講演から約九〇年を経過した、ケインズの孫の世代の実相です。

「経済的至福の状態」に到達する速度を決定する要因としてケインズが重視した、「人口の増加を抑制する能力、戦争と内紛を回避する決意、科学の世界で決めるのが適切な問題については科学の世界に任せる意思」についてはどうでしょうか。人口は地球上で毎年一%以上の増大を続けており、二〇三〇年には八三億人に到達することが予測されています。人口爆発は途上国を中心になお続いているのです。冷戦終結以降、アメリカが中東で続けてきた愚かな戦争の結果、世界は戦争と内紛とテロの恐怖に晒され続けています。発達したテクノロジーが、多くの恩恵を人類にもたらしていることは事実です。しかし、核エネルギー、インターネット、バイオ技術等々が、ビジネスや権力と深くかかわることによって、現代社会における大きなリスク要因となっていることは否定できません。「科学の世界で決めるのが適切な問題について」資本や権力が介入し、その決定が歪められているのです。ケインズのいう「経済的至福の状態」にわれわれは近づいているどころか、むしろ遠ざかっている印象すら禁じえないのです。

現状ではケインズの予言は外れてしまったと言わざるをえません。ではケインズの予言はなぜ外れてしまったのか。以下にはその問題を考えてみたいと思います。

3 「相対的ニーズ」に支配される人間——ソースタイン・ヴェブレン

＊「アメリカン・ドリーム」の光と翳

アメリカはイギリスからの植民者が創った国です。英語を話し、リベラルなデモクラシーと資本主義を信奉し、金融業に長けている……。英米両国は現在でも多くの類似点を有しています。しかし、往時のイギリスが人々の社会的ポジションが生まれながらにして決定されている階級社会であったのに対して、植民者たちの創ったアメリカにおいては、人々は平等な立場から人生を始める建て前になっています。アメリカ合衆国憲法には、「幸福追求の権利」が謳われています。アメリカにおいて「幸福」とは成功、なかんずく経済的成功と同一視されてきました。丸木小屋に生まれて大統領に上りつめたアブラハム・リンカーンが、「アメリカン・ドリーム」の体現者として語られてきました。巨大な富を所有する人たちが、アメリカでは神の祝福を受けた「セレブ」(celebrity) として、鑽仰の的となっています。セレブになることが、すべての子どもたちに推奨される社会。アメリカと、ケインズの時代のイギリスとは実に対照的です。「幸福」＝「成功」を至上のものとして、さらなる社会的経済的な高みに上ることを推奨する社会において人々は、「絶対的ニーズ」の充足で満足することはありません。他者に優越し、他者に比べてより「幸福」になるという「相対的ニーズ」に突き動かされて、人々は富の獲得に狂奔するようになります。

すべての人が巨富を手にすることは現実には不可能です。第二次世界大戦後のアメリカ社会学を主導したロバート・K・マートンは、「アメリカン・ドリーム」がもたらす弊害を指摘しています。アメリカにはすべての人が巨富を手にすることができるという「文化目標」が存在している。しかし、それに到達するための「制度的手段」は多くの人の前に鎖されている。スラムに暮らす貧しい有色人種の子どもたちが、高い学費を払って有名大学に進み、医者や弁護士になることなど夢物語です。野球やアメリカンフットボールなどのプロスポーツ選手となって成功できるのも、ごく一握りの人たちでしょう。欲望を掻き立てられながら、それを充足する手立てのないことへの絶望感（マートンはこれをアノミーと呼びます）から、アメリカでは多くの若者が犯罪に走るようになったとマートンは言います〈註15〉。

アメリカの労働経済学者ジュリエット・ショアは、テレビの視聴時間が長い青少年ほど犯罪に走りやすいという興味深いデータを示しています。「ビバリーヒルズ高校生白書」、「セックス・アンド・ザ・シティ」、「アニー・マイ・ラブ」……。アメリカのテレビドラマは、華やかな生活を送る若いセレブを主人公に据えています。それらは若者たちの憧れを掻き立てるものではありますが、彼らがセレブになれる可能性はほぼ無いに等しい。その絶望感が彼らを犯罪に駆り立てている。この分析はマートンの図式と完全に一致しています〈註16〉。

アメリカでは「機会の平等」の神話が深く浸透しているために、「結果の不平等」を容認する傾向があります。そのためアメリカは世界にも稀な格差大国になってしまいました。世界有数の金持ちが多数存在する一方、アフリカ系アメリカ人の多くが第三世界並みの生活水準で暮らしています。大きな格差の存在は、貧しき者の富める者に対するルサンチマンを掻き立てていきます。その結果いまのアメリカは、犯罪超大国になってしまいました。アメリカの刑務所には、二〇〇万人（日本は約六万人）を超える囚人が収監されています。アメリカ人の過剰な幸福追求は、他者の幸福の否定の上に成り立っているのです。

＊「金ぴか時代」のアメリカ

他者に優越したいという、「相対的ニーズ」に着目して経済現象にアプローチしていった先駆的存在として、アメリカの異端の経済学者ソースタイン・ヴェブレンの名をあげることができます。彼は人間の経済行動を支配する動機は「見栄」であると喝破したのです。貧しいノルウェー移民の農家に生まれたヴェブレンは、若い頃から目覚ましい学問的才能を発揮しながら、その出自と狷介な人柄が災いして長くアカデミックポストに就くことができませんでした。最初の結婚をしてからも貧しい両親に養ってもらう、傍目には無為徒食——それこそ「怠け者」——と映る日々を三〇過ぎまで続けていたのです。

南北戦争の終結から一八九〇年代に至るアメリカは、「金ぴか時代」と呼ばれています。石油の採掘や鉄道の敷設によって巨富を得た、いわゆる成金が数多く生まれました。「金ぴか時代」とは、富にあかして贅沢な消費生活にふける成金たちの生態を皮肉った、マーク・トウェインの小説の標題に由来しています。ロックフェラーやヴァンダービルトのような成金たちのなかでの大成功者たちは、「泥棒男爵」と呼ばれています。彼らは、ヴェブレンの両親のような貧しい開拓農民や、アメリカ先住民の土地を詐術と暴力で奪い取り、その上に巨富を築きました。贅沢三昧の暮らしを送ることによって、その財力を誇示した彼らは（ヴェブレンはこれを「みせびらかしの消費」と呼びました）、数多《あまた》の悪行の罪滅ぼしのために慈善事業にも力を注ぎ、彼らの名前を冠した大学や財団を遺しています。ヴェブレンは「泥棒貴族」たちの行う「みせびらかしの消費」を暴露した『有閑階級の理論』によって、アメリカの知的世界への華々しいデビューを飾りました。〈註17〉本書が最大の「泥棒男爵」であるジョン・ロックフェラーが創設したシカゴ大学に、ヴェブレンが在籍していた時に書かれたことに対して、歴史の皮肉を感じるのは筆者だけではないでしょう。〈註18〉

ヴェブレンの名は戦前から日本でも知られていました。しかし日本で彼は長く忘れられた思想家だったのです。一九八〇年代のバブル経済の時代には、若い女性たちを中心に高級ブランド品のブームが生じました。パリのルイヴィトンの本店前に日本の若い女性が行列を作りパリジャン、パリジェンヌを驚愕させたのがこの時代のことです。高級ブランド品ブームは「みせびらかしの消費」の典型と言えます。ヴィトンのバックは、ものを入れるという使用価値のためではなく、自らの金銭能力を示すトロフィーとして、若い女性たちに購入されていったのです。不動産と株価が天井知らずの上昇を続ける中で、投機によって巨富を得た人たちが、額に汗して働く人たちを蔑むかのような風潮さえ生じていた時代です。西部邁の紹介によって、一九八〇年代にヴェブレンが、日本の知識層の間で注目を集めたのも故なきことではありません。バブルの時代に至ってようやく日本社会もヴェブレンに「追いついた」と言えなくもありません。長い時間をかけてそれだけ深くアメリカ文化に「毒されていった」とみることもできます。〈註19〉

4　世界のアメリカ化と「相対的ニーズ」の支配

＊「世界経済の黄金時代」と世界のアメリカ化

第二次世界大戦後の世界の覇権は、イギリスからアメリカへと完全に移行しました。ケインズとアメリカ代表ハリー・ホワイトの激しい議論の末に、ブレトンウッズ会議では、ドルが世界貿易の基軸通貨となることが決定したのです。安定した基軸通貨であるドルの力を背景として、世界貿易は順調に拡大していきました。一九四五年以降、一九七〇年代初頭のドルショック[註20]とオイルショック[註21]とに至る間のおよそ四半世紀は、「世界経済の黄金時代」（E・ホブズボーム）と呼ばれています。

ナイロンやビニールなどの化学繊維、そしてプラスチック（人工樹脂）などが世界的に普及していきます。経済が拡大し、人々の所得が上昇することによって、自動車や家電製品などの大衆消費財を先進諸国の人々は、競うように買い求めていきました。「世界経済の黄金時代」を支えたものとして、ドルとともに石油を挙げなければなりません。中東の油田地帯には、当時まだ国民国家と呼べるものは存在しませんでした。そのためアングロサクソン系の石油会社は、豊かな中東の油田から、ただ同然の価格で石油を入手することができたのです。石油は第二次世界大戦以降の世界においては、自動車等の動力源であるばかりではなく、化学繊維や人工樹脂などの原材料ともなっていました。安価な石油の供給がなければ、大衆消費財の普及もありえなかったはずです。

一九二〇年代にアメリカで出現した大衆消費社会が、世界的規模に拡大していきました。「世界経済の黄金時代」に生じたことは、高度な大衆消費社会の到来という意味での「世界のアメリカ化」だったのです。高度な大衆消費社会は、人々が次々に新しい消費財を買い求めることによって維持され、発展していくことができます。この時代に、欲望の無限の亢進に支えられた経済社会システムが、世界を覆っていったのです。

新しい大衆消費財は、登場した当初には贅沢品でした。テレビの受像機など大卒初任給が一万円の時代に、五〇万円もしたといいます。いまの貨幣価値に直すと一〇〇〇万円といったところでしょうか。最初のうちはテレビ受像機は庶民にとって高嶺の花。人々は街頭に置かれたテレビ受像機を取り囲み、力道山が巨大な白人レスラーを空手チョップでなぎ倒す映像に熱狂していたのです。最初は高価で大型だったテレビ受像機が、廉価になり、かつ小型化することによって普及率が上がっていきました。

大衆消費財の普及に際しては、それを持つ人たちへの羨望が大きな役割を果たしています。隣の人々がテレビや自家用車をもっていれば、それが羨ましくてわが家でも購入する。多くの家庭がそれらをもつようになって、自分の家にないのは「世間体」が悪いから購入したという家庭も少なくなかったはずです。大衆消費財の普及過程は、他者に優越したい(もしくは他者に見下されたくない)という、「相対的ニーズ」に支配されたものです。「世界経済の黄金時代」には、「相対的ニーズ」を煽るための手段としての広告と宣伝が大きな役割を演じるようになります。

＊文化という「ソフトパワー」

アメリカは政治・経済・軍事ばかりではなく、文化の面でも圧倒的な影響力を世界に対してもつようになりました。ハリウッドの映画やジャズ、ロックンロールのようなポピュラー音楽、ジーンズのようなファッション、さらにはコカ・コーラやハンバーガーのようなジャンクフード類までをも含めたアメリカの大衆文化は、世界で広く受け容れられ、愛好されるようになりました。六〇年代末の若者の反乱の時代には、ジーンズを履き、コーラを飲みながら「ヤンキーゴーホーム」と叫ぶ若者の姿が話題になったものです。またアメリカの優れた大学は世界の若きエリートたちを気前よく受け容れていきました。アメリカの大衆文化と優れた大学群が担う高級文化とは、リベラルな民主主義と資本主義経済、さらには豊かな消費生活が象徴する「アメリカ的生活様式」に対する世界の人々の自発的な支持を調達する「ソフトパワー」としての役割を担ってきたのです。

　イギリスの小説家ジョージ・オーウェルは、戦後間もない時代に「イギリス風殺人の衰退」という興味深いエッセイを著しています。血なまぐさい第二次世界大戦を経験することによって、また戦争を通してアメリカの影響力がイギリス国内でも強まったことによって、人々の関心をひく殺人のあり方が変わってきた。かつてイギリス人の琴線にふれる殺人といえば、中産階級の男女が体面を守るために不倫の相手を毒殺するような事件であった。ところが戦争が終わってからは、金目当てにダイナマイトで建物ごと吹き飛ばすような、動機にも手段にも、同情すべき点も美意識も見出すことのできない、アメリカ人の模倣のような犯罪が増えているとオーウェルは言います。アメリカの悪しき影響の下に、「足るを知る」階級社会の美質が失われつつあることをオーウェルは嘆いていたのです。〈註22〉

＊上昇する「絶対的ニーズ」

二〇世紀イギリスの著名な歴史家であるエリック・ホブズボームは、自らが「世界経済の黄金時代」と呼んだ、戦後の経済発展の時代の人類史的意義を次のように語っています。「二〇世紀の第三・四半期は石器時代の農業の発明とともに始まった七千年、ないしは八千年の歴史の終わりを記したと主張できるであろう。この時代とともに、人類の圧倒的多数が、食料を育て、動物を養って暮らしてきた長い時代が終わったからである〈註23〉」。

昔ながらの生活を営んできた人たちの「絶対的ニーズ」はささやかなものであったはずです。それに対して、「世界経済の黄金時代」を生きる人たちの間では、「絶対的ニーズ」は次第に上昇していきます。自動車もテレビもエアコンも、近年の携帯電話やパソコンも、最初は贅沢品でした。第二次世界大戦直後は、ほとんどの国で、義務教育を終えると社会に出て働く人たちが、人口の過半を占めていました。大学や、あるいは高校に進学することでさえ、当時においては相当に贅沢なことだったのです。

ところが大衆消費財が普及し、誰しもがそれらを所有するようになると、それをもたない人たちの生活が極めて困難なものになるという状況が生じていきます。いまやこの国のなかで自動車なしに生活することができるのは、大都市の中心部に住む人たちに限られています。近年の酷暑の夏をエアコン抜きで暮らせば、熱中症になってしまうでしょう。今日では、パソコンやスマホ等をもっていないと、人々のコミュニケーションの輪のなかに入っていけませんし、情報の入手や各種の手続きを行うことにも支障が生じてしまいます。

いまは義務教育を終えただけで就ける仕事はほとんどありません。高校を卒業した人たちでさえ、就ける仕事は限られてしまいます。だから多くの若者が、奨学金という高額のローンを背負い、アルバイトに多くの時間を割いてまで大学に通っているのです。たしかに食べることや着る物に事欠くという意味での古典的な貧困は、今日の先進諸国からは姿を消してしまいました。しかし低成長下の今日、非正規雇用で働く人たちが増え、正規雇用で働く人たちの給与も下がり続ける状況下では、高まる一方の「絶対的ニーズ」を充足するに足る所得を得ることが困難な状況が生じています。

＊人間の価値を図る尺度としての収入——イチローかく語りき

二一世紀を迎えたころのアメリカは、ＩＴバブルに沸き返っていました。ビル・ゲイツに代表されるＩＴベンチャーの寵児が新しい企業を立ち上げると、高い株価がつき、彼らは膨大な額のキャピタルゲイン（創業者利得）を得ます。彼らの富が証券市場に注ぎこまれることによって、株価は急騰し、新たな創業者のキャピタルゲインをさらに膨れ上がらせていく。これがＩＴバブルを生んだメカニズムでした。ＩＴバブルの時代は、「新しい金ぴか時代」と呼ばれました。巨富を手にした成金たちが、その富を誇示するために、派手な消費行動を送っていたからです。

ＩＴバブルは弾け、リーマンショックでアメリカのみならず世界の経済は壊滅的な痛手を受けました。そうであるにもかかわらずアメリカの本質は、ヴェブレンの時代から何も変わっていないようにみえます。往時の「泥棒貴族」たちと同様、道徳的には疑問符のつくやり方で巨富を築いたセレブたちをアメリカ人は成功の偶像として讃美しています。セレブたちは、自家用のジェット機（！）を乗り回す派手な消費生活を送ることで自らの富を誇示しています。ビル・ゲイツが、チャリティーに熱心なことは知られていますが、罪滅ぼしのための慈善事業に走るという点でも、アメリカの現在のセレブは、一九世紀のご先祖様たちとそっくりです。

今日アメリカ大企業のＣＥＯやメジャースポーツの有名選手は、ほとんど天文学的な額の年収を得ています。アメリカでは超富裕層が分厚い層をなす一方で、必要最低限の生活にさえ事欠く人たちが大勢います。二〇一〇年のウォール街占拠運動のスローガンが「一％と九九％」であったことが示すように、アメリカの富の多くが、いまやごく少数のひとたちによって占有されているのです。しかしここで疑問が生じます。一人の人間が――もしくは一つの家族が――消費することのできるお金の額などたかが知れています。なぜセレブと呼ばれる人たちは、使いきれるはずがないほどの収入を求めるのかという疑問です。

二〇〇七年、シアトルマリナーズと五年総額一億ドル（当時の通貨レートで一二〇億円相当）で契約を結んだ際のイチロー選手の次のことばは、右の疑問に対する答えとなっているように思います。「平均年収が五〇〇万円だとしたら弥生時代からプレーしないと達成できない数字なのでその評価ってすごいと思うんですよ。一〇〇〇万でも平安時代ぐらいですから」（『日刊スポーツ』二〇〇七年七月一四日付）。イチロー選手は、頭のいい人で素直な人だと思います。彼は自分が普通の人間よりも数百（千）倍の価値のある人間であることを、金銭の額によって評価してもらえたことを喜んでいるのです。イチロー選手は、私有財産とは生存の必要を満たすためにあるのではなく、その人の成功を証するトロフィーであると、ヴェブレンと同じことを言っています。

ここでもまた疑問が生じます。天文学的額のお金などとても遣いきれるものではありません。超富裕層の膨大な所得はどこに行っているのでしょうか。ほとんどの超富裕層の持ち金は、ヘッジファンドと呼ばれる金融工学を駆使する投資銀行に預けられ、運用されることによってさらに増殖を続けていると考えるべきでしょう。こうした資金がある国の証券債券あるいは通貨市場に気まぐれに投下され、あるいは引き上げられていったことによって、九〇年代以降の世界で起きた数多《あまた》の経済危機は生じたのです。

年収五〇〇万円、一〇〇〇万円の中間層、あるいは三〇〇万円を切るような貧しい人たちの所得が増えればそのほとんどが消費に回りますから、経済は活性化し、景気は上向きます。しかし、ごく一部の富裕層のもとに富が集まれば、それは消費ではなく貯蓄や投資に回ってしまいます。そのことによって額面上の富の総額はさらに増えていくのでしょうが、お金が市場に回らない分、経済は活性化しません。レーガン大統領はかつて富裕層への減税政策を採用した時、「トリクルダウン」ということばを用いました。豊かな人が多くの富を得れば彼らがそれを遣うことで、富は下へ下へと滴り落ちる（トリクルダウン）とレーガンは述べたのです。しかし、トリクルダウンは起こりませんでした。富裕層への過度の富の集中の結果、貨幣退蔵（お金がしまわれてしまって市場に出て来ない状態）とよく似た状態が生じてしまったのです。

世界の富裕層のもつ膨大な富は、彼らが贅沢な生活をするために消費されているという以上に、彼らの成功を証する「トロフィー」の役割を果たしていることは確かです。極少数の人間の虚栄心を満足させるために圧倒的多数の人々が困窮にさらされる現在の経済のあり方は、狂ったものだと言わなければなりません。

以上、ケインズの予言とは裏腹に、彼の孫やひ孫の世代においてこそ、経済的な関心が全面化してしまった状況をみてきました。もちろん日本も例外ではありません。この国では、二一世紀の現在に至ってもなお人々が死に至るまで働く状況が常態化しています。

【註】

〈1〉バートランド・ラッセル、堀秀彦・柿村峻訳『怠惰への讃歌』平凡社ライブラリー、二〇〇九年、一八頁

〈2〉ポール・クローデル、宇京頼三訳『大恐慌のアメリカ―ポール・クローデル外交書簡一九二七―一九三二』法政大学出版局、二〇一一年、一七九頁

〈3〉ラッセル前掲書、二八～二九頁

〈4〉バートランド・ラッセル、栗原孟男訳『自由への道』角川文庫、一九五三年、八八～九〇頁

〈5〉同右書、一〇〇～一〇二頁

〈6〉同右書、九六～九九頁

〈7〉同右書、一〇三～一〇五頁

〈8〉ジョン・メーナード・ケインズ「孫の世代の経済的可能性」（山岡洋一訳『ケインズ説得論集』日本経済新聞出版社、二〇一〇年、二〇五頁）

〈9〉同右書、二一〇～二一一頁

〈10〉同右書、二一二頁

〈11〉同右書、二一八頁

〈12〉同右書、二一九頁

〈13〉森嶋道夫『イギリスと日本—その教育と経済』岩波新書、一九七七年
〈14〉ケインズ前掲書、二一六頁
〈15〉ロバート・K・マートン、森東吾ほか訳『社会理論と社会構造』みすず書房、一九六一年、第四章「アノミーと社会構造」および第五章「アノミーと社会構造（続き）」
〈16〉ジュリエット・B・ショア、森岡孝二監訳『浪費するアメリカ人—なぜ要らないものまで欲しがるか』岩波書店、二〇〇〇年
〈17〉ソースタイン・ヴェブレン、高哲男訳『有閑階級の理論』ちくま学芸文庫、一九九八年
〈18〉ヴェブレンの伝記的事実に関しては、次の文献を参考にした。稲上毅『ヴェブレンとその時代—いかに生き、いかに思索したか』新曜社、二〇一三年
〈19〉西部邁『経済倫理学序説』中央公論社、一九八三年
〈20〉一九七一年八月、アメリカのニクソン大統領は、ドルと世界の主要通貨の間に固定的な交換レートを設定した「ブレトンウッズ体制」からの離脱を表明した。これ以降、世界の通貨体制は変動相場制となり、世界経済は不安定な状態に陥った。
〈21〉一九七三年秋、第四次中東戦争の勃発に際し、アラブ湾岸の六つの石油輸出国が、原油価格の大幅値上げを宣言。工業社会の根幹をなす石油価格の急騰は世界経済に大きな打撃を与え、日本の高度経済成長にも終止符が打たれた。七九年のイラン革命に際しては、第二次オイルショックが起こっている。
〈22〉ジョージ・オーウェル「イギリス風殺人の衰退」（川端康雄編、小野協一ほか訳『オーウェル評論集4—ライオンと一角獣』平凡社ライブラリー、二〇〇九年、二四四〜二五一頁）
〈23〉エリック・ホブズボーム、河合秀和訳『二〇世紀の歴史—極端な時代』三省堂、一九九六年、上巻一五頁

第3章

勤　勉——死に至る病

1　過労死大国ニッポン

＊Tさんの悲劇

二〇一五年のクリスマス・イブの深夜。大手広告代理店電通の新入社員、Tさんは、東京都内の社宅から飛び降り自殺をしています。インターネット広告の部署にいたTさんの残業時間は、多い時には月二〇〇時間を超えていました。翌一六年九月三〇日、Tさんの自殺は過労が原因であるとして、労災認定がなされています。直属の上司から「お前の二〇時間の残業は無駄だ」等のパワハラを受けていたこと。電通では残業時間の過少申告が常態化していたこと。こうした事実も、次々に明らかになっていきました。

電通はこれまでも多くの類似した問題を引き起こしていました。入社二年目の男性社員が過労自殺をし、遺族に訴えられて高額の賠償金を支払った一九九一年の「電通事件」は、「過労自殺」ということばを世に広めたとされています。二〇一四年と一五年には、違法な長時間労働をさせたとして、東京の本社と大阪の支社が、それぞれ労働基準監督局から是正勧告を受けています。事態を重くみた東京都労働局は、二〇一六年一〇月一四日に電通本社への立ち入り調査を敢行。これを受けて石井社長が辞任し、同社の精神的支柱とされる、四代目社長吉田秀雄が制定した「電通鬼十則」も社員手帳から削除しています。「鬼十則」には、「取り組んだら放すな、殺されても放すな、目的完遂までは……」等の文言が含まれていました。

過労自殺は、残念ながらこの国では稀な出来事ではありません。電通一社においても、同様の悲劇は繰り返し起こっていたのです。Tさんが、東京大学文学部出身の、若く美しいエリート女性であったこと。Tさんの母親が、記者会見において電通に対する強い憤りを表明したこと。長時間労働とパワハラに喘いでいたTさんの生前のツイッターが話題になったこと。これらの要因が重なることによって、この事件はそれまでの過労死・過労自殺事件に比べて、格段に大きな衝撃を社会に与えたのです。

＊はじまりは一九八〇年代？

いま現在、過労死・過労自殺はどれだけ起こっているのでしょうか。二〇一五年に過労死と認定されたケースは九六件。過労自殺は九三件となっています。多くはない数字のようにみえますが、これは過労死もしくは過労自殺として遺族が訴え、審判で認められた数です。実際には、はるかに多い暗数（表に出てこない数値）があるはずです。警察庁の同じ年の自殺統計は、勤務問題で自殺した人の数は二一五九件にも上ります。すべてが長時間労働の結果ではないでしょうが、過労自殺と認定されたものの二〇倍以上に上ります。公式な統計にあらわれた過労死、過労自殺は氷山の一角と言わなければならないでしょう。おそらく公式統計の数倍、もしくは十数倍もの方々が働き過ぎによって命を落としているものと思われます。

過労死ということばが聞かれるようになったのは、一九八〇年代に入ってからのことですが、働き過ぎが原因で人が亡くなることはそれ以前からこの国においては、珍しいことではありませんでした。作家・奥田英朗に『オリンピックの身代金』という作品があります。東京大学の経済学の大学院生である島崎国男（島崎藤村と柳田国男の合成を思わせる命名です）は、秋田県から出稼ぎに来ていた兄が、東京オリンピックに向けての建設工事の現場、連日一四時間働いた上に、時には一六時間もの連続勤務を行う、過酷な労働を強いられたことによって、ヒロポン（覚醒剤）の常用者となり、命を落としたことを知ります。地方の人々の犠牲の上に立つ東京の繁栄に怒りを覚えた主人公は、兄の命を奪った東京オリンピックの開会を阻止するために、当時世間を騒がせていた「草加次郎」を名乗り、次々と爆破テロを引き起こしていきます〈註1〉。

一九六四年の東京オリンピックの開催に向けては、高速道路や新幹線等の交通インフラや競技場建設のための夥しい数の公共事業が行われていました。これらの工事現場では、オリンピックの開会に間に合わせるために、昼夜を分かたぬ「突貫工事」が行われていたのです。正確な統計は残されていませんが、「突貫工事」の過酷な労働が引き金となって、島崎の兄のように命を落とした人も少なからずいたことは容易に推測されます。

大企業と中小企業の「二重構造」が様々な形で存在するこの国では、中小企業で働く人たちの雇用環境には昔から劣悪なものがありました。筆者が子どものころ、京阪神方面に鳥取の高校を卒業して就職していった若者が身体を壊して会社を辞め、鳥取に戻って来たケースをいくつも見聞きしています。彼らは会社を辞めることができたからまだよかった。もし無理に仕事を続けていれば、最悪の事態を迎えた可能性も否定できません。

過労死ということばが生まれる以前には、働き詰めに働いた挙句に、心筋梗塞や脳梗塞で人が亡くなることを、「急性死」もしくは「突然死」と呼んでいました。労働経済学者の中嶌清美は、最初の過労死の認定基準ともいうべき行政通達「中枢神経系及び循環器系の疾病疾患（脳卒中、急性心臓死等）の業務上外認定基準について」が、一九六一年に出されたことを指摘しています。（註2）

＊過労に斃れる「企業戦士」

「突然死」・「急性死」と呼ばれていた現象に「過労死」ということばが与えられ、大きな社会問題になったのは、日本がバブル経済の繁栄を謳歌していた一九八〇年代後半のことでした。一九八八年には、全国の弁護士たちが連携して「過労死ダイヤル」が設置されています。「過労死ダイヤル」の創設は、働き過ぎの結果の急死や自殺の訴えがこの時代に全国で急増していったことを示しています。そして過労死は、日本語そのままに「Karoushi」と表記され、世界にも広く知られるところとなりました。勤労者が死に至るまでの労働を強いられることは欧米ではありえないので、それに対応する訳語もみつからなかったということなのでしょう。

八〇年代には、生産現場で身体を動かして働く人たちばかりではなく、事務作業を行うホワイトカラーの中からも多くの「過労死」が報告されるようになりました。Ｔさんのような女性も、過労死や過労自殺の犠牲者の中には多数含まれています。そして、「突然死」・「急性死」から「過労死」へという呼称の変化は、働き過ぎの結果もたらされる死は、偶発的に生じるものではなく、社会構造に起因するものであるという認識の変化をもあらわすものであったと言えます。

オイルショック後の日本の勤労者をとりまく労働環境は、過酷なものになっていました。一九七〇年代の日本企業は、「減量経営」と呼ばれる、生産コストの徹底した削減を推し進めていたのです。工場の生産工程から無駄を省くためにトヨタが生み出した、「カンバン」方式（必要な部品をそのつど下請け業者に納品させることでストックを最少限にとどめる）と「カイゼン」（従業員たちの小集団が職場の無駄を省くための改善策を提案する）とは、「カローシ」とともに、世界で知られることばとなっていきました。生産工程の無駄を省けば、働く人への負荷は重くなります。「減量経営」は、本来であれば労働組合の猛反発を招くはずです。ところが企業別に組織されている日本の労働組合は、生産工程の合理化にむしろ積極的に手を貸していきました。企業が行う指名解雇に組合が加担したケースさえ稀ではなかったのです。

「減量経営」によって日本企業は体質改善に成功し、オイルショックの痛手から世界に先駆けて立ち直ることに成功しました。一九八〇年代に日本の製造業が世界を制覇する基盤が、七〇年代に築かれていたのです。他方、「減量経営」の結果、労働環境は過酷なものになっていきました。八〇年代以降の「カローシ」社会へのレールが七〇年代にひかれてしまったのです。

一九八九年に「勇気のしるし」という、時任三郎が歌う栄養ドリンクのコマーシャルソングが大きな話題を呼びました。「二四時間戦えますか」というフレーズを含むこの歌が、「過労死ダイヤル」開設の翌年に生まれたことには皮肉を感じます。二四時間休まずに働けば、当時世界最強の「ジャパニーズ・ビジネスマン」といえども生きていることはできないでしょう。一九八〇年代に日本の自動車産業は、北米市場に集中豪雨的な輸出攻勢を仕掛けて、アメリカの自動車産業を壊滅状態に追いやっています。第二次世界大戦でアメリカに敗れた日本は、戦後の経済戦争で見事なリベンジを果たしたのです。しかし、その勝利が「企業戦士」たちの夥しい屍の上に築かれたものであることを、忘れるべきではないでしょう。

二〇一七年には、新国立競技場建設の現場監督を務めていた二三歳の青年が過労自殺をする悲劇が明らかになりました。ある月の彼の総残業時間は、二〇〇時間を超えていたといいます。建設計画が二転三転した新国立競技場の完成を、二〇二〇年七月の東京オリンピックの開会に間に合わせるための「突貫工事」がもたらした、『オリンピックの身代金』を彷彿させる悲劇です。過労死と過労自殺が社会問題となって、三〇年以上の時間が経過しています。それなのにこうした悲劇がなぜ繰りかえされるのでしょうか。社会構造の問題だけではなく、日本人の労働観の根深い歪みが、その大きな要因となっていると筆者は考えます。

2　日本人は勤勉か？

＊国民性っていうな！

学生と話していてうんざりすることがあります。どんな質問をしても、「国民性だから」、「(日本の)伝統だから」ということばが、判で押したように返ってくることです。フランスでは、高校大学の学費を有償化しようとする政府の動きがあった時に、日本の高等学校に当たるリセの生徒と教師が連帯した、大きなデモが全土に広がりました。親の収入が減る中、高額の学費を支払わなければならない日本で、なぜ同様のデモが起こらないのかと尋ねると、「デモなどしない大人しさが日本人の「国民性」だから」。女性の社会進出はなぜ進まないのかと訊くと、「男が外で働いて女が家を守るのが日本の「伝統」だから」。日本人はなぜ過労死するほど働くのかと聞いてもやはり「それは日本人の国民性だから」という答えが返ってきます。「国民性」と「伝統」が若者たちの思考を停止させるマジックワード(魔法のことば)になっているのです。ああ、いっそ筆者の教室では、「国民性」と「伝統」を禁句にしたい！

お上に逆らわぬ従順さは、決して日本人の「国民性」に根差したものではありません。それは近現代の日本史を繙けば、すぐにわかることです。明治初年の学制に反対する学校打ちこわし。自由民権派の武力闘争。戦後においても、一九六〇年代までは学生運動が非常に盛んでした。七〇年代に入ると学生運動は沈静化しますが、各地で公害に反対する激しい住民運動が起こっています。日本人が権力に対する激しい抗議行動を起こさなくなったのは、一九八〇年代以降のことにすぎません。

「伝統」とされているもののなかにも、近代になってから「発明」されたものも少なくありません。柔道は、欧米から入ってきた近代スポーツに刺激を受けた嘉納治五郎が、伝統的な柔術の技を体系化し、競技のルールを編み出すことによって生まれたものでした。性別役割分業もまた「発明された伝統」（E・ホブズボーム）の一つです。高度経済成長によって、企業や役所で働く被雇用者が増加します。男性が大きな組織に雇用されて働く一方で、女性が家事の担い手となり専業主婦が増加しました。高度経済成長期以前の時代は、多くの人たちが自営業や農業に従事していました。職住一体の生活を営む人たちが、人口の大きな部分を占めていたのです。家事育児の主な担い手は、当時においても女性たちだったのでしょうが、彼女たちは同時に家業の担い手として、忙しく立ち働いていたのです。

日本の「伝統」を重んじる人たちが、性教育に反対するなど、性をタブー視し、罪悪視する主張を重ねていることも筆者には、奇異に感じられます。近代以前の社会は、性に対して大らかな社会でした。全国の主要な都市には吉原をはじめとする色街が栄え、男性同性愛もまた非常に盛んでした。江戸在住の男性のほとんどが、両性愛者であったという説があるほどです。農村でも、若い男女の婚前交渉を意味する「夜這い」は常態化していました。性をタブー視し、処女性を重んじ、婚前性交渉を罪悪視する立場は、明治の近代化によってもたらされたものなのです。本当に日本の「伝統」に忠実な者であれば、むしろ若者の婚前性交渉を奨励しなければならないはずです。(註3)

死に至るほど働くことも、日本人の「伝統」などではありません。先にもみたとおり、高度経済成長期から過労死に類する現象は存在していました。それでもこの時代の鳥取の商店街は、夕方は五時にはシャッターを締め、日曜日は定休日というお店がほとんどでした。夏場には、店を閉めた後に商店主一家は、海水浴や釣りに出かける優雅な暮らしぶりでした。往時の鳥取の商店主たちの日常を思い起こすにつけ、筆者の中では、死に至る労働が日本の「伝統」であるとか、勤勉さこそが日本人の「国民性」という言辞は、いよいよ疑問符のつくものになっていきます。

＊「日本人は勤勉ではない」

二〇〇〇年代に入った当時の日本社会は、経済の長期の停滞に喘いでいました。そうした状況のなかで、ＮＨＫ総合テレビの「プロジェクトX」が大きな人気を博していました。懸命の努力によって苦しい状況を克服し大きな事業を成し遂げた、高度経済成長期の「男たちの物語」を描いたドキュメンタリー番組です。当時は、景気の低迷から若者の就職事情が悪化し、「フリーター」と呼ばれる正規雇用の仕事に就くことのできない若者たちが、多数生みだされていた時代でもありました。彼らは無理解な大人たちから、働く意欲を欠く「怠け者」とみなされ、激しいバッシングに晒されていたのです。二〇世紀から二一世紀に移り変わる頃の日本社会では、日本を繁栄に導いた勤勉な大人世代と、日本を衰退させた怠け者の若者世代という対照が、無批判に語られていました。

この時代には、やはり景気の低迷のために、成人してからも親元を離れることができない若者たちが増大していました。こうした若者たちを、社会学者の山田昌弘は、「パラサイト・シングル」と呼びました。山田は、経済の変動の犠牲者である若者を長期不況の元凶と名指しします。若者たちが家を出ないために、マンションや家電さらには車等々の「基礎需要」が抑制された結果、不況が生じているというのが山田のロジックです。高名な社会学者が、若者たたきの陣頭に立っただけではく、窮境に置かれた若者たちに「寄生虫」というレッテルを貼りつけていたのです。〈註４〉

第1章にも引用したパオロ・マッツァリーノの『反社会学講座』は、勤勉を称揚し「怠け者」を指弾する側にまわっていた、山田のような社会学者たちに対する、鋭い批判の書でもありました。同書においてマッツァリーノは、「日本人は勤勉ではない」と断定しています。

江戸の庶民のなかでは、一つの職業に就かずに、短期の仕事を請け負っては食いつなぎ、「宵越しの金はもたない」気ままなその日暮らしを事とする、フリーター的な生き方をしていた者が多数を占めていました。農民たちでさえ、明治に入ってから工場で働きはじめて、その勤労の過酷さに驚いたというエピソードをマッツァリーノは紹介しています。マッツァリーノの言うとおり、近代以前の日本人は、いや明治に入ってからも多くの日本人は、マイペースで働いていたのでしょう。マッツァリーノの批判は、高度経済成長期への讃美に対しても向けられています。若者の早期離職が問題にされますが、高度経済成長期の若者は、いくらでも仕事があるものだからこらえ性もなくすぐに仕事を辞めていた。この時代に造られた建造物には欠陥のあるものが多い。多くの受注をこなすために、手抜き工事で急場を凌いでいたためです。金のためなら手抜きも辞さない。高度経済成長期に日本人は職人的な誇りを失ってしまったとマッツァリーノは言います。そして高度経済成長を可能にした真の要因は日本人の勤勉さではありませんでした。アメリカがアジアで行った朝鮮戦争とベトナム戦争の漁夫の利を得た結果、高度経済成長はもたらされたとマッツァリーノは言います。〈註５〉

＊「勤勉のエートス」とその成功体験

マッツァリーノの言は、概ね正しい。筆者も「日本人は勤勉ではない」と言い切ってしまいたい衝動に駆られます。しかし安易な断定は慎むべきでしょう。日本はアジアのなかで最初に近代化に成功した国として海外の研究者たちからも注目を集めてきました。これらの研究者たちは、日本が近代化に成功を収めた理由として、例外なく日本社会に根づいた勤勉の伝統をあげています。

二〇世紀ドイツの偉大な社会学者マックス・ウェーバーは、プロテスタント、就中カルヴァン派の信者たちのなかにもたれていた、修道院に隠棲して神に祈りを捧げるのではなく、生活態度を徹底的に合理化し、何かの職業をもって勤勉にはたらくことこそが神への奉仕であるという、「世俗内禁欲」の思想こそが、資本主義の実現を可能にしたと述べています。なぜ一人日本だけが、非西欧世界の中で近代化に成功したのかという問いをたてたアメリカの社会学者、ロバート・ベラーは、江戸中期に大きな影響力をもった、石田梅岩の「石門心学」に注目しています。倹約・勤勉・正直を重んじ、町人はもとより、武士や農民の間にも広く支持されていた石門心学のなかにベラーは、日本におけるカルヴィニズムの対応物を認めたのです。(註6)

人口が増えても食糧生産が追いつかないので、結局人口は停滞するし、経済が発展することもない――「マルサスの罠」として知られる命題です。イギリスの歴史人類学者、アラン・マクファーレンは、「マルサスの罠」から、ヨーロッパにおいてはイギリスが、アジアにおいては日本が、ともに一七世紀ごろに抜け出し、近代への飛躍を果たしたと述べています。

マクファーレンはイギリスと日本とを比較対照し、両者の間に多くの類似点を見出しています。イギリスと日本は、ともに大陸と海によって隔てられています。この島国性こそが、両国の大きな利点となりました。大陸の各地で頻発する戦争や、疫病の流行からも免れることで、産業の発展に専心することができたからです。豊かな牧草地に恵まれたイギリスは肉、四囲を海に囲まれた日本は魚の蛋白源に恵まれたため、人々の栄養状態が良好だったこと。イギリスのピューリタニズムと日本の神道という、宗教的背景（神道は穢れを嫌います）によって、清潔の観念が発達していたこと。栄養状態が良好で、清潔な環境のなかで暮らしている健康な人たちが、勤勉に農業に励んだ結果、両国は人口の増大をも上回る食糧増産の実現に成功したのです。食糧増産のためには農地の開墾が不可欠です。その方法においてもイギリスと日本には大きな違いがありました。〈註７〉イングランドは、牛や馬などの動物の使用によってそれを達成したのに対して、日本は、労働力集約的な集団作業によって、すなわち人力によってそれを成し遂げたのです。歴史人口学者速水融は、牛馬や機械に頼るのではなく、人力によって目覚ましく農業生産性を増大させた江戸期の日本に生じた変化を、「勤勉革命」と名づけています。〈註８〉

人力によって豊かな食糧生産を可能にした往時の日本人が、牛馬の力に大きく依存していたイギリス人以上のハードワーカーであったことは疑いをみません。日本人のなかにはやはり、勤勉の「伝統」、もしくは勤勉さを価値あるものとし、かつその徳目を実践してきた「勤勉のエートス（精神風土）」があることは否定できないのです。日本人の「勤勉のエートス」は、隣国の戦争や疫病によって妨害されることない恵まれた地理的条件や、勤勉に働けばそれに報いてくれる日本列島の自然環境の賜物でもあったことを見逃すべきではありません。もし日本列島が、一面の砂漠か、熱帯の風土であれば、日本人のなかにはいまとはまったく異なる「エートス」が生まれ、そして受け継がれてきたことでしょう。

日本人のなかには、「勤勉のエートス」と呼ぶべきものがたしかにある。「勤勉のエートス」が存在したからこそ、江戸期においてこの国は、アジアではもっとも早く「マルサスの罠」から脱却し、明治時代には、近代世界に対する見事な適応を果たしました。そして敗戦による挫折を経た後には、高度経済成長を実現し、一九八〇年代には世界最強の経済を築き上げたのです。高度経済成長は、好条件が重なった結果生まれた例外的な事象とみるべきでしょう。そして、この時代には景気がよく、次々に仕事が降ってくるのですから、誰しもが勤勉たらざるをえなかったというのが本当のところでしょう。日本人の勤勉さが高度経済成長を可能にしたというのは、因果関係を逆転させた議論だとの印象も禁じえません。しかし戦後約四〇年間の経済的成功が、「勤勉のエートス」によってもたらされたものであると、多くの日本人が考えていることも無視しえぬ事実です。「成功体験」の幻影に呪縛されたこの国においては、働き過ぎによるひずみが、様々な形でこの国の社会には生じてきています。過労死問題はその最たるものです。

3　過労死の悲劇はなぜ繰りかえされるのか

＊「自発的隷従」という病

勤勉はたしかに美徳です。しかし、死ぬほど働くところまでエスカレートしてしまうと、美徳も病理に変わります。「死ぬまで働け」と言われれば人は誰しも反発するでしょう。だから過労死は、強制ではなく、人々が自発的に働き続けることによって生じる現象だと、在野の歴史家である礫川全《こいしかわぜん》次《じ》は言います〈註9〉。資本に対する「自発的隷従」をもたらす、勤勉至上主義のエートスはいつどのようにして生まれたのか。礫川は、この国の思想家の言説のなかにそのルーツを求めていきます。

ちなみに「自発的隷従」とは、一六世紀フランスの宗教戦争の時代を生きたエティエンヌ・ド・ラ・ボエシのことばです。ボエシは、『省察録』で名高いモンテーニュの盟友としても知られる人です。優れた指導者に服従し統治されるのでも、多数者の圧政に屈するのでもなく、なぜ人々は簡単に自由を投げ打ち、ただ一人の、さして屈強とも思えぬ人間の前に、貴重な自由を放擲して自ら進んで隷従していくのか。この刺激的な問いかけで始まる『自発的隷従論』は、三〇代で夭折したボエシの名を不朽のものとしています〈註10〉。

釣り上げられた魚は猛烈に抵抗する。轡を嵌められる時、馬は大暴れする。動物でさえ自由を求めるのだから、自由への希求は人間にとっての「自然」であるとボエシは言います。だが「習慣」の力は「自然」より大きい。轡に慣れれば馬も自らそれを欲するようになります。奴隷的服従になれてしまえば、それすらも人間にとっては快となってしまう。くだらない独裁者の支配など皆が自由を求めて隷従を拒否すれば、あっという間に覆るのに、そうはならないのは、長い時間をかけて人間が隷従に慣らされた結果なのです。〈註11〉

愚かな圧政者を支えるのは四、五人の人間。圧制者を含む五、六人のまわりに、うまい汁を吸えると考える数百人が集まり、さらにその下に数千、数万人が……。愚かな支配者の極少数の取り巻きの下に、出世主義者や何かの利益にありつくことを期待する無数の機会主義者が集まって、全体主義的支配が完成していきます。〈註12〉

これはヒットラーのナチスでも、スターリンのソ連でも、そして「首領様」の支配が続く、かの隣国でも起こったことなのです。思想史家の関曠野《せきひろの》は言います。「ヒトラーやスターリンを現人神に祭り上げたのは、狂人でも悪魔でもなく、新体制の成立で上昇の機会をつかんだ凡庸な出世主義者の大群だった〈註13〉」。一六世紀を生きたボエシは、遠い未来に起きることを予見していました。

＊「死に至る勤勉」のルーツを求めて

ボエシの自発的隷従論は、圧政者に自発的に隷従する人々の動機を、保身や出世欲という観点から説明するものでした。礫川は、死に至るまで働くことをも是とする、エートスがこの国にはあり、それを内面化した人たちによって過労死が引き起こされているという観点に立つ者です。

読者の皆さんも、二宮尊徳の銅像は御記憶にあることと思います。重い荷を背負いながら本を読む尊徳像は、歩きスマホを連想させるとして、近年では否定的にみる向きも多いようですが……。礫川も尊徳をややネガティブにとらえています。尊徳は、新しいエートスを示しそれによって農民を感化した思想家というよりはむしろ、怠惰な農民を処罰することで生産性をあげることを目指す、冷徹な管理者タイプの人間であったと礫川は言います〈註14〉。尊徳が重用したのが、加賀の国から移住してきた門徒たちでした。彼らは日に夜を継いで働くことを厭わぬ勤勉性の持ち主だったたからです。江戸期日本の農村に、集約的な労働によって農業生産性を飛躍的に高める「勤勉革命」が生じていたことは、すでにみたとおりです。その担い手となったのが、門徒宗であったと礫川は指摘しています。絶対他力（人間を救済する力をもつのは阿弥陀如来だけだという思想）を標榜する浄土真宗のなかから、勤勉のエートスの担い手が立ち上がったことは、興味深いパラドクスです〈註15〉。

明治に入ると勤勉のエートスは全国に遍く広まっていきます。本書（礫川『日本人はいつから働き過ぎになったのか』）においてもっとも印象的だったのが、東京の都市生活者から排泄物を買い取り、それを積んだ重い大八車を二〇時間以上引き続けて、東京都心と農村部とを行き来した近郊農民の描写でした。マクファーレンは、先に紹介した書物のなかで、人間の排泄物を肥料に利用する習慣が、江戸期日本の清潔な都市環境を実現したと述べています。人間の排泄物を水に流してしまうのではなく、田畑の肥やしに変えてしまうのは日本農民の偉大な発明でした。重くて臭い、し尿を遠方まで運ぶことは、非常な重労働です。これは日本農民の勤勉さなしには成立しない農法でしょう。日本農民の勤勉性の背後にあるものとして礫川は、父祖伝来の土地を守ること、あるいは不運によって失われたそれを取り戻すことへの、農民たちの強い執着をあげています〈註16〉。

話はやや横道に過ぎますが、二〇一七年の夏に『うんこ漢字ドリル』という子ども向け教材がベストセラーになりました。日本の子どもたちは、「うんこ」が大好きで、このドリル以前にもしばしば「うんこ」のキャラ化は行われてきました。しかしこれは欧米では考えにくいことのようです。宗教改革を主導したルターは終生便秘に悩まされ、そのつど悪魔の想念に苦しめられてきましたが、キリスト教圏においては、肛門と糞便は悪魔と結び付けられているからです。ところが日本には糞便から生まれた神様さえいます。糞便が豊饒をもたらした記憶は、それこそわれわれの〝DNA〟の中には刻みこまれています。それが、日本人の「うんこ」に対する、フレンドリーな態度をもたらしているのではないでしょうか。

勤勉性が猛威をふるうなかでも、辛うじて怠け者たちは生き残っていたと礫川は言います。その怠け者たちも、戦時の総動員体制のなかで殲滅されていきました。戦後しばらくは保たれていた、都市のサラリーマンが夕方六時には家庭に戻り、家族と食卓を囲むゆとりも、高度経済成長期には失われてしまったのです〈註17〉。

礫川は、松下幸之助を死に至る自発的隷従への道を切り開いた人物であると名指ししています。松下は、小さな町工場を世界的な大企業にまで育て上げた、まさに立志伝中の人物でした。「経営の神様」の名を欲しいままにした松下は、ＰＨＰ（Peace and Happiness through Prosperity＝繁栄を通しての平和と幸福）研究所という宗教団体めいた組織を戦後間もない頃に立ち上げています。昭和の初年に天理教道場を修行のため訪れた松下はそこで、水道水のように安くて良質な商品を消費者に提供するという、自らの使命に目覚めます。そして、従業員に対しても、その使命感を共有するよう求めたのです。会社が俗なるものではなく、聖なる使命を担った宗教的存在であるとすれば、それに対して人々が一命を捧げる価値のあるものであることに疑問の余地はありません。礫川が松下を死に至る自発的隷従への道を開いた人物として名指しする所以です〈註18〉。

豊かな生活を実現するための手段であるはずの勤労が、この国では人を死に至らしめている。勤労は人を豊かにするためのものであるはずです。豊かな生活は、生きていればこそのもの。死に至るまでの勤勉性が支配しているこの国の人々に、礫川はこう呼びかけています。

「怠ける勇気を持とう。怠けの哲学を持とう〈註19〉」

＊「自発的隷従」は「自発的」か？

礫川の議論は非常に興味深いものがあります。筆者は、これを読んでいくつか思うところがありました。プロテスタンティズムの勤勉と合理的な生活習慣を重んじるエートスが、ヨーロッパに資本主義をもたらしたことは繰り返しみたとおりです。他方、ヨーロッパ社会には、やはりキリスト教に由来する「反労働」のエートスも同時に存在しています。キリスト教のなかには、労働は神が人間に下した罰であると考える伝統があるからです。これに対して日本の場合には、勤勉のエートスの流れは数多くみつかるのに対して、反労働のエートスを見出すことはできません。反労働のエートスの不在と頻発する過労死との間には何らかの関係がありそうです。

礫川が指摘しているように、日本人の勤勉性は土地への執着に根をもつものでした。日本人の勤勉性と言っても、自分のためにではなく、雇用主のために一生懸命働くという感覚は、近代を迎えたころの日本人には乏しかったのではないでしょうか。明治初年の日本人が、日本を訪れた外国人たちの目から、しばしば「怠惰」と映ったのも、このことと関係があるのかもしれません。自分と家族のために働いているうちは、勤勉が死に至ることはまずありえないはずです。

自分のためにではなく、お国のために死に物狂いで働くという思考習慣が第二次世界大戦中に形成され、それが戦後の高度経済成長にまでもちこされたという礫川の議論にも説得力を感じます。官僚出身のエコノミストである野口悠紀雄は、「一九四〇年代体制論」を唱えています。一九四〇年ごろに形成された様々な戦時体制が、戦後に持ち越され、経済成長を可能にする力となったと野口は主張しています。死に至るまでの「滅私奉公」という観念も、日本社会の「伝統」などではなく、総力戦を戦い抜くために生まれた、「四〇年体制」の産物なのでしょう。〈註20〉

自己利益ではなく、集団のために人を働かせるためには、何らかのイデオロギーが必要となります。総力戦の時代のそれは、「国體《こくたい》」への奉仕でした。戦後のそれは、松下幸之助がもたらした宗教的存在としての会社であったという礫川の立論にも興味深いものがあります。

しかし礫川の見解にも疑問は残ります。ロッキード事件の時、丸紅の幹部のなかに「会社は永遠です」ということばを遺して自殺した者がいました。高度経済成長期のモーレツ社員のなかには、会社をほとんど宗教的な存在として崇拝していて、「会社のためなら死ねる」と考えていた者も少なくはなかったかもしれません。しかし、過労自殺した電通社員のTさんの世代のような、いまの若者のなかにそうした心性が息づいているとは思えないのです。先にもみたとおり過労死は、一九七〇年代の「減量経営」を経て、日本企業がその共同体的側面をかなぐり捨て始めた八〇年代以降の時代に急増していきました。過労死は、安定した高度経済成長期が終わって、会社が自分の一生を委ねることのできる「家」であるとか、ましてや宗教的存在などと思うことが困難な時代の産物なのです。いまでも過度に精神主義的な企業研修は行われています。松下幸之助は、そうした経営オカルティズムの祖ではあるのでしょう。しかし、いまの若者たちを過労死に至るまで働かせてしまう、「自発的隷従」の根は、それとは別のところに求めるべきではないでしょうか。

次のような疑問も芽生えてきます。自由人であるならば死に至る勤労は拒否できるはずです。現代の日本人がそれを拒否できないのは、われわれが奴隷であるからではないのかという疑問です。次章においては、この問題を考えてみたいと思います。

【註】

〈1〉奥田英朗『オリンピックの身代金』角川書店、二〇〇八年
〈2〉中嶌清美「過労死問題と過労死家族会設立の経緯」(『Core Ethics』Vol.8、立命館大学大学院先端総合学術研究科、二〇一二年、四九三～五〇一頁)
〈3〉江戸期における男性同性愛の繚乱(?)については、下記を参照。ゲイリー・P・リュープ、藤田真利子訳『男色の日本史―なぜ世界有数の同性愛文化が栄えたのか』作品社、二〇一四年
〈4〉山田昌弘『パラサイト・シングルの時代』ちくま新書、一九九九年
〈5〉パオロ・マッツァリーノ『反社会学講座』イースト・プレス、二〇〇四年
〈6〉ロバート・N・ベラー、池田昭訳『徳川時代の宗教』岩波文庫、一九九六年
〈7〉アラン・マクファーレン、船曳建夫監訳『イギリスと日本―マルサスの罠から近代への跳躍』新曜社、二〇〇一年

〈8〉速水融『近世日本の経済社会』麗澤大学出版会、二〇〇三年
〈9〉礫川全次『日本人はいつから働きすぎになったのか―〈勤勉〉の誕生』平凡社新書、二〇一四年
〈10〉エティエンヌ・ド・ラ・ボエシ、西谷修監修、山上浩嗣訳『自発的隷従論』ちくま学芸文庫、二〇一三年
〈11〉同右書、四三～四五頁
〈12〉同右書、六六～六七頁
〈13〉関曠野「解説　言葉、政治そして人間らしさ」（ジョージ・オーウェル、川端康雄編、岡崎康一ほか訳『オーウェル評論集2―水晶の精神』平凡社ライブラリー、一九九五年、三一五～三二三頁）
〈14〉礫川前掲書、七三頁
〈15〉同右書、七六～九九頁
〈16〉同右書、一六七～一六九頁
〈17〉同右書、二一四頁
〈18〉同右書、二〇九～二一三頁
〈19〉同右書、二四三頁
〈20〉野口悠紀雄『一九四〇年体制―さらば「戦時経済」』東洋経済新報社、一九九五年

第4章

「奴隷の国家」がやってきた

1 「奴隷の国家」とは何か

＊奴隷とは何か

ヒレア・ベロックという二〇世紀のイギリスで活躍した思想家がいます。フランス人の父親とイギリス人の母親との間に生まれ、イギリスでは少数派のカトリック信徒という異色の思想家です。『ブラウン神父』シリーズで知られるG・K・チェスタトンの盟友でもあった人物としても知られています。旅行記や『子どものための教訓詩集』など多彩な作品を世に送った彼の仕事のなかでも、異彩を放っているのが、『奴隷の国家』という刺激的なタイトルの書物です。本書においてベロックは、現在われわれが生きている資本主義社会こそが、奴隷の国家であるという驚くべき見解を示しているのです。

「自由な人間は労働を拒むことができ、この拒絶を取引の材料として使えるのに対して、奴隷にはそうした取り引きをする力もなく、奴隷を保護し、保障する規制に支えられた慣習にその生活を左右されている」、奴隷の国家とは「多数の人々が実定法の強制下で労働に服している」ような国家のことを言います。（註1）

労働を拒否すること。すなわち「怠ける権利」を行使できることをベロックは、自由人の条件としてあげています。自由な人間であれば、死に至るほどの「労働を拒むこと」ことができるはずです。それができないこの国の勤労者は、ベロックの定義に従えば奴隷なのです。文部科学省に提出するための、教育にも研究にもまったく無意味だとしか思えない書類作りという「労働を拒むこと」ができない、私を含むこの国の大学人の大半も、また奴隷のように思えてきます。私たちは「奴隷の国家」に生きている。そうした背筋の寒くなるような現実を直視すべきなのではないでしょうか。

＊資本主義の誕生

キリスト教が影響力をもつ以前のヨーロッパ社会において、奴隷はいわば空気のような存在であったとベロックは言います。キリスト教が浸透する前の多神教が支配していたヨーロッパ世界においては、誰も奴隷の存在に疑問を抱かず、良心に基づく奴隷制度の告発者が現れることもありませんでした。キリスト教が浸透した以後の時代においても、中世の初期においては「ウイラ」と呼ばれる大きな荘園があり、そこでは領主のために奴隷たちが働いていました。しかし時を経るに従い、奴隷たちの領主たちに対する人格的従属は影を潜め、彼らが領主に対して負う義務は、農作物の物納や金銭での地代の支払いにとって替わります。ルネッサンス期までにかつての奴隷たちは、概ね自由民としての地位を獲得していました〈註2〉。

ヨーロッパ中世の都市には、手工業者や商人の団体であるギルドがありました。ギルドの成員は多くの規制に縛られていましたが、それは誰かが突出した利益を得て、富と権力が集中することを防ぐための規制だったのです。農村には自分の土地を耕作する自由な農民がいて、都市にはギルドでの独占的営業権を認められた商人や手工業者たちがいた。中世末期の社会は、私有財産に基礎を置く所有者たちの社会でした。この時代はまた、ギルドのような集団が力をもっていた時代であり、それらの成員内部での経済的平等が保障されていた、「分配型システム」の時代でもあったとベロックは言います。〈註3〉

変化は一六世紀に訪れます。この時代までにイングランドでは、富裕層による土地の占有が進んでいました。ヘンリー八世が修道院の財産を没収した際、富裕な者たちはそれを王の手から奪います。一握りの富裕層が国富の五〇％を手にするようになった。一部の人間の手に大きな富が集中する資本主義が、一六世紀には芽生えていたのです。資本主義は、イングランドにおいては一九世紀の産業革命をもって完成しています。イギリスの富裕層は、経済だけではなく、自らの子弟を裁判官、聖職者、大学人等々の世界に参入させることによって、社会の全域を支配するようになります。〈註4〉

技術の進歩によって生まれた新たな機械を購入し、工場を造るためには巨大な資金が必要であり、それを満たすために資本の集中が生じた。こうした技術決定論的な言説を、ベロックは一蹴しています。技術が進歩したから、資本主義が生まれたわけではない。自由民が多数を占める社会であれば、新しい産業技術は協同組合によって担われ、その果実は公平に多くの人たちに分配されたはずだと、ベロックは言います。技術の発展ではなく、イングランドの人々が自由の精神を欠如させていたことが、資本主義の誕生という災いを招いたのです。「あのような偉大な発見（蒸気機関に代表される産業革命期の諸発明―筆者）が一三世紀の社会のような社会で生じたのであれば、発見は人類を祝福し豊かにしたことであろう。一八世紀のこの国の道徳的に病める状況の中で生じたために、それらは呪いとなってしまった〈註５〉」。

資本主義の誕生とともに、イングランドの社会はごく少数の所有者と、圧倒的多数のプロレタリアートに分かれてしまいました。資本家たちは、プロレタリアートからの搾取を剰余価値の源泉としていただけではありません。彼らはそれでもまだ残っていた小所有者たちの財産を、その富の力で買い上げてしまいます。ささやかな財産をも奪われた、かつての小所有者たちは、プロレタリアートのなかに身を投じます。こうして資本家たちにとっての剰余価値の源泉は、ますます大きなものになっていったのです。

＊「奴隷の国家」の方へ

資本主義は、原理上持続不可能だとベロックは言います。われわれの社会が立脚する道徳的諸原理と、資本主義者がもたらす現実との間には、明らかな乖離があるからです。窃盗が犯罪とされるのは、私有財産は不可侵のものという前提があるからです。しかし現実には、私有財産を手にしているのは一部の人間にしかすぎません。

資本主義の社会においても、少なくとも法的には、人々に政治的自由が保障されています。しかし、生産手段は、ごくわずかな者の手に握られています。その結果、「法がもたらすどんな安全よりも国家が動かすどんな機構よりもはるかに重要なのは社会の動向中の基本的事実は、生計が所有者の意のままになっているという事実である〈註６〉」。雇用主は被雇用主に対して生殺与奪の権をもっており、資本主義社会において人々が恐れる最大の懲罰は刑事罰よりむしろ「解雇の恐怖」なのです。こうした状況下においては、政治的自由など絵に描いた餅でしかありません。人々は資本家の専横な支配の前に膝を折るしかありません。「今日のイングランド人の真の主人は、国王でも国家でも間接的にというのであれば法律でもない。彼の真の主人は資本家である」〈註7〉。

資本主義社会において、プロレタリアートは常に餓死するリスクに晒されています。無慈悲な資本家からプロレタリアートの命を守るために、イングランドでは繰り返し救貧法が制定されてきました。過剰な競争の支配する資本主義のもとでは浪費的で気まぐれな投資が行われます。その結果生み出される雇用は少なくありませんが、それらは安定したものとはなりえません。雇用がなければプロレタリアートたちは生きていくことができません。資本主義のもとでは、政治的自由はおろか、多くの人々の生存すら保障されないのです〈註8〉。

資本主義にかわりうるものとしてベロックは、①奴隷制、②社会主義、③財産（財産所有者たちが多数を占めていた過去に回帰する―筆者）の三つをあげています。このうち③は現実的なものではありません。①の奴隷制とは、「少数者の利益のために労働することを法によって強制されるが、そうした拘束の代償として古い資本主義が彼らに与えなかった安全を享受する社会」の実現を目指すことを意味しています〈註9〉。ベロックのみるところ、一九一〇年当時のイギリスでは、資本家もプロレタリアートも、そして社会主義者たちまでもが、①の方向に歩を進めていました。

社会主義者は生産手段の社会化を唱えています。しかし資本家たちが大きな力をもっている社会の中で、彼らの財産を没収して、それを社会的な所有に変えることなど不可能事です。その事実を認識した時に、社会主義者たちが提唱したことは、プロレタリアートに財産を与えることでも、彼らを経営に参画させることでもありませんでした。労働者が勤労の義務を果たすことと引き換えに、経営者に対して労働者を保護する義務を負わせることだったのです。こうした要求は、「所有者は所有者のまま、非所有者は非所有者のまま、という社会に導かれる」〈註10〉。社会主義者たちは持てる者（資本家）と持たざる者（プロレタリアート）の区別を固定化してしまいます。そして、保護と引き換えに労働者たちが働く義務を実定法に書きこんでしまったのです。社会主義者たちは、「多数の人々が実定法の強制下で労働に服している」奴隷の国家の実現に、大きな役割を果たしてしまったのです。

＊もう一つの古典的自由主義

これまでベロックの議論を紹介してきました。読者の皆さんはいくつも驚かれた点があるのではないかと思います。まずリベラリストであるベロックが、資本主義、プロレタリアート、剰余価値等々、マルクス主義者とみまがうようなことばを使っていることです。ベロックは、資本主義ということばを通例のように自由な市場経済に立脚した経済システムという意味ではなく、少数者の手に富が集中する、巨大企業体制というネガティブな意味合いで使用しています。資本主義を批判しながら、社会主義に対しても否定的なベロックの言説は、いまだに左右対立図式に縛られている筆者たちの意表を突くものです。

市場は「見えざる手」の力によって円滑に動いていくのだから、政府は何も介入すべきではない。これがアダム・スミスに代表される古典的な自由主義です。しかし、ベロックは自由主義を標榜しながら、中世のギルドにみられる、人々の自由を守るための規制を称揚していました。一言で古典的自由主義と言っても、その中には様々な潮流があることがわかります。

奴隷の存在は、個人の自由な魂を重んじるキリスト教の精神とは相容れません。イギリスのように信仰の希薄化した国で「奴隷の国家」が出現したことは、偶然ではないとベロックは考えていました。カトリックの国々では(『奴隷の国家』が書かれた二〇世紀初頭のことではありますが)、ベロックが「資本主義」と呼ぶものへの根強い反感が残っていました。アイルランドでは、小規模農民の権利が堅く守られ、フランスでは、奴隷の国家を始めようとした実験に、人々が断固として侮蔑的な態度をとったとベロックは述べています。(註11)アイルランドもフランスもカトリックの国です。わけてもフランスは、ヨーロッパの大国のなかでは、二一世紀のいまでも農民が活力を保っている国でもあります。

この本は二〇世紀の初頭に書かれたものです。二一世紀を迎えた現在、人口の過半が自営業者と農民によって占められていた時代に戻ることなど不可能事です。またこれまでの歴史のなかで、獲得されてきた被雇用者に対する様々な保障や福祉の制度は、否定的に語られるべきものではないと、筆者も考えます。しかし、組織に属して俸給を得るほかに生活をたてていく道がないために、意に染まぬ業務や転勤はおろか、死に至るまでの労働すら拒むことができないとすれば、日本の勤労者の置かれた職場環境は「奴隷的」と評するほかはありません。戦後の日本はいつから「奴隷の国家」への転落を始めていったのか。以下にはその軌跡をたどってみたいと思います。

2 「愉快なニッポン」とその終焉――一九六〇年に起こったこと

＊「昭和」への郷愁

第二次世界大戦の敗戦で壊滅的な打撃を受けた日本経済は、どん底の状態から這い上がることができないでいました。天然の資源に乏しいこの国では、海外からの輸入に頼る部分が大きくなります。そのためには外貨が必要ですが、戦後まもない時期のこの国の輸出商品といえば、粗末なおもちゃと繊維製品以外にはありませんでした。外貨不足を解消してくれたのが、一九五〇年に起こった朝鮮戦争の特需景気でした。前線基地となった日本で、米軍は気前よく日本製品を買ってくれたのです。あしかけ四年に及んだこの戦争では、三〇〇万人もの尊い人命が失われ、南北に引き裂かれた離散家族が多数生まれました。戦後の日本経済は、近隣民族の大きな不幸を奇貨として離陸を果たしたのです。一九五〇年代の半ばからは、年率一〇％内外の成長率を二〇年近くにわたって記録した、高度経済成長期が始まっています。

二〇〇〇年代には、「昭和ノスタルジー」のブームがありました。先に言及したNHKのドキュメンタリー番組「プロジェクトX」と並ぶその代表作が、映画「ＡＬＷＡＹＳ　三丁目の夕日」三部作です。中学校を卒業後、青森県から集団就職で東京に来た堀北真希演じるヒロイン・星野六子が、住み込みで働く町工場「鈴木オート」の経営者夫婦や茶川《ちゃがわ》龍之介なる売れない作家等々の、温かくも滑稽な人たちに育まれて成長していく様を描いたこの映画は、大きな人気を博しました。テレビが家庭に来た日。建設途上の東京タワー。そして、東京オリンピック。高度経済成長期を象徴する出来事が、この映画のなかには巧みに織り込まれています。「昭和ノスタルジア」と言いながらも、「プロジェクトX」といいこの映画といい、ノスタルジアの対象となっていたのは、実は高度経済成長期だったのです。二〇一〇年代のいまでもなお、高度経済成長期は、日本人が豊かになるという夢を追い求めた「よき時代」として、多くの人々に表象されているのではないでしょうか。

✻「愉快なニッポン」——一九五〇年代

一九四四年生まれの思想史家、関曠野は、一九五〇年代への郷愁と高度経済成長期まっただ中の六〇年代に対する忌避感を語っています。関はこう述べています。一九五〇年代は、学歴差別をはじめとする多くの差別や偏見が世を覆っていたから、この時代を理想化するつもりはない。しかし、「一九五〇年代後半の日本には、ある意味では小春日和のようなというか、しっとりとした落ち着いた日常があったように思います。戦災からも復興し、まだ公害問題も起こっていなかったし、貿易摩擦もなかった。映画でいえば、小津安二郎の描いた世界です」〈註12〉。これに対して六〇年代の高度経済成長は構造的暴力であり、日本人をエコノミックアニマルに変えた、忌むべき時代であったと関は言います。高度経済成長は、エリートが仕掛けたものであり、庶民が望んだものではない。庶民はただ巻き込まれただけだ。六〇年代に入って、「ネリカンブルース」や「ヨイトマケの歌」が流行り、「寅さん」の映画が大ヒットしたのも、当時の庶民が、急速に豊かになった社会に、居心地の悪さを感じていたからではないのかという注目すべき見解を、関は述べています[註13]。

水俣病の「発見」は、一九五〇年代のことですから、この時代の日本に、「公害問題は起こっていなかった」とは言えないでしょう。しかし、関の言うことは、わかります。一九五六年生まれの筆者の幼年期の写真をみると、人々の身なりも町並みもおそろしく貧しいにもかかわらず、そこに映っている人たちが実によい表情を浮かべているからです。

歴史学者の雨宮昭一も別の角度から一九五〇年代の日本社会を高く評価しています。この時代は様々なコミュニティーが活力を保っていた時代でした。この時代のほとんどの人たちが、自分の家で生まれ、自分の家で死んでいます。自宅での出産も看取りも葬式も、地域の人たちの支えなしには不可能です。農漁村では農民運動や青年団活動が盛んでした。戦後の最盛期からは後退したものの、職場では労働運動も活発に行われていました。教師たちは、教育の逆コース[註14]と敢然と戦い、「山びこ学校[註15]」の実践にみられるように、地域コミュニティーとのかかわりも深く保っていたのです。子どもたちまでもが、ガキ大将を中核として自治を行い、大人たちの介入を許さない「子ども共和国」を形成していました。

雨宮は一九五〇年代の日本社会のユニークさを次のように表現しています。「基本的人権が保障された民主主義の制度があり、国家や資本から独立した多様な空間＝コミュニティーが存在する社会である[註16]。これらは近現代日本において、以前にも以後にもなかった固有の社会でした。農村も通常イメージされるような保守の基盤ではありませんでした。農民たちの運動のなかには革新的な主張を含むものも多くあったのです。「六〇年の安保闘争にいたる国民運動を指導した革新勢力が依拠したのは、まさにこの自立した諸コミュニティーであった」〈註17〉。

五〇年代においては、多くの人々は大きな組織に雇用されるのではなく、商店や町工場や農家など、自分の家で働く人が多数を占めていました。ひどく零細な規模で貧しいとはいえ、所有者たちの社会であったと言えます。そして雨宮が示したように、様々なコミュニティーや団体が力をもっていました。ピューリタン革命も経済の資本主義化もまだ到来していない、独立自営の商工業者や農民が力をもっていて、世間智に富んだかの大文豪ウイリアム・シェイクスピアを生んだ近世初期のイギリスは、「メリー・イングランド」（愉快なイングランド）の名で呼ばれています。貧しい人たちが互いに助け合いながら、権力や資本に対峙していた一九五〇年代の日本は、「愉快なニッポン」とも呼びうるのではないでしょうか。しかしその後の日本が、ベロックが理想とした「分配型システム」の方向性で発展していかなかったことは、読者の皆様のよく知るところでもあります。

＊「愉快なニッポン」の終焉――一九六〇年に起こったこと

一九五五年は戦後日本の大きな転機となった年でした。自由党と民主党が合併（保守合同）して、自由民主党が結成されました。同年には左右に分裂していた社会党が再統一され、日本社会党が生まれています。自民党はこの後、一九九三年まで政権の座に留まり続けました。自民党と社会党の政権交代なき二大政党制は、「五五年体制」の名で呼ばれています。「五五年体制」は米ソの冷戦構造を国内に移植したものです。自民党は、共産主義や社会主義に反対する人たちの集まりですから、戦前から極右の政治家として知られていた人物から、石橋湛山、松村謙三、三木武夫のような、筋金入りのリベラルまでの幅広いイデオロギーの持ち主がそのなかに含まれていました。同様に社会党のなかにも、教条的なマルクス主義者から社会民主主義者までの、社会主義を標榜する幅広い人たちが含まれていたのです。同年には日本共産党が第六回全国協議会（六全協）において武力革命路線を放棄し、議会主義への復帰を宣言しています。

筆者が生まれた一九五六年の経済白書は、「もはや戦後ではない」と高らかに宣言しています。高度経済成長が始まったのも一九五五年。星野六子のような中学を出たばかりの子どもたちを乗せた集団就職列車は、この年に運行が始まり、筆者が大学に入学した一九七五年まで続く、日本の春の風物詩となりました。集団就職列車が象徴するように、高度経済成長期には、農村から都市への大規模な人口移動が生じていました。一九六〇年代に入ると、この国では、大都市部の過密化と農村の過疎化が深刻な問題となっていったのです。

一九五六年に自民党の初代総裁に就任し、総理大臣の座についた石橋湛山の内閣は、石橋の病気のために短命に終わります。その後に首相の座に就いた岸信介は、アジア太平洋戦争開戦時の東條内閣の商工大臣であり、A級戦犯として一度は逮捕された人物です。戦前の暗い記憶と結びつく岸を、国民各層は不信の目でみていました。一九五八年に岸内閣が提出した、令状なしでの身体検査や身柄の拘束を認めた、警察官職務執行法（警職法）改正案は、「デートもできない警職法」と呼ばれ、全国で日教組（日本教職員組合）を中心とした激烈な反対闘争を招き、結局廃案に追い込まれています。

岸は、サンフランシスコ平和条約で締結された日米安全保障条約の改定に意欲をしめしていました。

一九六〇年に岸が国会に上程した、新しい日米安全保障条約に対して、社会党が猛烈な反対を示すなか、この条約は、五月一九日に国会で強行採決されています。同条約に反対する学生たちの運動は激化していきます。ハガチー大統領秘書官が学生のデモに襲撃されたことによって、アイゼンハワー米大統領の訪日は取りやめになり、六月一五日には、国会に突入した学生たちと機動隊との衝突で、東京大学の学生だった樺美智子が死亡しています。騒然たる状況のなかで、岸は同条約が自然成立した後の六月二三日、首相の座を退いています。

日米安保闘争においては、条約の内容そのものよりも、岸という戦前の暗い記憶と結びついた政治家の「憲政の常道」を無視した強権的な政治手法に強い批判が集まりました。赤坂真理は、アメリカのハイスクールに留学した一六歳の日本人少女が、社会科の授業のディベートで、天皇に戦争責任があるという立場を担わされることによって、アイデンティティクライシスに陥る様を描いた小説『東京プリズン』の著者として知られる作家です。〈註18〉赤坂は、六〇年安保闘争は、日本人自身の手による〝戦犯裁判〟であったと述べています。これは卓見であると筆者は思います。〈註19〉

一九五九年から六〇年にかけては、三井鉱山三池炭鉱で激しい労働争議が起こっています。エネルギー効率のよい石油に押されて、石炭の需要は減少を続けていました。経営難に陥った会社側は、労働組合に対して大規模な人員整理を提示しています。組合がそれに応じなかったために、会社側は炭鉱のロックアウトを敢行。筑豊地方のコミュニティーに根をもつ炭鉱労働者たちは、八カ月に及ぶ激しい闘争を続けます。総評（日本労働総評議会）は、三井三池闘争を「総労働と総資本の戦い」と位置づけ全面的な支援を与えました。しかし闘争は、会社側の勝利に終わります。この闘争の意味を雨宮はこう位置づけています。「（三井三池闘争は）産業エネルギー構造の転換という側面と同時に、自立した労働者コミュニティーの存続から解体へという側面をもっていたのである」。〈註20〉

一九五〇年代は、日本人の前に、様々な政治的可能性が開かれていたかにみえた時代でした。岸のように戦前への回帰を明確に志向する政治家もいました。革新勢力のなかには、社会主義革命を本気で考えている人たちもいたのです。しかし、六〇年安保によって日米の同盟関係が確固たるものとなり、三井三池闘争によって「総労働」が「総資本」の前に敗れ去ったことによって、社会主義革命は不可能事となりました。他方、岸に対して示された民衆の嫌悪感は、戦前への回帰もまた不可能事であることを明らかにしたかにみえます。一九六〇年当時を生きた人々は、その約半世紀後に岸の孫が政権の座に就き、祖父と瓜二つの復古主義的な政策を推し進めることになるとは、夢想だにしなかったのではないでしょうか。一九六〇年代の二つの出来事によって、この国における政治的争点は事実上消滅してしまいました。

一国の進むべき道筋を示すのが政治的指導者の役割ですが、六〇年代に入ると日本の政治家のなすべきことは、経済を発展させることぐらいしか残っていませんでした。岸の後を受けた池田勇人は、工場を太平洋ベルト地帯に集中させ、その他の地域を人材と食糧の供給基地として位置づける「所得倍増計画」を提唱しています。これが関のいう「エリートの仕掛けた」、「構造的暴力」としての高度経済成長の始まりです。フランスのドゴール大統領は、池田のことを「トランジスタラジオのセールスマン」と揶揄しています。フランスの大エリートの目には、商売の話ばかりしている政治的指導者の姿は、奇異に映ったことでしょう。一九六五年にパキスタンのブット外相は、日本人を「エコノミックアニマル」と評しています。六〇年代の日本人の生活は目にみえて豊かになっていきました。しかし、それは五〇年代にあった「しっとりとした落ち着きのある日常」を犠牲にして得られたものなのです。果たしてこれが「進歩」の名に値するのか。そうした疑念は消えません。

3　「奴隷の国家」がやってきた

＊保護された自営業者たち――「経済成長総力戦体制」の諸相①

日本を経済大国に押し上げた立役者は、大企業です。自動車や家電製品のような大衆消費財について、政府は徹底的な保護貿易政策をとります。海外製品の流入を阻止して、有力な国内企業間で激しい競争をさせたのです。保護され、閉鎖された市場のなかでの激しい競争を通して、日本の自動車や家電製品の性能は飛躍的に向上しました。その結果、一九八〇年代にアメリカとの貿易競争で圧勝を収めたことはすでにみたとおりです。アメリカの経済学者チャルマーズ・ジョンソンは、旧通商産業省を中心とする官庁が企業に対して大きな指導力を行使している日本を、まともな資本主義国とは言えないと批判しています。〈註21〉この批判は当を得たものですが、高度経済成長期の日本の重商主義政策が成功を収めたことは否定できません。

自民党政権は大企業だけではなく、高度経済成長期になお労働人口のなかで大きな部分を占めていた、商工業の自営業者と農民層をも「繁栄の両翼」と位置づけ、大企業とともにこれらをその支持基盤としていました。〈註22〉自民党政権は、大企業に対しては保護と競争の促進を使い分けたのに対して、自営業者と農民層に対しては、保護主義的な姿勢を貫きます。農家に対する補助金や米の安定した価格での買い取り、農産物の輸入規制、個人商店の場合には、大店法のような出店規制がこれに当たります。手厚い保護と規制が、自営業の安定的な存続を可能にしたのです。この時代には、生産者から商品が消費者に届くまでの間に、幾重もの問屋を経由する、複雑で不透明な流通過程が存在していました。商店間の競争が規制されていたことと相まって、日本の消費者たちの間には、不当に高価な商品を買わされているという不満が募っていました。高度経済成長期に生活協同組合等の消費者運動が盛んになり、問屋を介さずに商品を生産者から消費者にダイレクトに届ける「流通革命」を実現した、「主婦の店ダイエー」の創業者、中内㓛が時代の寵児としてもてはやされた所以です。

＊「沈黙の春」の方へ――「経済総動員体制」の諸相②

昔の農村の強みは、生活をしていく上であまりお金を必要としなかったことです。食べるものは自給していたのですから。ところが高度経済成長期に入ると、農業機械や化学肥料、さらには農薬を使用することによって、農家は経済システムのなかに組み込まれていきます。農家の所得は安定していても、それ以上にお金が出ていってしまう。現金収入が必要となったために、この時代には兼業農家が増大していきました。お父さんは外に働きに出ていて、お母ちゃん、おばあちゃん、おじいちゃんが農業を担う「三ちゃん農業」ということばを当時よく耳にした記憶が筆者にはあります。

化学肥料や農薬の使用は、農業に大きな変化をもたらしました。第3章で触れた人糞を肥料に用いる日本農業の伝統も、筆者がまだ幼い頃の鳥取には残っていて、人糞の臭いを「田舎の香水」などと呼んでいましたが、それも筆者が長じるにしたがって姿を消していきました。筆者の小学生時代にはヘリコプターによる空からの農薬散布がありました。過剰な農薬の使用は深刻な環境破壊をもたらしました。鳥取でも、背骨の曲がった魚や、目玉の三つあるおたまじゃくしが釣れたという話を耳にしました。アメリカのジャーナリスト、レイチェル・カーソンが、『沈黙の春』で警鐘を鳴らした環境破壊が、日本のそこここで進んでいたのです。

現在の日本では、個人商店も農業もすっかり活力を失っています。鳥取市のような地方都市では、シャッター商店街が目立ちます。農業人口もいまは二〇〇万人を切り、そのうちの六割超が六五歳以上の高齢者です〈註23〉。現在と比べれば、高度経済成長期の商店街も農村も、まだまだ活力を保っていました。しかし、様々な保護を受ける代償として自民党の集票装置のなかに組み込まれていたのですから、当時の農民や商工業者の多くが、「独立自営」であったかといえば疑問符のつくところです。

＊制度化された階級闘争――経済総動員体制の諸相③

「昔陸軍、いま総評」と当時の労働組合のナショナルセンターであった総評が評されたように、高度経済成長期においてもなお、労働組合は存在感を保っていました。しかし三井三池闘争以降は、戦闘性は影を潜めていきます。旧西ドイツの社会学者、ラルフ・ダーレンドルフは、先進資本主義国においては、階級闘争は暴力的な形態をとらず、労使交渉や法的調停によって制度化されると述べています〈註24〉。それはまさに高度経済成長期の日本で起こったことでした。この時代の日本で労働組合が存在感を示したのは、春闘での賃上げ闘争と、それが組合側に不満な結果に終わった時の、交通機関を中心としたストライキの時だったのですから。

第3章でも述べたように日本の労働組合は、欧米のような職能別組合ではなく、企業別組合です。会社の利益は、すなわちその会社の組合員の利益でもあります。終身雇用や年功序列賃金とともに、企業別組合は「日本的経営」の特徴として語られてきました。しかしそれ故に、会社と組合の癒着が生じることも稀ではありませんでした。「第二労務部」のような役割を演じる組合や、専従職員になることが出世コースとして位置づけられるような組合も少なくなかったのです。経済成長の果実の分け前をとることにのみ執着していたこの時代の労働組合が、政治権力や経営者たちに対抗する力を減じてしまっていたことは否定できません。

＊生と死の施設化——システムによる生活世界の植民地化①

二〇世紀ドイツの社会学者、ユルゲン・ハーバーマスは、「システムによる生活世界の植民地化」の危機に現代社会が晒されていることに対して警鐘を鳴らしていました。〈註25〉ことばは難しいのですが、単純化すればこういうことです。（専門家からは異論が出されるでしょうが）「システム」とは目的を追求するために造られた組織的な世界です。会社や官庁等がこれに当たります。「生活世界」とは、普通の人たちが日常生活を営む空間の謂いです。家族や近隣のコミュニティーがこれに当たります。「システムによる生活世界の植民地化」とは、すなわち会社や官庁の論理が、家族や近隣の人間関係の中にまで浸透し、社会の全体を覆っていくことを意味しています。高度経済成長期の日本社会においては、この「システムによる生活世界の植民地化」が進行していったのです。

五〇年代は、人が家で生まれ死んでいた時代でした。雨宮がそれをコミュニティーの強さのあらわれと考えていたことは先にみたとおりです。自宅で生まれる者は一九五〇年に九五％を超えていましたが、五五年には八〇％台前半に、そして六〇年には四〇％にまで減少しています。〈註26〉そして高度経済成長の終わった七五年には、自宅で生まれた者はわずか二％に過ぎません。病院で死ぬ者の比率も、こちらの方は出産の場合よりもやや緩やかですが、やはり高度経済成長期を通して減少を続け、一九七八年には過半の者が病院で死ぬようになりました。今日では八割の日本人が病院で死んでいます。〈註27〉高度経済成長期のこの国では、生と死の施設化が進んでいたのです。もちろん生と死の施設化の結果として、乳幼児死亡率の低下や、終末期医療の充実がもたらされたことは否定できません。しかし出生と死という人間にとってのもっとも基本的な出来事が、コミュニティーの手から、施設、すなわちシステムの手に委ねられていったこともまた、否定できないのです。

＊企業社会のサブシステムとしての核家族――システムによる生活世界の植民地化②

筆者が日々接している学生たちのなかには、いまだに専業主婦願望を語る者も少なくありません。彼女たちのなかには、専業主婦を日本の女性のライフスタイルの「伝統」だと信じている者が少なくないのも事実です。これは誤解です。筆者は高度経済成長期の子どもですが、商売人の子どもたちが集まる筆者の小学校では、お母さんたちはみんな商店の「おかみさん」。専業主婦は、転勤族の子どものお母さんぐらいでした。専業主婦の「奥さん」ではなく、お店や工場で働く「おかみさん」こそが日本の母親の「伝統」なのではないでしょうか。

夫が外で働き女性が家庭を守るという性別役割分業は高度経済成長期に一般化していったもので

す。夫が外に働きに出て、保育所等の施設は未整備のままであれば、妻が家事育児を担うほかはありません。家計の担い手が夫一人、それが専業主婦と子ども二人を扶養する「標準家庭」のカテゴリーは、高度経済成長末期の一九六九年に生まれています。〈註28〉いまは共働き家庭が一般的となり、「標準家庭」は、絶滅危惧種とまでは言えないまでも、「標準」的なものではなくなりました。「妻子を養うのは男の甲斐性」という考え方も、日本社会の「伝統」などではなく、高度経済成長期の「発明」とみるべきでしょう。「妻子を養う」ために男は「モーレツ」に働かざるをえなくなりました。「企業戦士」の「銃後」を守ることが妻の役割。家族というまさに「生活世界」のホームベースともいうべきものまでもが、企業社会という「システム」に植民地化されてしまいました。「経済成長総動員体制」に家族もまた組み込まれてしまったのです。

高度経済成長期は、大衆消費財が急速に普及していった時代でもあります。電気冷蔵庫、炊飯器、電気洗濯機。これら家庭電化製品の普及は家事労働の負担を大きく軽減していきました。掃除や炊飯、何よりも洗濯を手で行うことはいまでは想像もつきません。大衆消費財は、当時の人々に熱狂的に受け容れられていきました。「ＡＬＷＡＹＳ　三丁目の夕日」でも描かれていたように、テレビや自動車がわが家に来た日のことは、多くの人々にとって家族の「幸福」を象徴する出来事として記憶されていました。家電製品や自動車などの大衆消費財は、家庭単位で購入されます。高度経済成長期における核家族化の進行は、大衆消費財の市場を大きく押し広げていきました。核家族がこれら大衆消費財を競うように購入した結果、日本の家電メーカーや自動車メーカーは、大きく発展していったのです。日本の勤労家庭は、生産者としてだけではなく、消費者としても企業社会に貢献していったのです。

＊ジャイアンの苛立ち――システムによる生活世界の植民地化③

高度経済成長期の教育の世界においては、「産業界の要請」が幅を利かせるようになってきました。戦後教育の六三三制の例外として、一九六二年には国立工業高等専門学校が全国に設置されています。日本の工業化を担う中堅技術者の育成を目的とした教育機関です。「教え子を二度と戦場に送らない」を旗印に権力に対する激しい抵抗を続けてきた日教組の組織率は、一九五八年には八六・三％だったものが、六五年には六三・三％に減少し、高度経済成長の終わった七五年には五五・九％まで低落しています。〈註29〉教師集団は「組合系」と「非組合系」に分断され、かつての教員コミュニティーの一体性は失われてしまったのです。地域コミュニティーの解体とも相まって、教師と地域とのかつてのような結びつきも弱まっていきます。受験競争の激化に伴って、学校は次第に子どもに知識を詰め込む場と化していきました。大人たちが「企業戦士」であった時代に、子どもたちは「受験戦士」たることを強いられていたのです。「詰め込み教育」と「受験戦争」は、おちこぼれ、いじめ、不登校、校内暴力等々の様々な子どもの問題を生み出す土壌ともなりました。

高度経済成長期における急速な自動車の普及と開発ブームとによって、道路や空き地、原っぱ等のそれまでの子どもの遊びが次々と奪われていきました。ガキ大将に統べられる「子ども共和国」は、この時代に姿を消してしまったのです。赤坂真理は「ジャイアンはガキ大将だったのか」という興味深い問いを発しています。ジャイアンは、彼のテーマソングにおいて、「ガキ大将」を自称しています。しかしガキ大将とは、異年齢の集団が遊ぶ際にリーダーシップをとる存在なのに、ジャイアンはいつも同年齢ののび太やスネ夫、しずかちゃんたち（あとドラえもん）としか遊んでいない。だからジャイアンはガキ大将とは言えないと赤坂は言います。

赤坂はジャイアンを高く評価しています。彼は本来ガキ大将足りえる器だった。その証拠に、難敵にのび太たちと力を合わせて立ち向かう、劇場版アニメでのジャイアンは、仲間思いで勇敢なナイスガイとして描かれている。「ドラえもん」の連載が始まった高度経済成長末期には、すでにガキ大将は姿を消していた。ガキ大将になれなかったジャイアンは、そのフラストレーションとエネルギーを、のび太に衝動的な暴力をふるうことで解消している。これが赤坂の推理です〈註30〉。

この時代に子どもたちは二重の意味でシステムに組み入れられていきました。「子ども共和国」を追われた子どもたちは、「お小遣い」という名の潤沢な可処分所得を手に入れます。それ以前の子どもに比べてお金持ちになったこの時代の子どもたちは、『少年サンデー』や『少年マガジン』のようなマンガ週刊誌の、あるいは明治や森永のような大メーカーのチョコレートやキャラメルの「小さな消費者」として、システムのなかに組み入れられていきました。

この時代にはまた「教育ママ」と呼ばれる、子どもを勉強させることに熱意をもつお母さんたちが多数出現しました。家名の存続と家業の継承が戦前の「イエ」の大きな使命でした。戦後の核家族においては、子どもを産み育てることが自己目的となります。大企業や官公庁に勤めることが子どもの明るい未来を約束すると信じられていた時代です。「よい会社」に入るためには、「よい高校」・「よい大学」を出なければなりません。「教育ママ」が出現した所以です。この時代の子どもたちは、「小さな消費者」としてだけではなく、将来の企業戦士となるための「受験戦士」としても、システムに組み入れられてしまったのです〈註31〉。

4　サラリーマンは気楽な稼業だったのか？

＊サラリーマンという表象

サラリーマンということばは、いまではあまり聞かなくなりました。現在では、ビジネスマンもしくは女性をも含めたビジネスパーソンということばが、一般的に用いられています。サラリーは、俸給。サラリーマンとは、俸給生活者の謂いですから、本来であれば雇用されている人すべてこれにあたるはずです。サラリーマンは和製英語です。英語圏では、事務職や営業職などの頭脳労働に従事している勤労者をホワイトカラーと呼びます。これらの仕事に従事している人は、背広の下に白いワイシャツ（したがって襟＝カラーが白になる）を着ている人が多いからです。ちなみに肉体労働の従事者はブルーカラーと呼びますが、これも着ている服の色に由来する命名です。

サラリーマンということばは、ホワイトカラーとほぼ重なるものでしょう。典型的なサラリーマンのイメージは、男性の民間企業に勤める、ホワイトカラーを指す場合が多いように思います。理科系のエンジニアもホワイトカラーですが、サラリーマンのイメージは薄い。女性の場合には、ＯＬということばが別にあります。ＯＬは、女性のホワイトカラーの全体を指す場合もありますが、ノンキャリアの一般職女性を指す方が、通例であるように思います。「最近の先生は、サラリーマン化した」

などの言い回しからもわかるように、サラリーマンという言葉には、どこかネガティブな響きがありました。ともあれ、高度経済成長期は、サラリーマンが勤労者の一つの典型として語られるようになった時代でした。

高校進学率が五〇％を超えたのは、高度経済成長が始まった一九五五年のことです。高校を卒業した人が標準の社会になれば、もはや大衆は無知な存在ではなくなり、高級文化と大衆文化の中間的な文化（「中間文化」）や、市民的な政治活動の新たな担い手となりうる。この時代に、社会学者の加藤秀一〈註32〉と政治学者の松下圭一〈註33〉は、それぞれの学問的立場から、新しい大衆社会の、もしくは新中間層の出現とその可能性について肯定的に論じています。中卒でホワイトカラーになることは当時でも考えにくいことでした。高卒以上の学歴をもつ「サラリーマン」こそが、新中間層であり、「中間文化」の担い手であったのです。

この時代には、多くのサラリーマン小説が出版されています。敗戦によって、多くの幹部が追放されたために、本来その器ではない人たちが役員の任に就いたために起こる混乱をユーモラスに描いた、『三等重役』等の作品で知られる源氏鶏太は、このジャンルを代表する作家でした。サトウサンペイ、東海林さだお、福地泡介らは、多くのサラリーマンマンガを生み出しています。一九五〇年代の中葉に生まれた『週刊文春』、『週刊新潮』をはじめとする出版社系の週刊誌は、都市のサラリーマンを主たる読者層に想定したものでした。サラリーマンたちは、新中間大衆文化の消費者であったと同時に、そこに豊富な素材を提供し続けてもいたのです。

先にも述べたようにサラリーマンのイメージは、芳しいものではありませんでした。赤ちょうちんで酔っ払い、会社や上司の悪口を言いあい、最後には「こんな会社辞めてやる！」と叫ぶが絶対に会社を辞めはしない。そんなイメージです。安定した生活を手に入れるために、自由を放棄してしまい、不満を抱えながらも、自分の属する会社という組織のなかでしか生きていくことができない人々。サラリーマンのイメージはそうしたものでした。

自身がサラリーマン（新聞記者ですから典型的なサラリーマンとは言えないかもしれませんが）であった詩人の中桐雅夫は、「会社の人事」という有名な詩を遺しています。「……日本中、会社ばかりだから、／飲み屋の話も人事のことばかり。」「やがて別れてみんなひとりになる、／……酔いがさめてきて寂しくなる、／……子供のころには見る夢があったのに／会社にはいるまでは小さい理想もあったのに。」[註34]。会社に入ること、サラリーマンになることとは、夢や理想を捨てるということでもありました。

日本の高度経済成長期は、世界的にも好景気の時代でした。先進国ではどこも、経済の規模が拡大し、大企業や官公庁のオフィスで働くホワイトカラーが増えていったのです。ウイリアム・ホワイト[註35]、チャールズ・ライト・ミルズ[註36]、デービット・リースマン[註37]等々のアメリカの当時の社会学者たちは、ホワイトカラーたちの、政治的には無関心（ミルズ）で、自分自身の信念と呼べるものを欠く「他者志向性」（リースマン）を特徴とする、「オーガニゼーションマン」（ホワイト）的な生き方を批判的に描き出しています。アメリカのホワイトカラーたちと、日本のサラリーマンには、よく似たところもあります。しかし日本のサラリーマンの方が、格段に情けない感じを与えるのは何故なのでしょうか。

＊ジョブ型雇用とメンバーシップ型雇用

安倍政権が提唱した「働き方改革」の文脈のなかで、耳にする機会が増えたのが、「ジョブ型雇用」と「メンバーシップ型雇用」ということばです。「ジョブ型雇用」とは、何かのスキルをもった人を雇用し、スキルと達成に対する対価に対して俸給を支払うという考え方です。欧米の雇用形態は、「ジョブ型雇用」であると言われています。文系の会社員でも、経理や営業等の専門性をもっています。「ジョブ型雇用」においては、組織に属するホワイトカラーは、生産手段をもたないプロレタリアートというわけではありません。専門的なスキルをもつことによって、所属している職場の待遇に不満があれば、他の会社に移ることも可能であるからです。若者も何かの専門的なスキルを身に付けるまでは、労働市場に参入することができません。高学歴化の進展によって、欧米諸国では学部を出ただけではホワイトカラーの仕事に就くことが困難になりつつあり、大学院に進み、あるいは長期のインターンシップを経験するなど、若者が就職するまでに長い期間を要するようになってきています。

これに対して日本において支配的なのが、「メンバーシップ型雇用」です。スキルと達成というよりは、会社の成員（メンバー）であることを重視し、それに対する対価として報酬が支払われているという考え方です。日本の会社組織のなかでは、ローテーションによって様々な部署を一人の人間が経験することが一般的です。文系ホワイトカラーの場合には、専門的なスキルを身に付けにくい構造があります。在籍年数を重視する年功序列的賃金体系が転職には不利に働くことと、文系サラリーマンの多くが特定のスキルをもたないこととが相まって、開かれた労働（転職）市場がこの国では長く存在しませんでした。最近では随分と事情も変わってきており、ヘッドハンティング専門の会社が存在するほどですが、高度経済成長期には、有利な条件でのサラリーマンの転職は非常に稀なことだったのです。会社の待遇に大きな不満を抱えていて、酒場で「こんな会社辞めてやる」と大声で叫びながら絶対に辞めないのは、つまりは辞めると行き場がないからです。このあたりもさきに指摘した日本のサラリーマンの「情けなさ」と関係がありそうです。

新人採用についても、欧米のようにスキルをもった即戦力を求めるものではありません。文部科学省は世界的な高学歴化の趨勢を見据えて、九〇年代のはじめに「大学院重点化」政策を打ち出し、実施しました。しかし大学院進学率は、思うほどは上がらず、この施策は、膨大な数の超高学歴ワーキングプア（博士号をとりながら無業か非正規雇用の仕事にしか就けない人々）を生んだだけで終わりました。この施策が失敗に終わった要因は様々に考えることができますが、企業が新規採用者に高度なスキルを求めてはいないことも一因しています。

学生たちは命がけで「就活」（就職活動）をしていますが、スキルを競うのではなく、正体不明の「コミュ力」（コミュニケーション能力）」なるものを競いあっています。学窓を離れる時に、どこかの会社のメンバーシップが得られなければ若くして無業者に転落して、その後のキャリアがそこで閉ざされてしまうという強迫観念が、若者たちの就職活動を命がけのものにしているのです。

＊会社に従属する個人

イギリスの法制史家ヘンリー・メインは、生まれながらの身分に従って固定されていた社会的役割が、自由な諸個人の間の契約による流動的なものへと変化することを社会の進歩のあらわれとして捉えていました。二〇世紀アメリカの社会学者タルコット・パーソンズは、人間に対する評価がその人の生れながらの「属性」（主として出身階級や身分）から、その人の成し遂げた「業績」へと移行していくことを、やはり社会の進歩の指標ととらえていたのです。〈註38〉二〇世紀日本の政治学者丸山眞男は、メインとパーソンズの述べたことを、わかりやすく《「であること」から「すること」への変化》と表現しています。〈註39〉

「ジョブ型雇用」が支配的な欧米のホワイトカラーの生きている世界は、明確に契約の世界であり、業績原理の支配する世界であり、すなわち「すること」の世界であると言えるでしょう。彼／彼女らは、自分のスキルを契約によって雇用主に売っています。

日本ももちろん建て前の上では近代社会です。企業と社員とは、雇用契約によって結ばれており、双方ともがそれを順守する義務を負っています。入社の際の選抜も、昔はコネが幅を利かせている部分もありましたが、いまでは合否の基準が謎であるにせよ、面接等の試験を重ねて選考を行っています。日本の企業社会も、原則的には「すること」原理の上に成立しています。

しかし、この国に生きる人たちのなかには、職業を「であること」の観点からとらえている部分がなお根強くあるようにみえます。人々は、彼／彼女がどんな職能を担っているのか、すなわちどんな仕事を「する」人かということよりもむしろ、その人の勤める会社の名前に、すなわちその人がどんな会社の社員「である」かに強い関心を抱いているのです。「すること」より「であること」に強い関心を示す。長い封建時代を経験したわれわれのなかには、「身分」の感覚が根強く残っていることの証ではないのか。そして会社とそこで働く社員とを、対等な存在としてではなく、社員が会社に従属する主従関係のようなものとしてとらえている部分があるようにも思えます。

日本社会の不思議なところは、遅刻には物凄く厳しいが、終わる時間に関してはとてもルーズなところです。学校然り、企業もまた然り。従業員が遅刻を続ければ、懲戒処分の対象になりかねません。ところが会社は社員に実質残業させ放題。定時に帰れる会社の方がむしろ稀なぐらいです。ここに会社と社員との片務的な関係が透けてみえます。日本の勤労者たちが、企業と社員の関係を対等のものではなく、主従関係にも似たものとしてとらえているからこそ、この片務性が許容されているのではないでしょうか。

＊「経営家族主義」――あるいは「システムと生活世界の相互植民化」について

日本の企業と社員の関係は、封建時代の大名家と家臣たちの関係を彷彿させるものです。一九七〇年代末に、村上泰亮らは、『文明としてのイエ社会』という本を著しています。[註40] 他方、ラディカルな在野の学者である関曠野は、村上らの著作のパロディ版とも言うべき『野蛮としてのイエ社会』を刊行しています。[註41] 村上らと関は、日本資本主義を讃美する者と批判する者という違いはあるものの、小さなイエ（個々の武家）が大きなイエ（藩主・将軍家）に従属する、鎌倉時代に始まる武士社会の「イエ」が、日本の組織の原型となってきたと指摘しています。武家であれ、商家であれ「イエ」は、親族組織の装いをとりながら血縁性は弱く、無能な跡継ぎを廃嫡にして、有能な養子をとることによってその存続を図る、業績主義的な性格をもっており、そのことが日本の近代化に有利に働いたという認識を、村上らと関は共有しているのです。

一九六〇年代から八〇年代にかけての経営学や産業社会学の分野では、「経営家族主義」ということばが流行しました。[註42] 社員相互は兄弟のような、そして社員と経営者とは親子にも似た、強い情緒的な絆で結ばれていること。「イエ」がその存続を最重視したように、利益を生み出すことよりも会社の存続を重んじる経営姿勢。そして家憲や家訓にも似た「社訓」の存在。家族にも似た特徴が幾重にもあることを、経営家族主義論者たちは、欧米の企業にはない日本企業の特質として指摘したのです。「家族のような会社」を標榜する、特に中小企業の経営者たちは、この時代には珍しいものではありませんでした。経営家族論者たちの主張は、相当程度妥当するものであったと思います。

一九八〇年代までは、社員旅行に家族を同伴させ、家族をも動員した運動会を開催する企業は少なくありませんでした。また多くの会社には社宅があり、社員を格安の家賃で住まわせていました。経済面では有難い福利厚生制度であったかにもみえますが、会社の中での評判や上下関係が、父親以外の家族の人間関係にまで影を落とす社宅での生活には、息苦しさもあったことでしょう。この時代には、会社が家族の生活に土足で踏み込んでくる部分がありました。経営家族主義には、「システムによる生活世界の植民地」という一面が強くありました。

しかし、経営家族主義のなかには、企業による社員の人格支配とは、また異なる一面があったように思います。すでにみたように高度経済成長期、とりわけ一九六〇年代は、様々なコミュニティが解体を遂げていった時代でした。人々がかつての共同体に替わるコミットメントの対象を企業に求めたことは否定できません。これは多くの経営家族論者たちも認めるところです。地方から東京に出てきたサラリーマンたちは、会社のなかで、それまで彼らが慣れ親しんで来た、「イエ」や「ムラ」にも似た親密な人間関係を再現していった部分もあったはずです。そう考えると経営家族主義、もしくは家族のような会社というヴィジョンは、「システムによる生活世界の植民地化」と同時に「生活世界によるシステムの植民地化」の両面があったとみるべきでしょう。

「家族」と称しながらその正式なメンバーシップは男性にしか与えられなかったところに、「経営家族主義」の歪みはあります。しかし、定年まで過ごす家のような会社のなかで、尊敬する上司や先輩に導かれて仕事を覚え、職業人として、また人間として成長していって、長じれば人を育てる側に回るという美風も当時の企業にはありました。往時のサラリーマンたちが、会社に対する強い愛着と誇りとをもち、懸命に働いたからこそ、高度経済成長が実現したという見方も、完全に否定しさることはできないでしょう。

「経営家族主義」がまったくの虚偽ではないとすれば、家族の一員と考えている従業員を死に至るまで働かせたりはしないでしょう。第3章でみたとおり、会社という「家」の客分に過ぎない出稼ぎ労働者は、過酷な労働に晒されていました。働き過ぎによる「突然死」に見舞われた正社員たちもいました。しかし、大量の「過労死」を生み出す構造は、この時代にはまだ存在していなかったのです。「経営家族主義」が、働き過ぎ（働かせ過ぎ）に対するブレーキとして働いていた可能性は否定できません。

＊サラリーマンは気楽な稼業か？

日本的経営の特質として年功序列賃金とともに、終身雇用制度があげられます。しかし、それは大企業や官公庁の男性正社員に限られたものでした。少数の大企業と大多数の中小企業という二重構造が存在するこの国において、中小企業は不景気になればいとも簡単に倒産しますし、労働組合が存在しない会社も多いので、従業員の解雇は大企業に比べてはるかに容易でした。終身雇用の恩恵に浴していた者は、勤労者全体の小さな部分でしかありませんでした。しかしながら高度経済成長期においては、最初に入った会社で定年まで勤めることが理想として語られていたことは、間違いありません。

夢も希望もなくしたような、ドブネズミ色のサラリーマンに、若者たちが憧れることはありませんでした。サラリーマンになることは、安定と引き換えに自由を失うことだと若者たちは考えていたのです。企業社会の下士官のようなサラリーマンにしかなることができず、就職すれば退職金までが計算可能なベルトコンベアーに乗せられる人生に毒づく立て看が紛争当時の大学の構内にはみられたと、当時を知る大学の先生からうかがったことがあります。六〇年代末に世界を覆った若者の反乱は、「奴隷の国家」に対する異議の申し立てだったのかもしれません。

この立て看の話を学生にした時、「なんとぜいたくな!」と彼女たちは憤っていました。そもそも就職すらできないかもしれないという不安を抱えている彼女たちが、安定を呪詛するかのような紛争当時の若者たちを、腹立たしく感じることも故なしとはしません。

青森県から集団就職で上京してきたかの星野六子は、「鈴木オート」の主人一家と幸福な日々を過ごした後に、医者の奥さんに納まっています。他方、六子と同じく青森県から集団就職した永山則夫は、東京の孤独な生活に絶望したあげく、四人もの人をピストルで撃ち殺し、死刑判決を受け、執行されて命を落としてしまいました。高度経済成長が、すべての日本人を豊かに、幸福にしたわけではありません。しかし、高度経済成長が終わった一九七〇年代の末の世論調査で、九割を超える人たちが自分は中流だと答えたこともまた事実です。様々な問題を含むものであったとはいえ、高度経済成長が日本社会に豊かさを均霑《きんてん》していったことを否定することはできないでしょう。これは日本と同じように急速な経済発展を遂げながら、恐ろしいまでの貧富の格差を国民の間に広げていった、現在の中国との大きな違いです。

高度経済成長期のサラリーマンと聞くと、筆者の脳裏には植木等の姿が浮かんできます。一九六一年には、夜な夜な泥酔するまで飲み歩く、サラリーマンの姿をユーモラスに描いた「スーダラ節」（青島幸夫作詞作曲）が大ヒットしています。そして翌六二年に植木は、ハナ肇とクレージーキャッツとともに「サラリーマンは気楽な稼業」と歌いあげたのです。植木が主演の映画「無責任男」二部作も大ヒットしています。「気楽」で「無責任」な、すなわち怠け者的な人間。それが植木の流布したサラリーマンの姿だったのです。

高度経済成長期には「ノイローゼ」（神経衰弱）ということばが流行していました。経済が急発展して、会社の規模が大きくなり、膨大な職務に押しつぶされるサラリーマンの姿が浮かんできます。「気楽」で「無責任」な怠け者的な人間に務まる世界であるはずがありません。その意味で植木の演じたサラリーマンの姿は、ある種のファンタジーでした。

しかし、こうも考えることができます。当時はなんといっても右肩上がりの時代です。まだ人々の心もいまほどささくれ立ってはいませんでした。出世を諦めれば、会社のなかでかなり自由に振る舞える時代だったのではないでしょうか。少なくとも怠け者的なサラリーマンに共感し、植木が提供するファンタジーに興じる程度の精神的な余裕が、往時のサラリーマンにあったことは間違いありません。

仕事が嫌で会社を辞めたくても辞めることができない高度経済成長期のサラリーマンを、ベロックは「奴隷」と呼んだかもしれません。しかし当時のサラリーマンのほとんどが結婚をして家庭を築き、自分の家をもって、自ら「中流」と感じることのできる生活水準を保障されていたのです。二〇〇〇年代の前半に、日本を訪れたイギリスの国会議員が、華やかな東京の街をみて、「これが不況なら自分の選挙区に誘致したいものだ」と述べたというエピソードが知られています。〈註43〉現在の、とくに若い人たちは、往時のサラリーマンをみて、「これが奴隷なら自分もなりたいものだ」と思うのではないでしょうか。

一九八〇年代を迎えると、日本のホワイトカラーのイメージは、お気楽な「サラリーマン」から禍々しい「社畜」へと変わっていきます。それはまた次章で。

【註】

〈1〉ヒレア・ベロック、関曠野訳『奴隷の国家』太田出版、二〇〇〇年、四四頁
〈2〉同右書、六七~六八頁
〈3〉同右書、七一頁
〈4〉同右書、八七頁
〈5〉同右書、九二~九三頁
〈6〉同右書、一〇二頁
〈7〉同右書、一〇二頁

〈８〉同右書、一〇六〜一〇七頁
〈９〉同右書、一二九頁
〈10〉同右書、一三八頁
〈11〉同右書、二〇〇頁
〈12〉関曠野（三室勇インタビュー）『なぜヨーロッパで資本主義が生まれたか―西洋と日本の歴史を問いなおす』ＮＴＴ出版、二〇一六年、一二〇頁
〈13〉同右書、一二三頁
〈14〉米ソ冷戦を背景としながら、非軍事化と民主化という戦後の流れを押しとどめ、戦前へと回帰していく趨勢が昭和二〇年代後半の日本では生まれていた。これを「逆コース」という。教育においても、教育委員の公選制にみられる地方分権の流れに、文部科学省による教科書検定に象徴される戦後の民主化の流れを押しとどめ、戦前に復帰する動きが顕著になっていった。
〈15〉山形県の寒村山元村に赴任した青年教師、無著成恭は生活つづり方運動を地元の中学校で実践し、その成果として青銅社より『山びこ学校』（一九五一年）を刊行した。厳しい農村の日常を教材としながら、成長する少年少女の姿が人々の感動を呼び、ベストセラーになっている。
〈16〉雨宮昭一『占領と改革　シリーズ日本近現代史７』岩波新書、二〇〇八年、一八八頁
〈17〉同右書、一八八頁
〈18〉赤坂真理『東京プリズン』河出書房新社、二〇一二年
〈19〉赤坂真理『愛と暴力の戦後とその後』講談社現代新書、二〇一四年、一二八〜一三二頁
〈20〉雨宮前掲書、一八五頁
〈21〉チャルマーズ・ジョンソン、矢野俊比古監訳『通産省と日本の奇跡』ＴＢＳブリタニカ、一九八二年
〈22〉新雅史『商店街はなぜ滅びるのか―社会・政治・経済史から探る再生の道』光文社新書、二〇一二年
〈23〉「日本の食料を考えるシリーズ第二回　日本の農業の現状」全農ＨＰ：https://www.zennoh.or.jp/japan_food/02.html（二〇一八年四月二〇日閲覧）

〈24〉ラルフ・ダーレンドルフ、富永健一訳『産業社会における階級および階級闘争』ダイヤモンド社、一九六四年

〈25〉ユルゲン・ハーバーマス、細谷貞雄ほか訳『公共性の構造転換—市民社会の一カテゴリーについての探究』未来社、一九九四年

〈26〉厚生労働省人口動態統計

〈27〉同右

〈28〉「なるほどり　戦後七〇年　標準世帯って何」『毎日新聞』HP：https://mainichi.jp/articles/20151207/ddm/010/070/047000c（二〇一八年四月二〇日閲覧）

〈29〉「平成二〇年度　教職員団体への加入状況に関する調査結果について」文部科学省HP：http://www.mext.go.jp/a_menu/shotou/jinji/1263018.htm（二〇一八年四月二〇日閲覧）

〈30〉赤坂前掲書、七八〜一〇四頁

〈31〉高度経済成長期における子ども世界の変容については、拙著『子どもたちは変わったか』（世界思想社、二〇〇八年）を参照されたい。

〈32〉加藤秀俊『中間文化』平凡ブックス、一九五七年

〈33〉松下圭一『現代政治の条件』中央公論社、一九五九年

〈34〉中桐雅夫『会社の人事』晶文社、一九七九年

〈35〉W・H・ホワイト、岡部慶三ほか訳『組織のなかの人間』東京創元社、一九五九年

〈36〉C・W・ミルズ、杉政孝訳『ホワイト・カラー—中流階級の生活探究』東京創元社、一九五七年

〈37〉D・リースマン、加藤秀俊訳『孤独な群衆』みすず書房、一九六四年

〈38〉T・パーソンズ、佐藤勉訳『社会体系論　現代社会学大系　第一四巻』青木書店、一九七四年

〈39〉丸山眞男『日本の思想』岩波新書、一九六一年

〈40〉村上泰亮・公文俊平『文明としてのイエ社会』中央公論社、一九七九年

〈41〉関曠野『野蛮としてのイエ社会』御茶の水書房、一九八七年

〈42〉経営家族主義については、以下の文献を参照されたい。間宏「経営家族主義の論理とその形成過程—日本労務管理史研究序説」『社会学評論』一一巻一号、一九六〇年、二〜一八頁／三戸公『会社ってなんだ—日本人が一生すごす「家」』光文社、一九八四年

〈43〉デイヴィッド・ピリング、仲達志訳『日本—喪失と再起の物語 黒船、敗戦、そして3・11』（上）ハヤカワ文庫NF、二〇一七年、グラビアページを参照

第5章

「社畜」の誕生

――「包摂型社会」のゆらぎのなかで

1 「右肩上がりの時代」の終わり――プラザ合意からバブル崩壊まで

＊プラザ合意と円高不況――日本とアメリカの「相互植民地化」

いまの学生さんたちのお母さん方は、バブル世代。若い頃、華やかな消費生活をエンジョイした人たちです。それに対していまの若者は、「失われた二〇年」のデフレ時代の申し子です。金銭感覚はとても堅実。将来を見据えて大学の授業にもきちんと出席しています。それがバブルママたちには、不思議でなりません。「あなた、どうしてそんなに真面目なの」、「若いのだからもっと遊んだら」という苦言やら忠告をされるというから驚きです。私たちは、戦中戦後の辛酸を舐めた親の世代から、「お前たちは甘えている。贅沢だ。戦時中を思え！」とそれこそ耳にタコができるほどお説教をされていました。筆者たちの時代と、いまの学生たちの時代とでは、「耐乏」と「贅沢」をめぐる世代間の関係が逆転してしまっているのです。

一九八〇年代といえばバブルのイメージが色濃くあります。しかし、バブルの前段階には、円高不況の時代がありました。一九七〇年代以降の日本の製造業の集中豪雨的な輸出攻勢によって大きな打撃を受けたアメリカは、日本の円が不当に安いことを問題視します。一九八五年九月二二日、アメリカ・ニューヨークのプラザホテルで開かれた、先進五カ国蔵相中央銀行総裁会議は、円安を是正するために各国政府が外国為替市場に協調介入することを宣言しています。いわゆるプラザ合意です。その結果、一ドルに対して二四〇円だった交換レートが、一挙に一二〇円にまで高騰したのです。

この驚異的な円高は日本の輸出産業に大きな打撃を与えました。大企業はまだしも、中小企業はたまったものではありません。アメリカ市場への輸出に依存している多くの中小企業の倒産が相次ぎました。赤坂真理の父親が経営する会社も円高不況で倒産し、父親はそれからほどなく亡くなっています。〈註1〉華やかなイメージをまとった八〇年代には、こうした語られざる暗部があります。

バブル崩壊以降も円高は続きます。長期に及ぶ円高は、日本企業の競争力を減退させるものでした。一九八〇年代にアメリカは、日本の経済政策に公然と介入してきています。八九年からは五次にわたる日米構造協議が開かれ、アメリカは日本に内需主導型経済への転換を促します。内需拡大のために日本政府は、公共事業を乱発します。そのために発行された赤字国債が、その後天文学的な金額に膨らむ日本の財政赤字を生み出す原因となりました。企業業績の不振と財政赤字。「失われた二〇年」と呼ばれるバブル崩壊後の経済の停滞のルーツを、好況の八〇年代に求めることができます。

八〇年代に日本は、貿易競争でアメリカを圧倒していただけではありません。円高によって「半額」になったアメリカ資産を次々と日本企業は買収していきました。アメリカの象徴とも言える、ニューヨークのタイムズスクエアも、日本企業の手に落ちました。経済戦争の勝者である日本が、アメリカ本土を「占領」したかのような勢いです。他方、アメリカは、強引に円高に誘導していっただけではありません。かつてのＧＨＱを彷彿させるような、日本の内需拡大を求める「指令」を次々と発していったのです。日本とアメリカの「相互植民地化」ともよぶべき事態が、八〇年代の日米関係においては生じていたのです。

＊サッチャリズムとレーガノミクス——新自由主義の時代

大恐慌以降、「世界経済の黄金時代」に至るまでの世界の主要国が、ケインズ主義の経済政策を採用してきたことは、第2章でみたとおりです。

しかし一九七三年のオイルショックによって低成長の時代が到来し、税収が減ると、積極的な政府支出によって経済を支えるケインズ主義は、もはや持続不可能なものになってしまいました。一九七八年にイギリス初の女性宰相となった「鉄の女」マーガレット・サッチャーは、「サッチャリズム」と呼ばれる新自由主義（当時は、新保守主義と呼ばれていました）的改革を断行しています。サッチャーは、かつて「ゆりかごから墓場まで」と呼ばれた福祉国家こそが、イギリス経済を停滞させた元凶であるとして、社会保障費の大幅削減を行います。そして石炭、電力等の国営企業を民営化し、経営者側に対して頑強に抵抗していた労働運動に徹底的な弾圧を加え、労働組合の権利を次々に剥奪していきます。

アメリカでは、一九八〇年の大統領選挙で現職のジミー・カーターを破った、元西部劇俳優のロナルド・レーガンが第四〇代大統領の地位に就いています。レーガンもやはり「レーガノミクス」と呼ばれる新自由主義的な経済政策を打ち出しました。社会保障費を削減するかわりに富裕層への減税を行います。減税によって富裕層が旺盛な消費を行い、その結果貧しい人たちにまでその恩恵がしたたり落ちてくる（トリクルダウン）とレーガンは主張していました。トリクルダウンは実際には起らなかったことは、第2章でみたとおりです。

政府が市場から資金を引き上げてしまえば経済は冷え込んでしまいます。不況に苦しむサッチャー時代のイギリス経済にとって干天の慈雨となったのが、一九八二年にアルゼンチンとの間に生じたフォークランド紛争でした。レーガンは軍拡路線を採用し、ソ連との間には、「第二次冷戦」と呼ばれる緊張関係が生じていたのです。不振にあえぐアメリカ経済を下支えしたのは、大陸間弾道ミサイルを飛翔中に撃墜することを目指した、本土防衛構想（「スターウォーズ計画」）等に対するアメリカ政府の膨大な投資でした。この時代の米英両国の経験は、新自由主義的経済は、その存続のために戦争や軍拡競争という「死の公共事業」を必要とすることを示しています。

＊国鉄民営化が意味するもの――中曽根康弘と「戦後政治の総決算」①

一九七〇年代に熾烈な権力闘争を繰り広げていた「三角大福」（三木武夫・田中角栄・大平正芳・福田赳夫）の後を受けて（鈴木善幸をはさみますが）、中曽根康弘が一九八二年一一月に、内閣総理大臣の地位に就いています。少数派閥の領袖である中曽根は、ロッキード事件で表舞台からは姿を消したものの、「闇将軍」として政界に隠然たる力を保っていた田中角栄の庇護のもとに、総理の座に就くことができたのです。田中の中曽根に対する影響力は歴然としており、そのためとくに政権成立直後には、「田中曽根内閣」、「角影内閣」などとメディアは連日中曽根内閣を揶揄していたのです。〈註2〉

中曽根は、アメリカへの武器供与を「武器輸出三原則」の例外とし、また政権の末期には三木内閣の定めた「防衛費ＧＮＰ（当時）一％枠」を撤廃するなど、アメリカとの軍事的な同盟関係を強化する姿勢を明確に打ち出していきます。そして、「日米は運命共同体」、「日本列島を不沈空母にする」等々の発言によって、レーガン米大統領との間に、「ロン、ヤス」と呼び合う信頼関係を構築することに成功しています。

日本の「宗主国」アメリカからの信認を確たるものにすることで、脆弱な政権基盤を補強する中曽根の手法は、後の小泉首相も倣っています。小泉も中曽根と同様、靖国神社への参拝を行っています。対米従属の姿勢を明確にしながら、国民のナショナリズムに訴える手法も小泉と中曽根は酷似しています。〈註3〉

経済政策の面でも中曽根は、レーガンやサッチャーと同様の新自由主義的な政策を押し進めていきました。中曽根は、日本国有鉄道、日本専売公社、日本電信電話公社の民営化を行います。このうち大きな政治的争点となったのが国鉄の分割民営化です。中曽根政権は巨額の債務を抱えた国鉄を七つ（東日本、西日本、東海、九州、四国、北海道、貨物）の民間会社に分割するというプランを提示しました。複数の国鉄労組はこの分割民営化案に猛反発しますが、世論の反応は冷やかでした。メディアのキャンペーンによって、組合が国鉄をだめにしたかのようなイメージが生まれていたからです。

ストライキの権利が保障されていない国鉄の労働組合は、一九七〇年代の前半に、電車の間引き運転やノロノロ運転等、法令の範囲内でのサボタージュを行う「遵法闘争」を繰り返していました。しかし、長時間の「痛勤」を強いられていた都市圏の勤労者たちは、「遵法闘争」をはっきり不快と感じていたのです。一九七三年の三月には、ＪＲ高崎線上尾駅で、乗客たちが遵法闘争に抗議する暴動を起こしています。さらに国鉄労組が、一九七五年一一月二六日から一二月三日まで行った、スト権の回復を求める「スト権スト」によって、通勤の足が長期にわたって乱されました。メディアのネガティブキャンペーンも相まって、国鉄労組に対する人々の反感は深まるばかりでした。

高度経済成長期の春闘華やかりし時代には、年度の変わり目の頃の交通ストは、春の風物詩のようなものでした。当然通勤の足は乱れます。しかし、こうしたストライキが乗客たちの大きな反感を買うことはありませんでした。労組の力が強く、メーデーが盛大に祝われていたこの時代には、ストを行う人たちへの働く者としての共感が強くもたれていたからです。オイルショックの後、日本の勤労者の職場環境はそれ以前に比べてはるかに過酷なものになっていました。労組も企業に協力的になり、企業業績を低下させる「ストなどもってのほか」という「空気」が世の中を覆うようになります。かつては労働者の正当な「権利」であったストは、このころから「迷惑」なものと受け止められるようになっていたのです。

最後まで分割民営化に抵抗した国労（国鉄労働組合）の組合員は、ＪＲへの採用を拒否され、「国鉄清算事業団」に送り込まれ、やるべき仕事もないままに毎日出勤するという屈辱的な処遇を受けた後、一九九〇年の四月に全員解雇されています。イギリスの現代史家セリーナ・トッドは、一九七〇年代のイギリス経済の停滞は、オイルショックによる物価騰貴や、ドイツや日本との貿易競争に後れをとった結果であるにもかかわらず、メディアはその責任を労働組合による度重なるストライキに負わせ、サッチャーによる労働組合の弾圧を支持する方向に、世論を誘導していったと述べています。（註4）

七〇年代のイギリスと非常によく似たことが八〇年代の日本でも起こりました。自民党の政治家たちが地元への利益誘導のために、採算のとれない路線を乱造したことが、国鉄の赤字が膨れ上がった大きな要因です。国鉄の経営状況の悪化に関しては、自民党こそが厳しく指弾されなければならなかったはずです。しかし、メディアは国鉄の労働組合をこの問題のスケープゴートに仕立ててしまったのです。

国鉄の分割民営化に際しては、多くの国鉄保有地が売却されています。それがバブル経済の引き金になったとまで言えるかは疑問ですが、不動産価格を押し上げる誘因となったことは間違いありません。また、旧国鉄の労働組合が分割民営化に至る経緯で無力化してしまったことは、それを有力な支持基盤としていた社会党に大きな打撃を与えました。一九九〇年代の半ば以降、社会党の後を受けた社会民主党（社民党）は群小政党の一つに転落し、いまや消滅の淵に立たされています。

＊破棄された社会契約――戦後政治の総決算②

赤坂真理は、中曽根はネオリベラリストだというが、戦後の日本は一貫して自由主義だったのではないかという疑問を提示しています。赤坂はリベラリズムということばを肯定的には用いていません。自助努力、自己責任の論理とほぼ同じものとしてこのことばを用いています。敗戦直後、この国ではかの「火垂るの墓〈註5〉」の兄妹のようなたくさんの戦災孤児が生まれました。そして戦後には、米兵との間にできた混血孤児もたくさん生まれたのです。しかし、彼らに国は何の手も差し伸べなかっただけではなく、その記録さえほとんど残されていません。自立自助の原則を、もっとも弱い者に対してさえ要求する酷薄な自由主義の国家であることにおいて戦後日本は一貫していたと赤坂は言います〈註6〉。重要な指摘です。

混血孤児のための施設として、横浜にあったエリザベス・サンダースホームが有名です。岩崎財閥の令嬢で初代国際連盟大使澤田廉三の妻であった、澤田美喜が私財を投じて作った施設です。澤田廉三が鳥取県の出身であったことから、筆者は子ども時代、エリザベス・サンダースホームの話をそれこそ耳にタコができるほど聞かされていました。夏休みには美喜の亡き夫、廉三の故郷である、日本のギリシャとも呼ばれる美しい鳥取県岩美町の浦富海岸に、孤児たちが海水浴に訪れていました。澤田美喜は、偉大な人であったと筆者も思います。しかし、孤児の救済のために国は何もせず、澤田のような民間の篤志家に丸投げにされていたこともまた事実です。

戦後のヨーロッパは、アメリカのマーシャルプラン（ヨーロッパ復興援助基金）によって復興をとげています。ヨーロッパ諸国の多くが戦後復興に際して、真っ先に着手したのが、公営住宅の建設をはじめとする民生部門の復旧でした。[註7]他方日本は人々が住む家を失い、日々食べるものにすら事欠く戦後まもない時期に、重化学工業に多くの予算を割りあてる「傾斜生産方式」を採用しています。[註8]産業の復興を最重要視して、民生部門に関しては、庶民の自助努力に多くが委ねられていました。自助努力偏重の自由主義が戦後一貫したものだ、という赤坂の指摘は正しいのです。

少なくとも高度経済成長期の日本社会には、完全雇用を実現して、大企業が生み出した富を広く国民に配当するという社会契約が存在していました。[註9]そのために、公共部門は聖域化され、個人商店や農家のような競争力を欠くセクターは、手厚い保護によって守られて来たのです。この社会契約を攻撃対象に据えた点で、中曽根流の自由主義はこれまでに例をみないものでした。中曽根は、「戦後政治の総決算」をスローガンに掲げていましたが、「総決算」の対象のなかには、この社会契約も含まれていたのです。

＊バブルとその崩壊

一九八〇年代に日本企業は天文学的な額の富をため込んでいました。日本の大衆消費財の市場は飽和状態に達していたために、有効な投資対象はもはや国内には存在しませんでした。そのため膨大な資金は、海外への直接投資と、証券や債券の市場、さらには不動産へと向かいます。政府が円高から輸出産業を守るために低金利政策を続けていたことも、証券や不動産に資金が流れる誘因となりました。株取引きで得た利益を不動産に注ぎ込み、それを売却した利益で株を購入し、その利益を不動産に再び注ぎこむ。このサイクルによって、株価と不動産価格は際限もない上昇を続け、一九八九年の東京証券取引所の大納会の日経平均株価は三万八〇〇〇円を記録しています。証券債券と不動産の価格が経済の実態をはるかに超えて上昇する。これがバブル経済の定義ですが、一九八〇年代末の日本が経験したのは、まさに正真正銘のバブルだったのです。

バブルは英語で泡という意味。泡は必ずはじけます。八九年末を頂点として株価は下落の一途をたどりました。不動産価格もそれにつられ下げ止まりません。バブル期にはリゾート開発等に銀行は無謀な融資を行っていましたが、バブルの崩壊と同時にそれらの事業の多くが破綻し、回収できない不良債権が大量に発生しました。銀行の幹部が責任の追及を恐れて不良債権の実態を明らかにしなかったために、公的資金の注入による問題の解決が先送りにされ、銀行の経営状態が目にみえて悪化していきます。窮地に立たされた銀行は、「貸し渋り」や「貸しはがし」を行い、中小企業を中心に多くの倒産が発生しています。こうしてバブルの好況は一転して、底なし沼のような不況が訪れたのです。

八〇年代に赤字国債を乱発したために膨大な財政赤字の存在が問題化し、景気浮揚のための財政出動が困難になってしまったこと。中国韓国をはじめとする近隣諸国の経済力が急伸し、新興諸国の安価な生産物が国内に流入し、そうした国々に日本企業が生産拠点を移したためにとくに地方経済が打撃を受けたこと。持続する円高と、技術面での比較優位を失ったために、お家芸の製造業が苦境に立たされたこと。新しい時代の経済の担い手となった、ＩＴ産業や金融工学の面で後れをとったこと。これらの要因が重なって日本経済は、バブル崩壊以降、「失われた一〇年」とも「失われた二〇年」とも呼ばれる長い不況とデフレの時代に突入していったのです。

2 「社畜」の誕生

＊「田中さんはラジオ体操をしなかった」

世界経済がオイルショックによって停滞するなかで、日本経済が好調を維持できたのは、「減量経営」と呼ばれた徹底的な経営合理化の賜物であったことはすでにみたとおりです。生産現場の余剰人員を削減することが、「減量経営」の一つの大きな柱でした。カナダ人の監督の作った「田中さんはラジオ体操をしなかった」という不思議なタイトルの映画があります。沖電気に勤める田中哲郎さんは一九七九年、就業時間前のラジオ体操を拒否したために職場のなかで徹底的に無視される存在となります。田中さんに同情的な同僚ももちろんいましたが、自分が攻撃対象となることへの恐れから、その人たちも無視する側に回ります。結局田中さんは、非合理な転勤命令を拒否したために同社を解雇されています。田中さんは解雇された後も、勤務していた工場の前のマンションに住み続けます。そしてギターの教師として生計を立てながら、解雇されてから三〇年近くにわたって毎朝出勤時間に、工場の前で抗議のメッセージを込めた歌を歌い続けたのです。この映画は、田中さんのそうした日常を淡々と描き出しています。

経済が不安定になったこの時代には、社会の大勢に異を唱える者たちを厳しく弾圧する動きが目立つようになりました。一九八七年のＪＲ発足とともに、旧国鉄に対する闘争的な姿勢を取り続けていた国労（国鉄労働組合）の組合員たちは、国鉄清算事業団に送り込まれ、さしたる仕事も与えられないまま、そこでの三年間の「勤務」を強いられたあげくに解雇されたことはすでにみたとおりです。一九八八年、昭和天皇が重篤な病の床にあった時、この国では世をあげての「自粛ブーム」が起こりました。日本の各所に記帳所が設けられ、当時の社会党党首であった土井たか子までもが、平癒祈願の記帳を行っています。この年の一一月、長崎市の本島等市長は、市議会で共産党議員の質問に答えて「天皇にも戦争責任がある」と答えたために、激しいバッシングの的となり、九〇年一月には右翼の凶弾に倒れています〈註10〉。

＊いじめの「発見」

いじめは昔からありましたが、それが大きな社会問題として語られるようになったのは、一九八〇年代のことです。一九八六年の一月、東京の中野富士見中学の生徒だった鹿川君がある日登校すると、机の上には「鹿川君、安らかに眠れ」と書かれた色紙が置かれてありました。その色紙には、クラスメートの大半の署名と、担任教師をも含む四人の教員がメッセージを書き込んでいたのです。「葬式ごっこ」として知られるものです。絶望した鹿川君は、叔父さんの住む盛岡市のデパートの地下のトイレで自死を決行しています。「このままじゃ生き地獄」という遺書を認《したた》めて。普通の子どもたちが級友を死に追いやるいじめに加担し、しかもそこに教師たちまでもが加わっていたことに、当時の人々は大きな衝撃を受けたのです。

一九九〇年代の前半に、教育社会学者の森田洋司と清永賢二は、「いじめの四層理論」を提唱しています。〈註11〉いじめは、いじめる者、いじめられる者、そしていじめをはやしたてる「観客」とみてみぬふりをする「傍観者」によって成り立っているが、いじめる者の人数よりも、むしろ「傍観者」の人数が多いことがいじめをエスカレートさせると彼らは主張していたのです。この理論は、子どもの世界の観察から導き出されたものですが、田中さんや国労の組合員や本島市長が激しい「いじめ」にあっている時に、それに「みてみぬふり」をして「傍観」していた大人たち自身の悔恨が投影されているように思うのは、筆者だけでしょうか。

働く大人たちの過労死が「発見」された八〇年代は、子どもの世界でのいじめが「発見」された時代でもありました。過労死、過労自殺といじめは実はつながっています。若い電通女性社員のTさんもまた、上司からのパワハラという名の凄絶な「いじめ」に遭っていたのですから（第3章参照）。大人の世界にさえ陰湿ないじめがはびこるようになったのが八〇年代に生じた変化です。「サラリーマン」というのんきな表象も変容をまぬかれません。

＊「包摂型社会」の勤労者像としての「サラリーマン」

「社畜」は、一九九〇年代のはじめの頃に流行ったことばです。二〇一〇年ごろに筆者はTwitterをはじめたのですが、自分のタイムラインで、しばしば「社畜」ということばをみつけて驚いたことを覚えています。とっくの昔に死語になっていたと思っていたこのことばが、若い人たちの間で流通していることに驚いたのです。学生たちにこの話をすると、彼女たちは彼女たちで、「社畜」は近年生まれたネットスラングの一種だと思っていたようでした。四半世紀の歴史をもつことばだと筆者が言うと、彼女たちは驚いていました。

「奴隷」はまだしも人間です。企業で働くホワイトカラーを「社畜」――企業に飼われている使役動物――に喩えるのですから、このことばには「奴隷」を上回るインパクトがあります。日本のホワイトカラーを揶揄することばが、「サラリーマン」から「社畜」に変わっていったのは何故か。以下にこの問題を考えてみたいと思います。

アメリカの社会学者のジョック・ヤングは、一九五〇年代から七〇年代の前半まで続いた「世界経済の黄金時代」（ホブズボーム）は、「包摂型社会」であったと述べています。「戦後の黄金期に登場したのは、労働と家族という二つの領域に価値の中心が置かれ、多数者への同調が重視される社会であった。そのような社会が包摂型社会である。すなわちそれは、幅広い層の人々（下層労働者や女性、若者）を取り込み、移民を単一文化に取り込もうとする、一つにまとまった世界であった〈註12〉」。

一九五〇年代から高度経済成長期が終わるまでの日本は、典型的な「包摂型社会」であったと言えるでしょう。一九五〇年代を生きたこの国の人たちは、貧しいながらも様々なコミュニティに包み込まれ、活き活きと暮らしていました。高度経済成長期の日本からは、多様なコミュニティが失われていきました。しかし、高度経済成長期には、経済が順調に発展し、完全雇用が実現し、福祉制度もそれなりに拡充していきました。この時代の日本人は、成長を続ける大企業を中心とした経済システムの、どこかには包摂されていたのです。

高度経済成長期の日本は、非常に画一的な社会でもありました。日本人の大半が、競うように同じ大衆消費財を買い求めました。高校大学の進学率が急騰し、「よい学校」から「よい会社」というベルトコンベアに乗せられる息苦しさに、多くの若者たちが苦しめられていたことも事実です。そして、部落差別や在日差別、さらにハンセン病患者には非科学的な隔離政策も続けられていました。差別はいまよりはるかに厳しかった時代です。包摂型社会は、異質な存在に対しては、極めて不寛容な社会だったのです。

他方、高度経済の日本社会には、罪を犯した者にも寛容な部分がありました。二〇〇〇年代に改正される以前の旧少年法は、少年の更生可能性に全幅の信頼を置くものでした〈註13〉。どこの町にも少年院や刑務所を出た人を積極的に受け容れる、中小企業の社長さんや、商店や町工場のおやじさんがいたものです。異質な他者たちに対しては不寛容な「包摂型社会」も、一度は罪を犯し、社会にとってリスクとなるかもしれない人々に対しては、寛容だったのです。罪を犯した者に寛容な社会は、無能者や怠け者に対してもいまよりはるかに寛容でした。どんなに怠けていても、少なくとも首を斬られることのない、植木等が象徴するお気楽な「サラリーマン」は、「包摂型社会」の勤労者像であったと言えます。

＊「排除型社会」の出現

一九七〇年代以降、先進諸国の勤労者の賃金はどこの国でも右肩下がりになっていきました。一九九一年のソ連崩壊によって、世界に単一の市場が出現。経済のグローバル化の時代を迎えました。経済のグローバル化は、海外への生産拠点の移転によって、先進国内部での雇用機会を減少させ、失業者を増やします。高度経済成長期の日本の経営者は、気前よく賃上げを行いました。勤労者は同時に消費者であり、彼らを豊かにすることに経営者たちは大きな利益を認めていたからです。しかし、高度経済成長が終わってしまえば、日本国内ではこれ以上市場の発展は望めません。日本の勤労者に高い給料を出すより、ベトナムや中国の勤労者を豊かにした方が企業の利益にはなります。こうして、正規雇用の従業員の給料は減らされ、正規雇用から非正規雇用への転換が進められていきました。

「世界経済の黄金時代」が終わった後、どこの国でも失業率が増え、福祉予算が削減されていきました。労働市場や、福祉制度から「排除」される人たちが生まれていったのです。ヤングは、「世界経済の黄金時代」の終焉に伴い、「包摂型社会」から「排除型社会」への転換が生じたと述べています。「七〇年代の後半に生じたことは、「……同化と結合を基調とする社会から、分離と排除を特徴とする社会への移行である。……包摂型の社会は二つの過程によって浸食されていった。すなわちコミュニティが解体される過程（個人主義の台頭）と、既存の労働秩序が崩壊する過程（労働市場の変容）である[註14]」。七〇年代以降の欧米社会では、女性の権利が拡張され、同性愛者の権利主張が社会から受け容れられていきます。同時にこの時代の欧米社会においては、移民を積極的に受け容れて多文化化を進める、進歩主義的な改革が進められていったのです。「排除型社会」は、異質な他者に対しては寛容な社会です。

しかし「排除型社会」は、社会にリスクをもたらす者には不寛容な社会です。貧しい人が増えているのに社会保障はどこの国でも削減の一途を辿ります。そのためにどこの国でも犯罪が増加していきます（日本は例外で、そのかわりに自殺大国になってしまいました）。「ゼロトレランス（非寛容）理論」

が犯罪学の世界では持てはやされましたが、要するに罪を犯す者は情け容赦なく罰するということです。こうして、アメリカの二〇〇万人を筆頭に欧米諸国ではどこでも囚人が急増していきます。フランスの社会学者ロイック・ヴァカンは、近年の欧米諸国は「貧者を処罰する」国になったと述べています〈註15〉。

日本は先進国のなかでは例外的に犯罪が少なく、従って囚人の数も少ない国です。これは誇るに値する事柄ですが、しかし先にもみたように自殺者がとても多い。そして生活保護受給者に対する偏見が根を張っています。二〇一七年には、神奈川県小田原市の生活保護担当部門の職員たちが、長年にわたって「生活保護の不正受給を許さない」という意味の英語が書かれたジャンパーの着用を続けていたという、驚くべき報道がありました。生活保護の支給水準を下げるだけではなく、窓口で辱めを与え、受給させないよう誘導する「水際作戦」が行われていることが露呈したのです。日本もまた「貧者を処罰する」国であることにかわりありません。

＊「社畜」の誕生──「包摂型社会」のゆらぎのなかで

欧米では、サッチャーやレーガンの出現が象徴するように、一九七〇年代から「排除型社会」の様相を呈していました。他方、日本では七〇年代以降も経済は順調で、完全雇用は維持されていました。日本の八〇年代はまだ、「包摂型社会」の外見を保っていたのです。しかし、円高が進み、石油の価格が高止まりを続けるという逆風の中で、経済の成長を維持し続けるために支払われた代償は、小さなものではありませんでした。ラジオ体操を拒否したために会社をクビになった田中さんや、本島市長の事例が示すように、大勢に従わぬ者を排除する傾向が、オイルショック以降の低成長の時代には顕著なものになっていきました。この時代の日本は、「包摂型社会」から「排除型社会」への過渡期にあったということができるでしょう。

「社畜」ということばは、先にも述べたように一九九〇年代前半に生まれています。スーパーの経営者と作家という二つの顔をもつ安土敏（本名・新井伸也）が作ったこのことばを、「辛口経済評論家」佐高信が広めたとされています。家畜の小屋を彷彿させる社宅につながれ、住宅ローンと子どもの学費という重い荷物を背負わされて、有蓋貨車のような満員電車で職場と家庭を往復する灰色の勤労者の群れ。これが「社畜」のイメージです。バブルがもたらした住宅取得費用の高騰によって、東京圏では都心をはるかに離れたところにしか家を買うことができなくなりました。自宅はどんどん遠くなり、「痛勤時間」は増大します。会社の方針に従わなければ、ラジオ体操を拒否した田中さんのように斬られてしまうかもしれない。もしも会社を解雇されれば、巨額なローンを抱えたまま、路頭に迷うほかはありません。そうなれば身の破滅です。

安土は、日本に転職市場がないことを、「社畜」が生まれる最大の要因としてあげています。転職が容易ではないから、企業の内部で生じる不正にも目をつぶらざるをえない。サービス残業やら、休日の接待、単身赴任の強要等々、企業が押し付けてくる理不尽な要請にも従わざるをえない。こうした状況に不満を募らせているとますます不幸になるので、日本のサラリーマンは、積極的にこの状況を受け容れてしまうと安土は言います。

日本のサラリーマンは、決して働くのが好きなわけではなく、滅私奉公的に働くことは、不都合の受諾宣言なのである。それは、切羽詰まった、けなげな自己防衛策である。〈註16〉

たしかに過労死するほどの過剰な労働は勤労者の企業に対する「自発的隷従」の結果なのでしょう。しかし、安土のみるところそれは、礫川が考えたような企業への宗教的な一体化のためではなく、会社を離れて生きることが不可能なために生じる、半ば強いられた「自発的隷従」なのです。

高度経済成長期の「サラリーマン」たちは、たとえそれが自由と引き換えのものであったとしても、仕事を失うことはないという安心感を手にしていました。他方、オイルショック後の低成長時代の「社畜」たちは、企業社会から排除され、路頭に迷う恐怖に身を固くしていたのです。労働運動が大きく後退したこともあって、雇用者の被雇用者に対する支配力はますます大きくなっていきました。被雇用者に保障される「安心」の水準は大きく引き下げられていったのです。「屠殺」を免れるためには、死に至るまでの勤労を行うことを拒否することができない。そうした構造が、一九七〇年代から八〇年代の「安定」成長期に生まれてしまったのです。「社畜」とは、「包摂型社会」のゆらぎが生み出した、勤労者像であったということができるでしょう。

＊個人は弱し、法人は強し

安土は、この国では法人が個人に比べてあまりにも強い力を持ちすぎていると述べています。バブル景気によって、会社は大きな利益を得ました。しかし、働く者の給料はあまり上がらなかった。そのため不動産価格の高騰によって、住居費がかさみ生活が苦しくなった部分さえあったのです。他方、この時代に大企業は、交際費を気前よく社員にも遣わせていました。筆者の隣人で、ごく堅実で真面目な感じの主婦の方がいます。その方はバブル時代に丸の内でOLをしていました。銀座でよく会社の人たちと飲んで、週に一度は湘南の実家までタクシーで帰っていたといいます。筆者と大学同期のゼネコンの技術者は、入社してからバブル崩壊までの間は、会社の人たちと飲みに行って財布を開いたことがなかったとも言っていました。安土は、「法人円」と「個人円」という二種類の通貨がこの国にはあると述べています。ビジネスマンがプライベートで遣う食費はせいぜい一万円程度。それが社用だとその何倍ものお金が遣えるのです〈註17〉。

経営学者の奥村宏は、一九七〇年代にすでに日本を「法人資本主義」の国であると規定していました。財閥解体の後、旧財閥系の企業グループは、経営の安定のために相互の株の持ち合いを始めました。一九五〇年代までは外国企業の日本企業への出資には、大きな制限が設けられていました。脆弱な日本企業が外国資本に買収されることを防ぐためです。日本は、一九六〇年代に外国企業の日本企業への出資の制限を撤廃しています。しかし、外国企業による企業買収を危惧する、当時の通商産業省（以下通産省）は、企業グループ間で株の持ち合いを一層強化するよう企業を指導していったのです。戦前の財閥は、岩崎家なり三井家なりの所有物であり、財閥のオーナーたちは経営に対して強い発言力を行使していました。財閥解体によって財閥所有者個人の発言権はなくなりました。戦後の日本企業は、とりわけ六〇年代以降、個人ではなく法人が株を持ち合い、顔のみえない法人の意思によって経営が行われていく、「法人資本主義」になったと奥村は言います〈註18〉。

個人の顔がみえてこないのだから、何か大きな問題が起こった時に誰も責任をとるものがいません。法人資本主義は、「無責任の体系」（丸山眞男）でもあるのです。勢いのある時に、経営者たちは手柄を独り占めしようとする。ところがひとたび会社が傾くと、彼らは自己保身に走り、潔く沈む船と運命をともにするのではなくわれ先に逃げ始めます。これはバブル崩壊後の日本企業、とりわけメガバンクで起こった事態です。3・11の福島第一原発事故に際して、吉田所長をはじめとする現場の人たちは果敢に事態に立ち向かい英雄的な奮闘を続けましたが、当時の東電経営陣は事故後多額の退職金を手にした後、雲隠れしてしまったのです。

一九八〇年代に日米の貿易競争で日本がアメリカを圧倒した時、欧米の知的世界のなかには、官庁が強い指導力を民間企業に対してもつ日本は、純粋な意味での資本主義とは呼べないという「日本特殊論」を主張する者があらわれました。日本に長く滞在していたオランダ人ジャーナリスト、カレル・ヴァン・ウォルフレンは、日本は明確な意思決定の中枢を欠くという意味で国家とは言えず、「システム」であるという見解を示しています。日本にも首相がいますが、彼が何か重要なことを決めているわけではない。「政」・「官」・「財」の各界には、東京大学法学部を出た「管理者階級」が巣食っていて重要な事柄は彼らの談合によって決められていくとウォルフレンは言います。

経営者は自分たちを指導監督する官僚に頭が上がらない。

官僚は法案を通してくれる政治家の「先生」に弱い。

自民党の政治家は金蔓の財界人の言いなり……。

「政」・「官」・「財」のエリートは、このように三すくみの関係にありますから、「システム」は現状維持に傾きます。だから主としてアメリカからの外圧がなければ変化は生じない。そして「システム」は経済成長という単一の目的を追求する上では極めて有効に作動してきましたが、経済成長に替わる目的を設定する能力を欠いているとウォルフレンは言います〈註19〉。バブル崩壊以降の日本指導層の迷走ぶりは、国の進むべき方向性を指し示すリーダーシップを欠いた「システム」に起因するもののようにみえます。

ウォルフレンの日本は国家ではなく「システム」であるという議論と、奥村の法人資本主義論とはよく似ています。ウォルフレンが描く日本の「システム」は、意思決定を行う「顔」をもちません。そして日本の企業社会もまた、意志決定を行う経営者という「顔」をもたないのです。そして企業社会のなかではやはり「顔」をもたない「社畜」たちが働いている。こうした構図がみえてきます。

3　男と女と若者と――「社畜」の時代の文化革命

＊資本主義の文化的矛盾とアノミー

一九八〇年代の日本はいまから思えば異様な時代でした。ビジネスマンたちが二四時間働き続ける一方では、華やかな消費文化が全盛となっていたからです。八〇年代には、若い女性たちが競うように高級ブランド品を買い漁っていました。クリスマスイブのシティホテルは、一年前から若者たちの予約で満室状態。夜の街では、「社用族」たちが「法人円」の力にあかして豪遊を続けていたのです。

二〇世紀アメリカの社会学者ダニエル・ベルは、人々の旺盛な消費の上に成り立つ高度な資本主義は、一人の人間に賢明で勤勉な生産者であると同時に、愚かで怠惰な消費者であることを求める文化的な矛盾を内包していると述べています。〈註20〉バブル期の日本で生じていたのは、まさにそうした状況でした。

バブル期には不動産価格の高騰によって大きな資産格差が生じていました。大都市圏の不動産所有者の家に生まれついたか否かで、大きな貧富の格差がついた時代でした。優れた仕事を「する」ことより、不動産所有者「である」ことの方がリッチな生活を送る可能性を高めた時代でした。バブルがもたらした資産格差の拡大は、高度な資本主義が基礎を置く業績原理（「であること」より「すること」を重んじること）に対する、脅威となるものです。

八〇年代には、変動相場制への移行や金融市場の自由化によって、実体経済とはかけ離れたところで「マネーゲーム」と呼ばれる活発な金融取引が展開されるようになりました。アメリカの経済学者スーザン・ストレンジは、これを「カジノ資本主義」と呼んでいます。バブル経済はまさに「カジノ資本主義」の産物だったのです。〈註21〉この時代の日本では、個人も法人も投機的な資産運用によって大きな利益を得ていました。高名な経済評論家が、投機や財テクを厭う経営者は化石人間の類と喝破したのもこの時代のことでした。バブル期に投機に手を出さず、「シブ銀」と揶揄された静岡銀行が、バブル崩壊後も健全経営を続けたことは、皮肉というほかありません。

二〇世紀フランスの偉大な社会学者エミール・デュルケームは、「アノミー」ということばを遺しています。アノミーは古代ギリシャ語で規範が存在しない状態を意味しています。バブル期の日本では高度に発達した資本主義がもたらす矛盾に人々が引き裂かれていました。その意味でバブル期の日本はアノミーの時代でした。デュルケームは、好況の時代ほどアノミーが生じやすいとも述べています。好況期ほど人々の欲望が刺激される条件がそろっている。欲望は無限に亢進しうるが個人の能力は有限なのでその落差が人々を苦しめ、好況期にこそ自殺が増加する、とデュルケームは述べています。〈註22〉

好況期に自殺が増加するというデュルケームの見解の妥当性は疑われます。日本でも景気がどん底に落ちた一九九八年以降、一〇年以上も自殺者の数が三万人を超え続けたからです。しかし好況の時代に、人々の欲望が際限もなく亢進するという命題には、疑問の余地はありません。八〇年代に入ると街のなかにサラ金の看板が目立つようになりました。贅沢三昧にふける人々が珍しくなかった時代です。うまい儲け話もそこら中に転がっていました。そのために金銭感覚を狂わされた人たちが、サラ金から無理な借金を重ねて多重債務に陥り、そこから生じた犯罪や自殺も少なくはありませんでした。直木賞作家・宮部みゆきの初期の代表作『火車』は、そうした悲劇を活写した名作です〈註23〉。

＊「ダメおやじ」――「社畜」の家庭内表象としての

「社畜」として働き、会社にすべてのエネルギーを吸いとられてしまった男たちは、家庭のなかに居場所もなければ、そこで何かをするためのエネルギーも能力も残ってはいません。そうした男たちに対する「濡れ落ち葉」、「粗大ごみ」、「産業廃棄物」等々の蔑称が、八〇年代から九〇年代にかけて数多く生まれていました。日本の中年男性は、まったく魅力のない存在として語られていたのです。

西欧中世史の泰斗、阿部謹也は次のように述べています。「……女子学生の一人が、ゼミナールのコンパの席上で突然次のような質問をした。「先生、中年の男性ってどうしてあんなに汚らしいのですか」。一瞬私は答えられなかった。自分の父親の年齢の男性をそのように見ているのが腹立たしかったが、他方で彼女の意見に共感するところもあったからである」。「電車の中で中年男性達がかたまって座っている場面に出会うと、私も似たような感じをもつことがある。ダークスーツに身を固め、実直そうではあるが、没個性的で夢も希望もとうの昔に無くしてしまったように見えるのである。同じ年齢層であっても中年女性の集まりは少し違う。眉をひそめさせるような言動がないわけではないが、没個性的とはいえず、よくいえば天真爛漫である〈註24〉」。

一九七〇年から八二年にかけて『少年サンデー』誌上で、古谷三敏の「ダメおやじ」が連載されていました。会社では無能の烙印を押されている「ダメおやじ」が、家庭でも妻の「オニババ」や子どもたちからいまなら「ドメスティックバイオレンス」と呼ばれるであろう、凄惨ないじめを受ける物語です。サザエさんの「波平さん」が高度経済成長期のお父さんの表象であったとすれば、脱高度成長時代のお父さんの表象は「ダメおやじ」になってしまった！　まさかここまでひどく扱われていたお父さんはいなかったと思います。しかし、「お父さんは汚い」、「お父さんは臭い」、「お父さんのパンツは割りばしでつまむ」、「お父さんのパンツは家族の洗濯物とは別に洗う」等々、とにかく父親が徹底的に馬鹿にされていた時代であったことは間違いありません。

「ダメおやじ」が象徴する男たちは、会社にすべてを捧げつくし、しょぼくれている。他方、企業社会から疎外された「オニババ」が象徴する女たちは、会社にエネルギーを吸い取られることがない分、阿部が言うように「天真爛漫」に元気でいられるのでしょうが、家庭に幽閉されていることへのフラストレーションもあったはずです。「オニババ」は、そのフラストレーションを「ダメおやじ」をいじめることで晴らしていたのではないでしょうか。本物の「ガキ大将」になれなかったジャイアンが、のび太をいじめていたように。

父親不在ですべての家事育児の負担が女性にかかってくる。そのフラストレーションに苦しめられていた女性は少なくなかったはずです。八〇年代にはマザコン（マザーコンプレックスの略語）ということばが流行りました。夫に絶望した妻が、息子に過大な期待を抱き、男の子をスポイルしているというイメージが当時は広くもたれていたのです。高名な社会学者でフェミニストでもある上野千鶴子は、一九八六年に『マザコン少年の末路』を出版しています〈註25〉。同書のなかに子どもが自閉症になるのは母親に責任があるかのように誤解される記述があるとして、自閉症児の子どもをもつ母親たちが上野に対して厳重な抗議を行っています。〈註26〉

高度経済成長が終焉した一九七〇年ごろから、アトピー性皮膚炎や小児喘息など、新しい子どもの疾患が問題視されるようになりました。この時代にはまた、家庭内暴力や不登校（当時は「登校拒否」と呼ばれていた）も深刻化していたのです。この時代に、精神科医、久徳重盛の『母原病』がベストセラーになっています。同書の中で久徳は、子どもたちの新たな病理の原因を、母親による過保護や過干渉等の、誤った子育てに求めていました。〈註27〉男の子がだらしないのは母親の過干渉のせいだという「マザコン」言説もまた、家庭にいる女性たちを苦しめていたことは想像に難くありません。

家庭内暴力を繰り返す、名門受験校開成高校の生徒が両親によって殺された「開成高校生殺人事件」（一九七七年）。エリート家庭の次男で二浪中の若者が、両親を金属バットで殴って惨殺した「金属バット殺人事件」（一九八〇年）。不良グループがメンバーの家に女子高生を監禁し、二カ月にわたって性的な暴行を加え続け、殺した挙句にコンクリートに詰めて東京湾に遺棄した「コンクリート詰め殺人事件」（一九八八―八九年）。中産階級家庭の子どもたちが、凄惨な事件の加害者や被害者になる事件が相次いだのもこの時代のことです。「社畜」と呼ばれるほどに働き詰めの父親たちの存在が、家族のあり方を歪め、それが凄惨な事件を生む要因となったことを、これらの事件を取材したジャーナリストたちは明らかにしています。〈註28〉

＊「女の時代」の虚実

八〇年代に入ると「消費社会」ということばをよく耳にするようになりました。「消費社会」とは、ＧＤＰのなかで個人消費が過半を占めるようになり、生産と同様に、否、それ以上に消費が経済を動かすようになった状況を言い当てたことばです。一九七〇年代以降、この国の消費文化を牽引したのは若い女性たちでした。七〇年代には、「アンノン族」ということばが生まれました。『anan（アンアン）』と『non-no（ノンノ）』という、当時若い女性によく読まれていた二つの雑誌は、国鉄（当時）の「ディスカバージャパン」キャンペーンに呼応する形で、旅の特集企画を売り物にしていました。両誌を小脇に抱えた若い女性たちが、雑誌で紹介された土地を訪れる姿が、人々の耳目を集めました。「アンノン」族の力によって、角館、萩、津和野等「小京都」のブームが起こりました。「アンノン」族のブームによって、鄙びた温泉地だった大分県の湯布院温泉が全国的に有名になったのです。高級ブランド品ブームの担い手であり、ブランド品の収集に熱中する女性たちは、田中康夫の小説のタイトルにちなんで「クリスタル族」と呼ばれていました〈註29〉。

八〇年代は、「女の子」たちがちやほやされた時代でもありました。ＪＡＬ（上智・青山学院・立教）と呼ばれた、おしゃれなイメージの共学校や、名門女子大の門の前には、お迎えの男の子たちの車（それも高級外車）が列をなしていました。バブルの時代のイメージとしてしばしば語られるのが、成金紳士の腕にぶら下がる女子大生のイメージです。クリスマスも一九八〇年代のはじめまでは、女の子が男の子に手編みのセーターをプレゼントし、手料理を振る舞うイベントだったものが、男の子が高額のプレゼントを女の子に贈り、高級なシティホテルで一夜を明かすイベントにバブル期には変容していったのです。この時代の若い女性たちは、消費者としてまさに女王様だったのです。

一九八六年に社会党党首の座に就いた、同志社大学出身の憲法学者土井たか子は、「だめなものはだめ」と腐敗した自民党政治に鉄槌を下し、大きな人気を博していました。この「おたかさんブーム」を追い風として一九八九年の参議院議員選挙で、社会党は大幅に議席を伸ばしています。この時初当選を果たした社会党議員のなかには多数の女性が含まれており、「マドンナ旋風」と呼ばれました。女性の社会進出の方へと、「おたかさん」のことばを借りれば「山は動いた」かにみえたのです。

しかし、男女雇用機会均等法は、アメリカのアファーマティブ・アクション（差別解消政策）のように男女を均等な比率で雇用することを求め、それに違反すれば厳しい処罰を受けるというものではありませんでした。そのために女性の社会進出の実現を強力に後押しすることはできなかったのです。採用時における男女差別は禁止されてはいても、「総合職」・「一般職」のカテゴリーが設けられ、後者を女性たちの指定席とすることによって、従来の性差別的構造が企業内部で温存されていったのです。筆者の甥っ子は、就職状況がもっとも厳しかった時期にあたる二〇〇二年に、有名私大の看板学部を卒業しています。この時ゼミの女子学生で、一般企業に就職できた者は皆無であったといいます。留学する者。大学院に進む者。留年して司法試験や国家公務員一種試験を目指す者。優秀な女子学生たちは、採用の段階ですでに「ガラスの天井」に阻まれてしまったのです。

女子学生たちが運よく会社に就職できたとしても、日本企業は前章においてもみたように、極度にホモソーシャルな男社会です。総合職として男性に伍して昇進を競う女性たちの前には、「ガラスの天井」と呼ばれる見えない障壁が立ちふさがりました。慶應義塾大学を卒業して、大企業の総合職として活躍していた女性が、夜な夜な渋谷の街に売春婦として立ち、ある夜何者かによって殺害された

「東電ＯＬ殺人事件」（一九九七年）は、均等法第一世代の女性たちが直面した困難を象徴する事件として大きな話題になりました〈註30〉。

八九年の参議院選挙で国会議事堂の赤絨毯を踏んだマドンナたちも、社会党の退潮とともに姿を消していきました。この後もこの国の政界では、マドンナ旋風と類似の現象が繰り返されています。二〇〇六年の郵政民営化選挙では自民党が圧勝。この時には多数の「小泉チルドレン」が初当選を果たしています。そのなかには多くの若い女性議員が含まれていましたが、その大方が民主党に惨敗した二〇〇九年の総選挙で姿を消しています。二〇〇九年の総選挙で初当選を果たした民主党の「小沢ガールズ」たちにも同様の運命が待ち受けていたのです。日本は世界的に見て国会議員のなかでの女性の比率の極端に少ない国です。そして男女平等ランキングで日本は、世界一一一位という惨めな位置にあります。

＊「社畜の国」が生んだオタク文化

日本経済は、一九八〇年代に高度経済成長期の平等主義から、資産格差の拡大を容認する不平等主義的な方向に舵を切りました。それを反映して八〇年代のこの国の文化は非常に差別的な色調を帯びたものになっていったのです。その代表的な例の一つとして偏差値があげられます。平均点を五〇とし、そこからの隔たりを一〇〇点満点で数値化した偏差値は、六〇年代に登場し、一九七九年から始まった共通一次試験（現在の大学入試センター試験）の導入とともに、高校や大学の格付けの上で決定的な力をもつようになったのです。統計学上は誤差の範囲内でしかない偏差値１の差に、受験生や親たちは血眼になっていたのです。

高度経済成長期は誰しもが、自動車や家電製品のような同じものを買い求めた時代でした。高度経済成長期は、人々が皆と同じであることを強く欲していたのです。しかし高度経済成長が終わると大衆消費財は、ほぼすべての人にいきわたってしまいます。そうすると今度は差異化の欲求が頭をもたげてきます。先に見たブランドブームは、差異化への欲求から生まれたものでしょう。周囲の人たちがもっていないヴィトンやグッチの製品を身に付けることで、「ださい」周囲とは一味違う、ハイセンスな人々の仲間であることを誇示するために、この時代の若い女性たちは、競って高級ブランド品を買い求めていったのです。

八〇年代には漫才ブームが起こっています。この時代の笑いの質は、伝統的なお笑いのそれとは明らかに異なるものでした。かつての漫才師や喜劇役者たちは、自分を貶めて（藤山寛美！）、笑いをとっていました。ところが八〇年代以降のお笑い芸人たちは、むしろ人々の高みに立って、劣った人たちを嗤っていたのです。八〇年代の漫才ブームでブレークしたビートたけしは、容貌の劣る女性（ブス）や老人（ジジイ、ババア）に対する差別的なギャグで笑いをとっていました。たけしと並ぶ八〇年代のメディアの寵児であったタモリは、埼玉や名古屋、さらには鳥取と佐賀等々、数多《あまた》の「田舎差別」のギャグで人気を博していたのです。漫才や落語の芸を終生磨き続けるのではなく、映画監督やバラエティ番組の司会者になるための踏み台と考える風潮が、お笑い芸人のなかに生まれたのもこの時代のことでした。

いまやすっかりおなじみになったオタク文化も、一九八〇年代に生まれたものです。七〇年代の後半に始まったコミック・マーケット。そこには相手の目をみずに互いを「おたく」という奇妙な二人称で呼び合いながら会話をする若者たちが、多数集まっていました。「おたく」ということばは、一九八三年ごろに生まれたものですが、広く人口に膾炙するきっかけとなったのが、一九八八年から八九年にかけて起こった、東京と埼玉の連続幼女殺害事件でした。犯人の宮崎勤は、自室の八畳間に数千本のビデオテープを所有していました。その多くは「ウルトラセブン」等の特撮系のものであり、事件との直接の関係を示すものではありませんでしたが、この事件をきっかけとしてビデオ視聴が、若者に及ぼす悪影響が喧伝されるようになりました。もともとのオタクのイメージは凶悪犯罪と地続きであるような極めて禍々しいものだったのです。

当時のオタクのイメージは、次のようなものでした。非社交的で相手の目をみて話をすることができない。運動不足と過食のため小太り。服装は徹底的にダサイ。生身の女性が怖く、宮崎のように幼女（ロリコンということばが知られるようになった）や、二次元の女性にしか興味がもてない。「大人の女」が怖い……。一九八〇年代には、スポーツカーを乗り回し、情報や消費のセンスに恵まれ、女の子にももてもての「新人類」という若者像が語られていました。新人類が八〇年代の「勝ち組」であれば、オタクはそのネガであったということができます。いまやオタクは「クールジャパン」の象徴として肯定的にも語られていますが、このことばの起源を知る人間にとっては、今昔の感があります。

「腐女子」と呼ばれる、有名なマンガの主人公たちが男性同性愛にふける様を作品化した二次創作に熱中する若い女性が社会的に認知されるようになりました。では、もともとは男性文化であったオタク的世界のなかに女性たちが参入してきたということなのでしょうか。八〇年代からすでに多くの女性たちがオタク文化にコミットしていた記憶が、筆者にはあります。大学院生時代、筆者はさるデザイン専門学校で非常勤講師をしていました。そこのアニメーション科でも教えたことがありますが、私語もない静かな教室であることに驚きました。しかし学生たちは、私の授業を聴いていたわけではありません。筆者の授業中もひたすらマンガを描いていたのです。

この学校のアニメ科の学生たちは、まさにオタクのイメージでした。しかしクラスのなかには少なからぬ女性たちがいました。八〇年代の半ばの、まさにオタクということばが生まれたころ、アニメ科のある女子学生から、当時はまだ晴海で行われていたコミック・マーケットに招待されたことを覚えています。コミック・マーケットの会場には多くの女性たちがいた記憶があります。

初期のオタク文化は、必ずしも、男の子文化というわけではありませんでした。しかしオタク文化に「社畜」と評される大人の世界の影が落ちていることは否定できないでしょう。フランスのジャーナリスト、エチエンヌ・バラールは、オタクは日本社会のマスコミュニケーションと、消費と、教育の過剰が生み出したものだと述べています。様々な情報を集め、グッズに対する偏愛を示すところにオタク文化の特質はあります。そして、バラールのみるところ、どうでもいい知識を膨大に頭に詰め込むことを誇る日本のオタクは、「よくできる頭」ではなく「よく詰まった頭」を創ることを目指す、日本の教育が生み出したものなのです。日本の大人たちはフランスがそうであるように、たとえば「自由・平等・友愛」という理想を子どもたちに語ることをしませんでした。そのかわりに大人たちは、「勉強せよ。労働せよ。消費せよ」と言い続けてきたのです。「社畜」と誇られるほどに働き、狂ったように消費する。オタク文化はそうした大人の世界への反逆として生まれたとバラールは言います。

ガンダムやエヴァンゲリオンで知られるオタク企業、ガイナックスの共同経営者である赤井孝美のことばをバラールは紹介しています。「私たちはみてくれだけでなかみのないパロディのような社会で大きくなりました。……その時にあったのが、……子どもの頃の世界でした。……この優雅な時期、私たちの想像力をしめていたのは、マンガやテレビ番組のヒーローたちでした〈註31〉」。

つまらない「社畜」的な大人の世界が、世界の子どもや若者を熱狂させる、面白い「オタク」文化を生み出した。これは興味深い逆説です。

【註】

〈1〉赤坂真理『愛と暴力の戦後とその後』講談社現代新書、二〇一四年、一五二～一五三頁

〈2〉田中角栄と中曽根康弘の関係性については、早野透『田中角栄―戦後日本の悲しき自画像』（中公新書、二〇一二年）を参照されたい。

〈3〉中曽根の政治手法については、服部龍二『中曽根康弘―「大統領的首相」の軌跡』（中公新書、二〇一五年）を参照されたい。

〈4〉セリーナ・トッド、近藤康裕訳『ザ・ピープル―イギリス労働者階級の盛衰』みすず書房、二〇一六年

〈5〉「火垂るの墓」（『アメリカひじき・火垂るの墓』）は作家野坂昭如の実体験をもとにした小説。神戸の空襲で孤児となった一四歳の少年と四歳の妹は力を合わせて生きていたが、妹節子が栄養失調で命を落とす悲劇を描いた作品。一九八八年、スタジオ・ジブリによってアニメ化され、世界的な反響を呼んだ。

〈6〉赤坂前掲書、一四六～一四九頁

〈7〉戦後ヨーロッパの復興の過程については、以下の書物を参照されたい。トニー・ジャット、森本醇訳『ヨーロッパ戦後史（上）一九四五―一九七一』みすず書房、二〇〇八年
〈8〉一九四六年、吉田内閣は物資不足が悪性インフレの原因であるとして、石炭と鉄鋼の増産に総力を傾けることを閣議決定している。これが後年、「傾斜生産方式」と呼ばれるものである。
〈9〉「戦後日本の社会契約」ということばは、以下の書物に負っている。アンドルー・ゴードン、中村政則訳『歴史としての戦後日本（上）』みすず書房、二〇〇二年
〈10〉本島市長ほか、天皇制に抗う当時の日本人の姿を描いた作品として、ノーマ・フィールド、大島かおり訳『天皇の逝く国で』（みすず書房、一九九四年）を参照されたい。
〈11〉森田洋司・清永賢二『いじめ―教室の病い』金子書房、一九八六年
〈12〉ジョック・ヤング、青木秀夫ほか訳『排除型社会―後期近代における犯罪・雇用・差異』洛北出版、二〇〇七年、二三二頁
〈13〉土井隆義『人間失格？―「罪」を犯した少年と社会をつなぐ』日本図書センター、二〇一〇年
〈14〉ヤング前掲書、三〇頁
〈15〉ロイック・ヴァカン、森千香子ほか訳『貧困という監獄―グローバル化と刑罰国家の到来』新曜社、二〇〇八年
〈16〉安土敏『幸福への処方箋―ニッポン・サラリーマン』日本実業出版社、一九九二年、五一頁
〈17〉同右書、一八九〜一九〇頁
〈18〉奥村宏『法人資本主義―「会社本位」の体系』御茶の水書房、一九八四年
〈19〉カレル・ヴァン・ウォルフレン、篠原勝訳『日本 権力構造の謎〈上〉〈下〉』ハヤカワ文庫、一九九四年
〈20〉ダニエル・ベル、林雄二郎訳『資本主義の文化的矛盾』（上・中・下）講談社学術文庫、一九七六年
〈21〉スーザン・ストレンジ、小林襄治訳『カジノ資本主義―国際金融恐慌の政治経済学』岩波書店、一九八八年

〈22〉エミール・デュルケーム、宮島喬訳『自殺論』中公文庫、一九八五年
〈23〉宮部みゆき『火車』双葉社、一九九二年
〈24〉阿部謹也『「世間」とは何か』講談社現代新書、一九九五年、一二頁
〈25〉上野千鶴子『マザコン少年の末路―女と男の未来』河合ブックレット・河合文化教育研究所、一九八六年
〈26〉河合文化教育研究所編「上野千鶴子著『マザコン少年の末路』の記述をめぐって」（『河合おんぱろす』増刊号、一九九四年）
〈27〉久徳重盛『母原病―母親が原因で増える子どもの異常』教育研究社、一九七九年
〈28〉子どもたちの演じる血の惨劇を、彼らの置かれた家庭環境に注目しながら描いた、優れた調査報道として、本多勝一編『子供たちの復讐』（朝日文庫、一九八九年）、横川和夫・保坂渉『かげろうの家―女子高生監禁殺人事件』（共同通信社、一九九〇年）等がある。
〈29〉戦後若者文化を彩った様々な「族」については、難波功士『族の系譜学―ユース・サブカルチャーズの戦後史』（青弓社、二〇〇七年）を参照されたい。
〈30〉桐野夏生『グロテスク』（文藝春秋、二〇〇三年）は、この事件をモデルとした作品である。
〈31〉エチエンヌ・バラール、新島進訳『オタク・ジャポニカ―仮想現実人間の誕生』河出書房新社、二〇〇〇年、四七頁

第6章

「棄民の国家」の方へ

——「失われた一〇年」に起こったこと

1 「失われざる一〇年」の記憶

＊文　化――「クールジャパン」の方へ

一九九〇年代が「失われた一〇年」と呼ばれたことは、前章においてみたとおりです。しかし一九九〇年代は、希望なき時代というだけではありませんでした。ソ連崩壊によって米ソ冷戦が終結します。核戦争による人類の滅亡という悪夢は遠のきました。米ソ冷戦の終結に伴って、長きにわたる五五年体制も終焉しています。経済の停滞によって日本の大企業体制が大きく揺らいだ時代でもありました。九〇年代は、冷戦構造や大企業体制というそれまでの世界や日本を規定していた枠組みが崩壊、もしくは弛緩した時代でもあったのです。九〇年代は大きな不安とともに、解放の可能性も孕んだ両義的な時代であったことを忘れるべきではないでしょう。

社会学者の鈴木智之らは、一九九〇年代を、「文化革命」の進展した「失われざる一〇年」であるとする注目すべき見解を示しています。〈註1〉たしかに九〇年代から世の中の眺めも大きく変わりました。いまでは黒い髪の若い女性の方がむしろ珍しいぐらいですが、普通の男女が髪を華やかな色に染めるようになったのは九〇年代に入ってからのことです。ピアス、タトゥー、整形。様々な身体の加工もこの時代に一般化していきました。八〇年代に引き続き、女性たちも元気がよかった。「ギャル」と呼ばれる、派手ないでたちの少女たちが渋谷の街を闊歩していました。「ガングロ」「ゴングロ」「ヤマンバ」と呼ばれる、顔を真っ黒に焼いた若い女性たちの姿に、大人たちが驚いていたのもこの時代のことでした。

二〇〇二年に、アメリカのジャーナリスト、ダグラス・マッグレイは、『フォーリン・ポリシー』誌に、「日本の国民総クール（Japan's Gross National Cool）」という論文を発表しています。経済の停滞した一九九〇年代に、マンガアニメを筆頭とするポピュラー文化は目覚ましい発展をとげ、日本は世界で一番クールな国になったとマッグレイは述べています。マッグレイのみるところ、ポピュラー文化は日本の「ソフトパワー」（自ずと支持したくなるようなその国のもつ魅力）の主要な源泉となっています。経済力が停滞した一九九〇年代において、なぜ日本のポピュラー文化は華やかな発展を遂げることができたのか。この問いにマッグレイは、不況によって行き場を失った資本と才能が、ポピュラー文化の領域に流れていったからだと答えています。〈註2〉

ジブリのアニメは、世界の多くの若者や子どもの心をとらえましたが、興行収入の面ではディズニーアニメに遠く及びません。日本のアイドルタレントの人気も、東アジア限定のものです。マッグレイは日本を過大に評価しているようにもみえます。だがマッグレイの見解を的外れなものであるときめつけることもできません。イギリスBBC放送が毎年行っている、世界によい影響を与えている国ランキングで、日本は二〇〇七、八、九、一二年に第一位になっています。〈註3〉優れた工業製品。治安がよく人々の行動が秩序だっていること。ヘルシーでおいしい日本食。これらと並んで、マンガやアニメに代表される楽しいポピュラー文化の存在が、日本に対する高い評価をもたらしていることに疑いの余地はありません。

「ウインドウズ95」の発売によってインターネットの使用が一般化していきました。携帯電話が目覚ましく普及していったのも九〇年代のことでした。九〇年代は文化革命の時代であるとともに、コミュニケーション革命の時代でもあったのです。そして一九九〇年代においては、「失われた」とみなされている政治の領域においても、新たな可能性を感じさせる動きも生じていました。

＊政　治——五五年体制の崩壊と「市民」の台頭

一九九三年七月、衆議院本会議において宮沢内閣不信任案が可決されたことを受け行われた総選挙で、自民党は比較第一党の地位は保ちながらも敗北し、結党以来はじめて政権党の座から滑り落ちてしまいました。小政党「日本新党」の党首だった細川護熙が、八党（！）連立政権の首相に就任しています。その後、政権復帰に執着する自民党は、翌九四年に社会党の村山富市党首を首班とする自民・社会・さきがけの連立政権を樹立し、下野からわずか一年で政権党の座に復帰しました。しかし自民党と社会党が対峙する、政権交代なき二大政党という意味での「五五年体制」は、細川連立政権の誕生によって終焉を遂げたのです。

一九八〇年代に非加熱の血液製剤を用いたことによって一八〇〇人ものエイズ患者が生まれ、そのうち六〇〇人が亡くなった薬害エイズ事件が大きな問題となっていました。一九九〇年代半ばのことです。市民運動家出身の菅直人厚生大臣は、この問題についての徹底的な省内調査を官僚たちに命じています。調査の結果、非加熱血液製剤の危険性に対する認識を同省がもっていたことを示す「郡司ファイル」が発見されました。それを受けて一九九六年二月一四日、菅は患者たちに直接謝罪をしています。政府が市民に対して謝罪をする。これは明治以来、「国家は無謬なり」の姿勢を貫いてきた日本近代の歴史のなかで、異例のできごとです。

カレル・ヴァン・ウォルフレンは前章でみたように、日本を国家ではなく、政・官・財の各界に巣食う東大法学部を出た「管理者階級」たちの談合によって動かされる「システム」と規定していました。「政」と「官」とがもたれあい、責任の所在を曖昧にする「無責任の体系」。これが「五五年体制」を特徴づけるものだったのです。ところが薬害エイズ事件においては、政治家である菅直人が官僚に徹底調査を命じて、官僚機構の非を認めさせたのです。菅の行動は、「政」・「官」・「財」がもたれあう、「無責任の体系」としての「システム」を打破しようするものであり、薬害エイズ問題に関して、それは見事な成功を収めました。ウォルフレンに由来する「説明責任」(accountability) ということばは、九〇年代政治におけるキーワードとなっていきました。(註4)

自らが被害者である川田龍平を中心とする若者たちの抗議行動は、薬害エイズ問題の存在を世に知らしめる上で大きな力となりました。若者たちは、手をつないで「人間の鎖」をつくり、厚生省(当時)を取り囲みます。そして彼らは口々に、「謝ってよ!」と叫んだのです。若者たちのユニークな運動のスタイルは、人々に強い印象を与えました。若い「市民」の運動に、市民運動家出身の政治家(菅直人)が応えたのです。薬害エイズ問題の解決は、「市民」の時代の到来を予感させるものでした。

一九九五年一月一七日には、阪神淡路大震災が起こっています。死者の数は六〇〇〇人以上に及び、華やかな神戸の街並みが一瞬に廃墟と化してしまったのです。この時には、若者たちを中心とした多くのボランティアが現地に駆けつけています。九五年が「ボランティア元年」と呼ばれる所以です。阪神淡路大震災以降、ＮＰＯやＮＧＯの活動がこの国の様々な領域で存在感を増していきました。企業によって担われる市場セクターと、官公庁によって担われる行政セクターを補完し、時にはそれらと対立もする、市民（非営利）セクターが大きな存在感をもつようになったのも、九〇年代のことだったのです。

九〇年代には長引く不況によって、地域経済が停滞し、地方自治体の財政状況も悪化の一途を辿るようになりました。この時代には地方の窮状を打開すべく、各地に「改革派首長」が現れています。「改革派首長」のなかには多くの自民党の国会議員だった人物や、霞が関官僚出身者が含まれていました。七、八〇年代には「革新」首長がもてはやされていました。しかし、地方議会における与党であることの旨みを覚え、保守勢力との相乗りで首長を担ぐことを繰り返してきた「革新」勢力は、変革の主体とはなりえず、むしろ守旧派としての役どころを演じていたのです。「改革派首長」たちは、積極的な情報公開を行い、「説明責任」を果たすことによって、財政削減等の「痛みを伴う改革」に対する、住民たちの合意をとりつけていったのです[註5]。

「五五年体制」下の密室の談合政治や、左右の対立図式とは異質な、徹底的な情報公開によって成熟した市民層を巻き込むスタイルの新たな政治が、九〇年代のこの国では、たしかな胎動をみせていたのです。「システム」の弛緩が、創造的な政治的な動きを要請したとみることもできるでしょう。しかし弛緩し、無力化した「システム」は経済の難局に有効に対処することはできませんでした。その結果経済の低迷は続き、かつての経済超大国は見る影もなく落ちぶれていったのです。

2 「棄民の国家」の方へ

＊「システム」の機能不全

よく知られているように、日本は世界最大の財政赤字を抱えています。地方と国の借金の合計は、二〇一四年には一〇〇〇兆円（！）を超えています。これを完全に返済することは恐らく不可能でしょう。一九七〇年代の田中内閣以来、赤字国債を乱発し続けた結果です。国と地方の借金が深刻な問題として語られるようになったのは、一九九〇年代に入ってからのことでした。一九九五年一一月、村山内閣の武村正義蔵相は、財政危機宣言を発しています。

バブル崩壊以降、深刻な景気の後退が続き、不良債権を抱えた銀行の貸し渋りや貸しはがしが事態を深刻化させていたことは第5章でもみたとおりです。九〇年代の半ばには、様々な要因が複合して極度の円高が進んでいました。一九九五年の四月には一ドル七四円という驚異的な数値を記録しています。景気が悪くなれば財政出動と減税とによって景気刺激策をとる。経済政策のイロハです。しかし財政危機が表面化したことによって、財政出動を抑制せざるをえません。橋本内閣は、前任の村山内閣が決定していた消費増税を、一九九七年四月に実施しています。消費増税によって、回復の兆しをみせていた景気は、悪化に転じます。この年の一一月には、山一証券と北海道拓殖銀行が相次いで破綻しています。経済的理由からの自殺者が急増し、翌九八年から二〇一一年まで、一四年続けて自殺者の数は三万人を超えていました。

橋本の後を受けて内閣総理大臣の地位に就いた小渕恵三は、昭和天皇崩御の際の官房長官で、「平成のおじさん」として親しまれてきた人物です。無名の人にも労を厭わずまめに電話をかける（当時これは「ブッチフォン」と呼ばれていました）、気配りの人ではありましたが、海外メディアから「冷めたピザ」と揶揄されるなど、風采の上がらない、凡庸な印象を与える人物でもありました。壊滅的な状態に陥った経済を立て直すために、小渕は公共事業を乱発し、財政赤字を膨らませていきます。世界最悪の財政を小渕はさらに悪化させていったのです。小渕は、「私は世界一の借金王」と自嘲し、「私のやっていることは死刑に値する」と自責の念を述べていたと伝えられています。その心労からでしょうか。小渕は総理大臣在職中の二〇〇〇年五月に急逝しています。

小渕の後に内閣総理大臣の地位に就いた森喜朗は、古い自民党の体質を体現する政治家でした。小渕が倒れた後に自民党のボスたちの密室の談合によって、総理就任が決定したという疑惑がもたれたことも、森の不人気の一因となります。森は、経済の閉塞状況に有効な手立てを打つことができなかっただけではありません。「日本は天皇中心の神の国」等の愚かな発言を重ねることによって、国民を呆れさせてもいたのです。森内閣の支持率は低下の一途を辿っていきました。二〇〇一年二月、宇和島水産高校の練習船「えひめ丸」が、アメリカ海軍の潜水艦と衝突して沈没した際、その報告を受けながら森がゴルフのプレーを続けたことが、大きく報道されました。その結果内閣支持率は、七%にまで低落していったのです。

「失われた一〇年」において信頼を失墜したのは、政治家と銀行経営者をはじめとする財界人ばかりではありませんでした。優秀で清廉とみなされていた霞が関官僚たちも、大蔵官僚の「ノーパンしゃぶしゃぶ接待」〈註6〉や、厚生事務次官夫人の業者への「おねだり」等々、九〇年代に相次いだスキャンダルによって大きくその信頼性を失っていたのです。日本のエリートたちのすべてが信用を失ってしまった。政・官・財のエリートたちの談合によって動かされてきた日本の「システム」は、新しい世紀を迎える頃には完全な機能不全に陥っていたのです。

＊「棄民の国家」の方へ

一九九〇年の東京証券取引所の大発会で、三万八〇〇〇円をつけていた株価が大暴落したところからバブルの崩壊は始まっています。しかし、株価の暴落が、すぐに実体経済に深刻な影響を及ぼしたわけではありません。お立ち台の上で、「イケイケ」の若い女性たちが熱狂的に踊ったウォーターフロントの伝説のディスコ「ジュリアナ東京」は、バブルの象徴のように語られていますが、その開設は一九九一年のことです〈註7〉。九〇年代の初頭には、まだバブルの気分は色濃く残っていたのです。

学生の就職状況は、九三年には一転して悪化していきました。就職が決まらないまま卒業する学生が現れはじめたのです。「就職氷河期」と呼ばれる時代の始まりですが、筆者を含めて多くの大学教員はバブルの反動による循環型の不況で、そのうち景気は回復するだろうと呑気に学生に話していたのです。しかし景気回復の兆しは一向に現れません。就職状況は「超氷河期」と形容されるまでに悪化し、とりわけ女子学生にとって深刻なものとなっていたことは前章でもみたとおりです。

九〇年代の半ば以降のこの国は、不況の深刻さが実感されていただけではなく、天変地異や想像を絶する凶悪事件が連鎖的に生じたことに伴う、社会不安にも覆われていました。一九九五年の一月一七日には、阪神淡路大震災が起こり、六〇〇〇人以上の人命が失われたことは先にみたとおりです。同年の三月二〇日には、通勤時間帯の複数の地下鉄路線にオウム真理教の信徒がサリンを散布し、一三人が死亡し、六六〇〇人が負傷する未曾有のテロ事件が起こっています。きらびやかな神戸の街が一瞬にして廃墟と化し、世界でもっとも治安がよいとされていた東京の中心で残虐なテロ事件が起こったのです。阪神淡路大震災も、地下鉄サリン事件もこの国の安全神話の崩壊を象徴する出来事でした。地下鉄サリン事件は、自分たちの生活を脅かす、悪意ある他者の存在を人々に予感させる出来事でもありました。

二〇〇〇年代に若者たちの「反貧困」運動の旗手として名を馳せた作家の雨宮処凛は、阪神淡路大震災、地下鉄サリン事件とともに、終身雇用と年功序列型の旧来の日本的経営を見直し、幹部候補生（「長期蓄積能力活用型グループ」）と高度な技術職（「高度専門能力活用型グループ」）以外は、非正規雇用の労働者（「雇用柔軟型グループ」）に置き換えることを主張した経団連の提言（「新時代の「日本的経営」」）を阪神淡路大震災、地下鉄サリン事件と並ぶ一九九五年の「三つのインパクト」として挙げています。〈註8〉雨宮が言うように経団連のこの提言には、重要な意味があります。日本を代表する企業経営者たちの団体が、幹部になりうるエリート層や高度な専門技術をもつ者以外は、企業の正規のメンバーシップから排除すると宣言したのですから。一九七〇年代以降、ゆらぎをみせながらも存続していた「包摂型社会」から「排除型社会」への転換がなされた年としても、一九九五年は記憶されるべきでしょう。

経団連の提言を受けて一九九六年には派遣業法が改正され、それまで通訳やコンピュータのプログラマーなど特殊な技能にのみ限られていた対象が大幅に拡大されていきます。一九九九年には対象業務が原則自由化されました。派遣労働の規制緩和と不況による労働市場の収縮の結果、それまで正規雇用の労働者によって担われてきた様々な仕事が、非正規雇用の労働者へと置き換えられていったのです。新自由主義経済が支配的になった一九八〇年代以降、非正規雇用の増大は世界的な趨勢でもあります。ヨーロッパの社会学者たちは、急増する非正規雇用の労働者たちを「プレカリアート」と名づけています。「不安定」を意味する「プレカリオ」というイタリア語と、「無産者」を意味する「プロレタリアート」を合成したことばです。これまで「サラリーマン」から「社畜」へという高度経済成長期以降の勤労者像の変遷をみてきました。身分の不安定さと所得の極端な低さを特徴とする「プレカリアート」は、「社畜」にすらなれない、現代の「棄民」と呼ぶべき存在です。九〇年代の半ばのこの国は、「棄民の国家」に向けての歩みを始めたのです。

3　叩かれた「怠け者」

＊少年犯罪と「ユースフォビア」

一九九〇年代の後半から二〇〇〇年代にかけて相次いで起こった少年たちの動機不明の殺人事件も人々の不安を掻き立てるものでした。一九九七年六月、神戸市の住宅街で当時一四歳の少年が近所に住む、小学校五年生の男の子を裏山で殺し、切断した首を少年が通う中学校の門柱に晒しました。その口には「さあゲームのはじまりです」というメッセージの書かれた紙が咥えさせられていたのです。少年は、地元メディアに「酒鬼薔薇聖斗」名の犯行声明を送っています。この少年は同じ年の三月にも小学校四年生の女子児童を殺害していたのです。一四歳の少年の引き起こした凶悪事件は、社会に強い衝撃を与えました。

この事件から三年後の二〇〇〇年には、愛知県豊川市に住む一七歳の高校生が近所に住む六四歳の主婦を殺害する事件が起こっています。少年は、進学校に通い、テニス部で活躍するスポーツマンでしたが、殺害の動機は「人が壊れるところをみてみたかった」。豊川の事件の直後には、佐賀県に住む一七歳の少年が、地元を走る路線バスをバスジャックし、広島県まで走らせる事件が起こりました。その間に少年は一人を殺害、複数の乗客にけがをさせています。この年の七月には、岡山県の高校の硬式野球部員が後輩たち数名を金属バットで殴り重傷を負わせた上に自分の母親を撲殺し、遠く秋田県まで自転車で逃走するという事件も起こっています。

酒鬼薔薇少年も、二〇〇〇年に凶悪事件を引き起こした、酒鬼薔薇と同い年の「一七歳」の少年たちの多くも、補導歴もない中産階級家庭の「よい子」たちでした。そのことが「誰でも凶悪犯罪を起こしうる」という強い不安を世の親たちにもたらしたのです。日本がまだ貧しかった時代には、少年の引き起こす事件は、貧困や教育の荒廃など社会の側に問題があると考えられてきました。一九六〇年代に四人もの人をピストルで殺害した永山則夫は、義務教育も満足に受けることのできなかった貧困の故に犯罪に走ったと主張しました。彼のこうした主張は当時一定の説得力をもって受け止められていたのです。

他方、酒鬼薔薇等の犯罪は、彼らの特異なパーソナリティと、心理状態によってもたらされたと多くの人々が考えていたのです。少年たちの「心の闇」ということばが流行ったのもこの時代のことでした。社会問題の原因を社会の側ではなく個人の心理に求める。こうした発想が支配的になる状況を社会学者たちは、「社会の心理学化」と呼んでいます。臨床心理士制度が確立し、全国の小中学校にスクールカウンセラーが配置され、道徳教育の副読本として『心のノート』が児童生徒に配られる。少年犯罪が世間を騒がせていた時代は、まさに「社会の心理学化」の時代でした〈註9〉。

メディアが連日、少年の凶悪事件を過剰に報道したことによって「少年犯罪急増凶悪化」のイメージが世を覆っていきました。その結果、二〇〇〇年代には二度にわたる少年法の厳罰主義的改正が行われています。しかし、実際には日本は世界的にみても少年犯罪の少ない国です。たしかに一九九一年から九七年にかけては少年の凶悪犯罪の発生率は倍増しています。しかし、少年の凶悪犯罪のピークであった一九六〇年から比べればわずか七分の一までに「激減」しているのです。「少年犯罪急増凶悪化」は幻影でしかありませんでした。誤った事実認識に基づいて少年法の厳罰主義的改正という重要な公的決定がこの時代にはなされていったのです〈註10〉。

「ゲーム脳」や「携帯をもったサル」ということばもこの時代に流行りました。ゲームのやり過ぎでいまの若者たちの脳は破壊されてしまっている。携帯電話で若者たちは、サルの毛づくろいにも等しい愚かなやりとりをしている……。エリートの理系学者たちが、何の実証的な根拠もなく、新しいメディアに耽溺しているかにみえる若者たちへの偏見を煽り立てていたのです。この当時若者たちが人間的に劣化をとげたことは、自明のことのように語られていました。新しいメディアに耽溺した結果、人間的に劣化をとげ、「心の闇」を抱える若者たち。この時代の大人たちは、「ユースフォビア」(若者恐怖症)に陥っていたと、哲学者の中西新太郎は述べています〈註11〉。

＊叩かれた「怠け者」——「若者論の失われた一〇年」

戦後とくに一九六〇年代以降、たくさんの若者論が産出されてきました。学生運動の担い手だった六〇年代の「団塊世代」。学生運動の挫折の後に現れ、社会や政治にかかわろうとしない「しらけ世代」。そしてバブル期に華やかに遊び暮らした「新人類世代」。若者論の歴史は若者たたきの歴史でもありました。「団塊」はその反逆的な性格の故に、「しらけ」はその無気力さの故に、「新人類」は非常識で享楽的であるが故に、大人たちから指弾されてきたのです〈註12〉。

しかし、八〇年代までの「若者論」のなかには、若者たちの可能性を評価する部分もありました。

「団塊世代」が引き起こした全共闘運動に共感を寄せる大人の識者も少なくありませんでした。政治学者の栗原彬は、「しらけ世代」が、その「やさしさ」の故に、社会の弱者に対して共感を抱き、変革の主体へと成長していく可能性に期待をかけていました。〈註13〉「新人類」たちも、豊かな「感性」をもち、情報機器の使用に長け、消費のフロンティアを切り開く新しい時代の旗手として持ち上げられてもいたのです。ところが一九九〇年代から二〇〇〇年代の前半にかけて、若者たちの可能性を論じる「若者論」は姿を消してしまいます。この時代の若者たちは、一方的な大人たちのバッシングに晒されていたのです。社会学者の浅野智彦はこのことを指して、一九九〇年代を「若者論の失われた一〇年」と呼んでいます。〈註14〉

バブルが崩壊し、「就職超氷河期」が訪れた時に、最初にその洗礼を浴びたのが、一九七〇年代の前半に生まれた、第二次ベビーブーム世代でした。団塊世代の子どもにあたる彼／彼女らは、「団塊ジュニア世代」と呼ばれています。「団塊の世代」は、戦後間もない日本がもっとも貧しかった時代に生まれ、経済成長の最盛期に企業に就職し、日本が経済超大国となった時代に「企業戦士」として活躍した、まさに右肩上がりの申し子のような世代でした。他方、「団塊ジュニア世代」は、豊かな社会に生まれ、人口の多さの故の過酷な高校大学の受験競争に耐えながら、学窓を去るまさにその時期に就職難に直面し、梯子を外された世代でした。「超氷河期」と呼ばれた時代には、多数の正規雇用の仕事に就けない若者が生まれました。彼らの多くは「フリーター」と呼ばれ、コンビニや飲食チェーン店での非正規雇用の仕事に就くことを余儀なくされたのです。彼らの多くはいまもその境遇を抜け出すことができていません。この世代の少なからぬ部分が「高齢フリーター」となっています。社会に出るタイミングで将来を鎖されてしまった人たちを数多く輩出したこの世代は、「ロスト・ジェネレーション（ロスジェネ）」とも呼ばれています。

自ら進んでフリーターになった若者が少なからずいたことも事実です。音楽や演劇の活動を続けるために正規雇用の仕事に就かない「夢追い型フリーター」がいたことも、束縛を嫌って正社員の道を拒否した若者がいたことも、「やりたいことをやる！」と叫んでフリーターの道を選んだ若者がいたことも、すべて事実です。日本は、正規雇用の勤労者が、「社畜」とまで蔑まれる過酷な労働条件の下に置かれた国です。未曾有の就職難をこれ幸いと、クリエティブな世界に進んだ若者も少なからずいたはずです。〈註15〉

しかしながら、やはりフリーターの多くは、正規雇用の仕事に就くことを望みながら、それがかなわなかった若者たちです。フリーターたちは経済の変動の犠牲者だったのですが、大人たちの見方は違っていました。若者たちが「怠け者」になり、正規雇用の仕事に就くことを忌避した結果、フリーターが増大したと考えていたのです。この時代の大人たちが若い頃は、若年労働力は「金の卵」と言われていました。若者が職にあぶれることなどありえないという思い込みが、彼らのなかには抜き難くあったのです。この時代にフリーターたちは、嘲りの対象となっていました。多くの高校や大学が、「フリーターを出さない教育」を売り物にしていたのです。〈註16〉

フリーターは非正規雇用の身分にあるとはいえ働いています。決して遊び暮らしているわけではありません。その彼／彼女らがなぜ「怠け者」として指弾されなければならないのでしょうか。ここには、第3章でみた、日本人の職業観の歪みが影をおとしているようにみえます。日本人にとって働くことは「〇〇を「する」」ことの領域ではなく、「〇〇である」ことの領域に属しているようにみえます。何をしているかよりも、どこに所属しているのかの方が重要なのです。そのため、実際には働いていても、企業にも官公庁にも所属していない人間は、「働いていない」、すなわち「怠け者」とみなされるのではないでしょうか。

日本の若者の就職活動を調査したアメリカ人文化人類学者のゴードン・マシューズは、当時の日本の企業で働く中年男性のなかには、フリーターたちを組織に属することを拒否する、集団主義的な日本文化への反逆者とみなして恐れている者がいたと報告しています。まさに「ユースフォビア」です。〈註17〉

＊統計の詐術と「世代の堕落史観」――若者への偏見を生み出したもの

この時代には、著名な社会（科）学者たちまでもが、若者への偏見を助長する役回りを演じていました。第3章で紹介した山田昌弘の『パラサイト・シングルの時代』はその代表的なものです。本書のなかで山田は、就職して十分な所得がありながら家を離れない寄生虫（パラサイト）のような若者たちが、彼／彼女らが家を出ていれば当然購入し、あるいは借りていたであろう、自動車や家電製品マンション等の「基礎的受容」を抑圧しているが故に不況が長期化していると述べています。そして、パラサイト・シングルを家から追い出すために、親との同居を所得とみなして「親同居税」を取る一方で、二〇代で家を出た者には補助金を支給するアメとムチの併用で、若者の「離家」を促進すべきだと述べています。〈註18〉

山田は因果関係を転倒させてしまっています。若者が家を出ないから景気が悪くなったのではなく、景気が悪くなり、若者の仕事がなくなったから若者は家から出られなくなったのです。とりわけ家賃の高い東京圏で、非正規雇用の若者がマンションを借りて自活することはほとんど不可能事でしょう。困窮して親元に身を寄せている若者から「親同居税」をとるなど、それこそ残酷物語です。『反社会学講座』の著者マッツァリーノは、物の価格は需給関係によって決まるのだから、もし山田が言うように親にパラサイトしている若者を家から追いだせば、家賃が急騰して払えなくなる人が続出し、街はホームレスで溢れかえるだろうと軽妙に山田をからかっています〈註19〉。

労働経済学者の玄田有史は、二〇〇〇年代のはじめに「ニート」という概念を提唱しています。「ニート」の「原産国」はイギリスです。イギリスでは一九九〇年代、少年の非行や犯罪、失業とが深刻な問題になっていました。学校にも行かず、就職もしておらず、職業訓練も受けていない若者たちを憂慮して「ニート」(Not in education, employment or training) ということばは生まれました。玄田は現在の日本の一六歳から三四歳までの若者のなかには、八〇万人もの「ニート」がいると推計しています。「ニート」が増大した原因として、玄田は、「ニート」を生み出す最大の要因として若者たちの働く能力と意欲の減退をあげており、若者たちを対象とした職業訓練を充実させるべきだと指摘しています〈註20〉。

教育社会学者の本田由紀は、「ニート」概念を厳しく批判しています。イギリスでは「ニート」の対象年齢は、一六歳から一八歳であるのに対して、玄田は一六歳から三四歳までその対象を広げてしまっている。無業の若者のなかにも様々な事情の者がおり(病気療養中や海外放浪等)、そのすべてが働くことに意欲を失った人たちであるとは限らないと述べ、玄田を批判しています。

一九九一年から九七年という、ごく限られた期間のデータを強調することによって「少年犯罪急増凶悪化」という幻影は生まれました。働く意欲を失った「ニート」が急増しているという幻影もまた、対象期間をイギリスの三年から一八年に拡大するという統計のトリックによって生まれたのです。〈註21〉

昔の日本人は立派で、時代が下がるにつれて人間がダメになっているという「世代の堕落史観」ともいうべきものが、この国のなかには根強くあります。とりわけ廃墟のなかから日本を復興に導いた戦争体験世代の中には、豊かな時代に育った戦後世代の若者たちをみて、「怠けている」、「甘えている」という思いを強く抱いていた人たちがたくさんいたことでしょう。このことが「団塊」から「新人類」に至る戦後世代が、バッシングされた一因をなしているのではないでしょうか。しかし、経済の右肩上がりの時代には、未来の象徴である若者に期待をかける余裕が大人たちにもありました。若者を叩くだけではなく過剰なまでにその可能性に期待をかける傾向はここから生まれたのだと思います。ところが経済の低迷によって未来に希望がもてなくなると、若者たちのなかに何の可能性も見出せなくなり、その欠点だけが強調されたあげくに、極端にネガティブな若者像が生まれてしまう。一九九〇年代が「若者論の失われた一〇年」となった所以でしょう。

一九九〇年代から二〇〇〇年代の初頭にかけては、「プロジェクトX」や「ＡＬＷＡＹＳ　三丁目の夕日」等々、「昭和ノスタルジア」のブームがあったことも第３章で指摘したとおりです。そのことと、フリーターが「怠け者」と指弾されたことは、あながち無関係ではないのではないでしょうか。高度経済成長は、日本人が懸命に働くことによって達成された――「プロジェクトX」が伝えたメッセージです。人々が一生懸命働いた結果、日本の経済成長がもたらされたのだとすれば、日本の経済が衰退するのは、人々が働かなくなったからだと考えるほかなくなります。大人たちは自分は一生懸命に働いていると思っている。そこで正社員になろうとしないフリーターの若者たちが、「怠け者」と名指しされたのではないでしょうか。

【註】

〈1〉鈴木智之ほか『失われざる十年の記憶―一九九〇年代の社会学』青弓社、二〇一二年

〈2〉ダグラス・マッグレイ、神山京子訳「〈ナショナル・クール〉という新たな国力　世界を闊歩する日本のカッコよさ」『中央公論』第一一八巻第五号、二〇〇三年

〈3〉BBC・HP:https://globescan.com/images/images/pressreleases/bbc2012_country_ratings/2012_bbc_country%20rating%20final%20080512.pdf（二〇一八年四月二一日閲覧）

〈4〉カレル・ヴァン・ウォルフレン、篠原勝訳『人間を幸福にしない日本というシステム』毎日新聞社、一九九四年

〈5〉「改革派首長」の代表格である片山善博元鳥取県知事の政治手法に関しては、田中成之『〈改革〉の技術―鳥取県知事・片山善博の挑戦』（岩波書店、二〇〇四年）を参照されたい。

〈6〉一九九八年、複数の大蔵官僚が、MOF（Ministry of Finance＝大蔵省）担と呼ばれる都市銀行の職員から、鏡張りのフロアの上を、下着を履かない女性たちが働くしゃぶしゃぶ店で接待を受け、便宜をはかって来たことが明るみに出て、大きなスキャンダルとなった。大蔵省解体の一因となった事件とされている。

〈7〉一九九一年、東京のウォーターフロントに開設された巨大なディスコ。身体の線を際立たせた「ボディコン」の衣装に身を包んだ女性たちが、「お立ち台」の上で「ジュリ扇」とよばれる扇を振り回しながら踊る光景は、バブルを象徴する光景として語られていた。「ジュリアナ東京」は、一九九四年八月に閉鎖されている。

〈８〉中西新太郎編・雨宮処凛ほか『一九九五年　未了の問題圏』大月書店、二〇〇八年、四三頁
〈９〉少年犯罪の原因について、事件を起こす若者たちの「心の闇」に求める言説が生み出されていくメカニズムの解明は、鈴木智之『「心の闇」と動機の語彙―犯罪報道の一九九〇年代』（青弓社ライブラリー、二〇一三年）に詳しい。
〈10〉少年犯罪が実は増えてはいないという事実を提起した本として、鮎川潤『少年犯罪―ほんとうに多発化・凶悪化しているのか』（平凡社新書、二〇〇一年）は重要な意味をもつ。
〈11〉中西新太郎『若者たちに何が起こっているのか』花伝社、二〇〇四年
〈12〉一九七〇年代から現在に至る若者論の変遷については、小谷敏編『若者論を読む』（一九九三年）と、その続編である、小谷敏編『二十一世紀の若者論』（二〇一七年、刊行元はいずれも世界思想社）を参照されたい。
〈13〉栗原彬『やさしさのゆくえ＝現代青年論』筑摩書房、一九八一年
〈14〉浅野智彦編『検証・若者の変貌―失われた一〇年の後に』勁草書房、二〇〇六年
〈15〉教育社会学者の新谷周平は、出身中学を中心とする地元の人間関係を大切にするために、あえてフリーターとなることを選択した若者たちの姿を描いている。新谷周平「ストリートダンスからフリーターへ―進路選択のプロセスと下位文化の影響」『教育社会学研究』第七一集、二〇〇二年
〈16〉ゴードン・マシューズ「キャリアを求め、仕事を探す」（ゴードン・マシューズほか編、小谷敏監訳『若者は日本を変えるか―世代間断絶の社会学』世界思想社、二〇一〇年）
〈17〉同右書
〈18〉山田昌弘『パラサイト・シングルの時代』中公新書、一九九九年
〈19〉パオロ・マッツァリーノ『反社会学講座』イースト・プレス、二〇〇四年、五八～五九頁
〈20〉玄田有史ほか『ニート―フリーターでもなく失業者でもなく』幻冬舎、二〇〇四年
〈21〉本田由紀ほか『「ニート」って言うな！』光文社新書、二〇〇六年

第7章

「純ちゃん」と「晋ちゃん」
——「棄民の国家」の完成

1　「自己責任！」——小泉純一郎とその時代

＊「自民党をぶっ壊す」——ポピュリズム政治の幕開け

一九九〇年代は、右肩上がりの経済成長を前提に設計された諸制度の行き詰まりが、様々な領域で露わになった時代でした。九〇年代が「改革」の時代となった所以です。政治の世界もその例外ではありません。二大政党による政権交代が理想という旗印の下に、衆議院の選挙制度は、一九九六年に「中選挙区制度」から「小選挙区比例代表並立制」に移行しています。同時期に、金銭面での政治の浄化を目的として、衆参両院の議席数に応じて国が政党に助成金を配分する政党助成法が施行されました。従来の「官僚主導」から「政治主導」への転換を目指して、橋本龍太郎内閣は官邸機能の強化を打ち出します。それを受けて二〇〇一年には、郵政省や科学技術庁等、複数の官庁を統合した内閣府が置かれ、首相への権限集中が進みます。首相が強力な指導力を発揮して、「決められない政治」からの脱却を図る。それが九〇年代の「政治改革」が目指したところでした。

一連の制度改革にもかかわらず、強力な指導力をもった宰相が出現することはありませんでした。小渕恵三、森喜朗二代の旧弊な政治手法が国民の失望を招いていたことは前章でみたとおりです。二一世紀を迎えたころ、国民の「決められない政治」に対する苛立ちは、極限に達していたのです。

二〇〇一年四月の自民党総裁選挙では、元首相の橋本龍太郎の圧倒的有利が伝えられていました。この総裁選に立候補していた小泉純一郎は、その清新で清潔なイメージとともに、「自民党をぶっ壊す！」等の過激な言辞を弄することで、地方の党員たちの圧倒的な支持を得ることに成功したのです。「決められない政治」を小泉なら変えてくれる。国民的人気に後押しされて、小泉はこの総裁選挙に勝利を収め、第八七代内閣総理大臣に就任しています。前著『ジェラシーが支配する国』でもみたように、霞が関官僚出身者でも、財界人でもなく、子飼いの政治家もいない、「システムの外部から来た男」である小泉の政権基盤は脆弱なものでしかありませんでした。脆弱な政権基盤の上に立って「抵抗勢力」との闘いを遂行するために、小泉は国民からの支持を必要としていたのです。小泉はその巧みな演説とパフォーマンスによって、一貫して高い支持率を誇っていました。大衆に直接訴えかけ、大衆からの高い支持によって局面の打開を図る政治手法は、「ポピュリズム」の名で呼ばれています。

＊ナルシシズムが浸透した日本社会

一九七七年、アメリカの文芸評論家クリストファー・ラッシュの書いた『ナルシシズムの時代』という本が大ベストセラーになりました。ナルシシズムは、水面に映った自分の姿に見惚れてしまい、ついには水仙と化したギリシャ神話の美少年ナルシスに由来することばです。水仙の花ことばが、自己愛であることをご存知の方は多いのではないかと思います。〈註1〉

エゴイズムとナルシシズムは、ともに「自己中心的」と訳されることがありますが、ラッシュによれば、その意味するところは大きく違います。エゴイストは、自分の財産を増やし地位を高めることによって、自己の拡大を目指す人（Grandiose Self）です。自分は強い力をもつ有力者だと思い込んでいる尊大な人間がエゴイストなのです。対照的にナルシストは、自分の外の世界に対して恐れを抱いており、自分は小さくて無力な存在（Minimal Self）だと感じている。ナルシストたちは、その無力感を補償するために幻想的な自己像を抱いており、それを自他に対して維持していくことが、ナルシストたちにとっての最重要の関心事となります。[註2]

なぜナルシシズムが、現代人の心性を支配するようになったのか。ラッシュは次のように説明しています。第二次世界大戦後、豊かな社会が実現し、子どもたちは昔に比べてはるかに寛容に育てられるようになります。専業主婦が一般化して、子育てにおける母親の存在が大きなものになっていきます。子どもたちの幼児的全能感を打ち砕く役割を担っていた父親の影は、その分薄くなります。テレビから流れるコマーシャルも、この化粧品を、あるいはこの自動車を買えば、あなたはもっと素敵に幸せになれる、というメッセージを日々流し続けているのです。発達したマスメディアも、人々のナルシシズムを肥大化させることに一役買っています。消費社会を支配しているのは物質主義ではありません。「……消費者は物質よりむしろファンタジーに囲まれて生きている」[註3]のです。

一九七〇年代には、ブランドブームが起こっています。グッチやヴィトンのようなハイブランドを身に付けることで、ナルシシズムを満足させたいという若い女性たちの欲望が、ブランドブームを引き起こしました。ブランドブームが象徴するように、高度に発達した資本主義は、人々のナルシシズムを駆動力として展開している側面があります。「世界経済の黄金時代」が終わった一九七〇年代になると、文化や経済そして政治までもがナルシシズムに支配されるようになったのです。

＊エゴイスト角栄VSナルシスト純一郎

自己の拡大に執着するエゴイスト型政治家と言った時に、筆者の世代の脳裏にまず思い浮かぶのが、田中角栄でしょう。雪深い新潟県から義務教育だけを終えて上京し、戦後には土建業で財をなして政界進出を果たしています。田中は「コンピュータつきブルドーザー」の異名をとりました。選挙を勝抜いて国会議員になるにはお金が必要です。「政治は力なり。力は数なり。数は金なり」。卓越した集金能力を武器に、お金の力で多数派を形成するのが田中の政治手法でした。池に「一匹数十万円」の錦鯉の泳ぐ目白の豪邸には、連日ひっきりなしに陳情の人々が訪れていました。ロッキード事件で刑事被告人となってからも、「闇将軍」として田中は、政界に大きな影響力をふるい続けたのです。角栄ほど自己の拡大とその永続に執着した人間を、筆者はほかに知りません。

長年朝日新聞の政治記者として田中を取材してきた早野透は、積極財政の田中の経済政策は、高度経済成長期にこそ有効だったもので、ドルショック・オイルショックを迎え、日本が低成長時代に突入したまさにその時に田中が総理大臣の座に就いたことは、日本にとっても、田中にとっても不幸なことだったと述べています。（註4）正鵠を射た指摘と思います。首相就任直後の田中は「今太閤」と持て囃されていましたが、絵に描いたようなエゴイストの田中の姿は、ナルシシズムの時代を迎えた七〇年代には、多くの人々の反発を招くものになっていたのではないでしょうか。金脈問題や経済政策の行き詰まりとならんで、このことも田中への人心の離反を招いた一因のように思われます。

他方、小泉は、圧倒的な人気を誇る権力者として長期にわたって政権を維持してきましたが、権力者としての地位を利用しての個人的な蓄財や、選挙区への利益誘導は一切行っていません。横須賀に建てられた豪壮なオペラハウスは、その唯一の例外でしょうか。そして、総理退陣後は、「四代目」小泉進次郎に後事を託し、何らの影響力を残すこともせず、政界からきれいさっぱり引退してしまいました。二〇一六年の東京都知事選挙で、反原発を唱え、細川護熙元首相を担いだのは、まあ御愛嬌でしょう。田中と対照的に小泉は、富にも支配力の永続にも関心がありません。では何が小泉の政治活動を支えるエネルギーとなったのか。それは、「クールな政治指導者である私」というナルシシズムを保ち続けることだったのではないでしょうか。小泉純一郎こそが、ナルシシズムの時代の寵児であったと言えそうです。

＊イラク人質事件と「自己責任論」

脆弱な政権基盤しかもたないにもかかわらず長期政権を維持したという点で、小泉は中曽根とよく似ています。中曽根の脆弱な政権基盤を支えたのは、「宗主国」アメリカの強い支持でした。当時としては戦後二番目の長期政権を築きあげた中曽根は、アメリカのレーガン大統領との間に「ロン」、「ヤス」と呼び合う友好関係を築いていました。小泉も、ブッシュ・ジュニアとの間に、友好的な関係を築き上げています。テネシー州メンフィスにある、ブッシュの山荘でプレスリーの物真似に興じる小泉の姿は、当時のメディアによって大きく伝えられています。小泉はブッシュ政権のイラク侵攻にも、イギリスのブレア首相とともにもっとも早く支持を与えています。そして小泉政権は、二〇〇三年、憲法上疑義のあるイラクへの自衛隊派遣を敢行しています。

ブッシュ政権は大量破壊兵器をイラクがもっていることを理由にイラク侵攻に踏み切りました。ところがいつまでたっても、イラクが大量破壊兵器を保有していたという証拠は出て来ません。小泉政権は窮地に陥ります。そうした最中の二〇〇四年四月、現地の子どもたちを救うボランティア活動に赴いた三人の日本人の若者が、現地の武装勢力に捕縛される事件が起こりました。

小泉は、人質たちを強く非難します。窮地に陥ったのは人質たちの「自己責任」なのだから、人質救出費用は家族に負担させるとの意向を述べたりもしました。世論も小泉に同調しました。非難の矛先は、正当性の疑われるイラクへの自衛隊派遣を行った小泉政権ではなく、人質とその家族へと向けられていったのです。『週刊新潮』は、人質とその家族のプライバシーを暴きたてていきます。いわく「共産党一家」。いわく「一二で喫煙、一五で大麻」〈註5〉。三人の人質の家庭には大量の脅迫状が届きます。人質とその家族は、小泉首相をはじめとする政府高官による非難攻撃と、マスコミの「メディアスクラム」とも評すべき取材攻勢、そして繰り返される脅迫行為によって、心身の健康を害していきます。人質の一人は、武装勢力に捕縛されていた時よりも日本に帰ってからの方がよほど辛く、帰国してメディアのフラッシュを浴びた時には、「生きる意味を失ったような感覚」に襲われたと述懐しています〈註6〉。

人質たちの行為には、何の違法性もありません。そして戦地の子どもたちを救おうという純粋な動機に基く人質たちの行動は、アメリカのパウエル国務長官やフランスの『ル・モンド』紙の賞讃を受けました〈註7〉。国民の生命の保護は、国家の基本的な使命のはずです。人質たちの家族に救出費用の負担を求めた小泉たちは、国策の遂行の邪魔だてをする者は、生命の保護にも値しない「非国民」だから見捨てる、切り捨てると言っているに等しい。これは驚くべき発言です。さらに驚くべきことは、世論がこれを支持し、人質とその家族を鞭打ったことでした。

五五年体制が終焉した一九九〇年代には、国民が権力者たちに政策を立案し遂行したことの合理的な説明を求める「説明責任」ということばが流行しました。九〇年代にはまだ、為政者は「市民」の疑問に答える責務があると考えられていたのです。他方、二〇〇〇年代においては、「自己責任」が時代精神をあらわすことばとなりました。自分が苦しい状況に陥ったのは、自分自身の責任なのだから、その時に国や行政の力を頼るべきではないという意味に、このことばは用いられてきました。為政者の側は免責され、困難な状態におかれた「市民」が責められる。これは、大きな転換です。

小泉政権当時に経済的な格差が拡大したか否かについては、議論の分かれるところです。資産格差はバブルの時代から進行していました。デフレの状況のなかで進行したのは格差の拡大ではなく、全般的な窮乏化だという議論にも説得力を感じます。しかし、「自己責任」ということばによって弱者を切り捨てる酷薄な風潮がこの時代に広まっていったことは間違いありません。切り捨てられ、「棄民」に墜ちていくことへの恐怖から、人々が国家や企業、果ては仲間集団に至る大小様々なレベルの「権力」に従属していく。そうした構造が完成したのが、小泉時代であったように思われます。

＊「公務員の身分を剥奪する！」——郵政民営化選挙

小泉の経済政策は、「新自由主義」の名で呼ばれています。小泉改革の司令塔となったのが、アメリカの大学で経済学を学んだ竹中平蔵でした。政府が財政出動をすることによって、市場に資金を流し、有効需要を創出する従来の「ケインズ政策」ではなく、規制を緩和して自由な企業活動を促し、新たな供給を開始することで需要を生み出し、経済を活性化するという志向性を小泉―竹中ラインは共有していたのです。小泉と竹中のイニシアチブによって、懸案のメガバンクの不良債権処理を果たしたことは、二人の経済政策の声価を高めました。

小泉と竹中は、「聖域なき構造改革」というスローガンの下に、医療費の一率三割負担、生活保護費母子加算の廃止、地方自治体への補助金の減額・廃止、製造業派遣・日雇い派遣等派遣労働の一層の拡大等々の、「痛みを伴う構造改革」を次々に断行していきました。小泉改革は、多くの国民に痛みを、不利益をもたらすものでした。

しかし「既得権」にしがみつく者を鞭打つ小泉に、世代や階層を超えて都市の「無党派層」は熱狂的な支持を与えていったのです。〈註8〉

小泉が一連の構造改革の「本丸」と位置づけていたのが、郵政民営化です。二〇〇五年に小泉は、郵政民営化をシングル・イッシューにして衆議院を解散しています。本来、郵政民営化は、国民的な関心事となる争点ではありませんでした。民営化が争点となっていた当時の国鉄と違って、郵政事業は大きな赤字を出していたわけではありません。「郵便スト」など聞いたこともありませんし、郵便局員の顧客対応も良好で、つまり郵政事業が国民から問題視される部分は非常に少なかったからです。〈註9〉

郵政民営化は、当時の二大政党である、自民党と民主党の間で賛否が分かれる争点でもありませんでした。民主党の中の新自由主義的な人たちは、むしろ民営化に賛成している部分すらありました。

逆に自民党にとって、特定郵便局長のネットワークは、重要な支持基盤となってきたのです。郵政民営化はむしろ、自民党を二分する争点となりました。郵政民営化法案は、自民党内からの激しい反発にであいます。衆議院を通過したものの参議院で同法案は否決されます。すると小泉は、驚くべきことに衆議院を解散しました。

小泉は自民党のテレビコマーシャルで、「二七万郵政職員の公務員的特権の剥奪」を選挙民に訴えています。このメッセージは選挙民に大いにアピールするものでした。一九九〇年のバブル崩壊当時から続く、経済の長い停滞によって、人々のなかからは社会的上昇への望みが失われていきます。長期不況によって人々の置かれた経済状況も厳しいものになっていました。こうした状況の中で、人々は、自分よりも上位の者を羨むのではなく、自分と同等か、あるいは下位の者たちが自分よりもうまい汁を吸っているのではないかという、疑心暗鬼と嫉《そね》みにとりつかれていました。この当時、人々の怨嗟《えんさ》の的となっていたのが、ろくに働いていない、すなわち「怠け者」であるにもかかわらず、高給取りで身分が保障されていると目されていた、公務員だったのです。小泉演説は、公務員を嫉む選挙民の心を鷲掴みにしたのです。

人心収攬術に長けた小泉はその巧みな演説とパフォーマンスによって国民の支持をゆるぎないものにしていきました。小泉が長いフレーズをしゃべることはありませんでした。印象的な一言を投げかけて強いインパクトを人々に与える「ワンフレーズ・ポリティクス」が、彼の持ち味だったのです。自民党総裁選に立候補した際の「自民党をぶっ潰す！」。横綱貴乃花が怪我を押して優勝した大相撲の表彰式での「よく頑張った！　感動した！」。「抵抗勢力は断固排除する！」（郵政民営化選挙）。しかしそれらの中でももっとも大きなインパクトをもったワンフレーズは「自己責任」だったのではないでしょうか。

郵政民営化選挙においても小泉の人心収攬の才はいかんなく発揮されました。郵政民営化に反対する党内の「抵抗勢力」の選挙区に「刺客」を送り込みます。「刺客」の女性候補は「くの一」と呼ばれました。ワイドショーは「小泉劇場」に熱狂します。連日小泉の言動と「刺客」たちの動きを大きく報道します。岡田民主党の影は薄くなるばかりです。こうして自民党は、この選挙において二九六議席を獲得する歴史的圧勝を果たしたのです。

2 「生きさせろ！」——「棄民」たちの逆襲

＊見出された貧困——「ワーキングプア・ターン」

二〇〇〇年代も後半に入り、「小泉劇場」の熱狂が去ると、「自己責任論」への懐疑も人々のなかには芽生えていきます。二〇〇六年七月に放映されたNHKスペシャル「ワーキングプア」は、一生懸命に働いても、生活保護水準以下の収入しか得られない状況に置かれた家庭が、四〇〇万世帯以上も存在する現実があることを、人々に強く印象づけたのです。日本新聞協会賞やギャラクシー賞等々、数々の賞に輝いたこの番組は、豊かな日本社会の中にも貧困は存在し、人々が貧困に落ちるのはその人が怠けているから（すなわち「自己責任」）ではなく、低賃金や弱者への支援制度の不備等の様々な問題に起因するものだという認識を人々にもたらしたのです。筆者はこれを「ワーキングプア・ターン」と呼びたいと思います。

二〇〇〇年代の後半になると、「相対的貧困」ということばが知られるようになりました。食べる物や着る服、そして住む家に事欠く「絶対的貧困」は、高度経済成長期以降のこの国からは、姿を消していきます。しかし、豊かな社会の中では、ある程度以上の収入がなければ、社会に参加していくことに困難が生じます。昔なら、ボロのズック靴にランニングシャツ姿で子どもたちは、野球に興じていました。ところがいまは少年野球のチームに入るためには、ユニフォーム一式を揃えなければなりません。若年労働力が「金の卵」であった時代には、貧しい家庭の子どもは中学を出てすぐに働くことができました。ところがいまは八割の若者が高校卒業後も、大学や専門学校に通う時代になりました。日本の全世帯の年収の中央値の半分が、「相対的貧困」のラインになります。豊かで均質的な社会だと思われていた日本が、実は相対的貧困ライン以下で暮らす人が先進国のなかでは多い国であり、とりわけ母子家庭の相対的貧困率が、世界的にみて突出して多い等の事実が、二〇〇〇年代以降、広く知られるようになっていったのです。

＊声をあげ始めた若者たち

一九九〇年代に始まる長期不況の結果、就職状況が悪化して、フリーターと呼ばれる非正規雇用の若者がたくさん産みだされました。大人たちは彼らに同情を寄せるのではなく、働く意欲の乏しい「怠け者」として鞭打ったことは、第６章でみたとおりです。

東北大学工学部の学生だった後藤和智は、第６章でも触れた本田由紀の『「ニート」って言うな！』で一つの章を担当しています。後藤は、陰惨な凶悪事件を起こした酒鬼薔薇たちと同じ一九八三年生まれ。「心の闇」を抱え、凶行を重ねる「一七歳」がバッシングを受けている時に、「死にたいと思った」と述懐しています。若者バッシングへの強烈な被害感情が、後藤の言論活動を支えています。少年犯罪それ自体は減少しているのに、直近に起きたセンセーショナルな事件を過剰に報道することで、「少年犯罪急増凶悪化」の幻想をまき散らす、マスコミの少年犯罪報道への疑問を書いたブログが本田らの目にとまり、『「ニート」って言うな！』の執筆陣に加えられたのです。後藤は、エビデンス（証拠）に基づかない無根拠な若者たたきの言説を「俗流若者論」と呼び厳しく批判しています。〈註10〉

一九七〇年代の若者たちは、大人になることを忌避してモラトリアムを永続させようとしている「モラトリアム人間」だとして大人たちの指弾を浴びました。一九八〇年代の若者たちは、日本人としての常識を欠如させた「新人類」と大人たちに揶揄されていたのです。「俗流若者論」には実は長い歴史があります。そしてこれまでの若者論の書き手は、大人たちだったのです。後藤の登場は、若者が若者論に参入してきたという点でも大きな意味があります。〈註11〉

窮境に陥ることはその人が怠けていたからである、すなわち「自業自得」である、という「自己責任論」が支配的な社会の中で、社会的弱者が権利主張を行うことには、困難が伴います。しかし、二〇〇〇年代の後半になると、貧困を強いる社会に抗して声をあげる若者たちの姿が目につくようになりました。フリーターの若者たちが、音楽を鳴らしながら抗議の意思表示をする「サウンドデモ」が各地で活発に行われるようになりました。それまで沈黙を強いられてきた不安定就労の若者たちが、「生きさせろ！」という「声」を上げ始めたのです。〈註12〉小林多喜二の『蟹工船』が時ならぬブームになったのもこの時代のことでした。多喜二が描く、あの世界に共感できるほどの過酷な労働環境に、二一世紀初頭の若者たちは置かれていたのです。若者の労働相談に応じるＮＰＯ法人「ＰＯＳＳＥ」も発足し、そうした活動を若者の労働問題に関心を寄せる本田のような学者たちが支援していったのです。二〇〇〇年代の後半には、若き「棄民」たちが逆襲に転じていきました。

＊「丸山眞男をひっぱたきたい！」——平成と昭和の世代間戦争

北関東出身の赤木智弘は、コンピュータ関係の専門学校を出た後、一度も正規雇用の仕事に就くことができませんでした。彼はフリーターの境遇から抜け出し、文筆で身をたてるために東大の先端技術研究所のジャーナリズム関連の講座を受講しています。「深夜のシマネコ」という自らのホームページに書いていた文章が見出されたことによって、彼は三一歳の時に、『論座』（朝日新聞社）二〇〇七年一月号に「丸山眞男をひっぱたきたい！」というエキセントリックなタイトルの論考を寄せる機会を得ています。

フリーターたちは、不安定な身分で安い時給で働き、しかも周囲からは嘲りを受ける日々を送っている。親が健在で親の家に住めるうちはまだいいが、親が死に、自分も高齢化して仕事がなくなれば野垂れ死にするしかない。平和の持続は自分たちにとっては悪夢でしかない。旧来の構造を破壊することで社会に流動性を生み、万人の上に等しく不幸が降り注ぐ戦争こそが、自分たちフリーターにとっての希望だと赤木は言います。さらに赤木は、非正規雇用で働く者の賃金を正社員並みに引き上げることが不可能であれば、せめて正社員の給料を非正規並みに引き下げろとも主張しています〈註13〉。

赤木は無学な一兵卒が、東京帝国大学法学部助教授だった丸山眞男をひっぱたくことのできた帝国陸軍の平等性への憧憬をも語っています。戦後民主主義を否定するかのような赤木の極論は、左派の知識人からの強い批判を受けます。『論座』の後続の号では、福島瑞穂、佐高信、吉本隆明、鶴見俊輔、斎藤貴男等々、錚々たる知識人たちと赤木の間で論戦が繰り広げられていきます。この論争の中で赤木は、高邁な理想を語りながら、経済的な窮境に喘ぐフリーターたちを「自己責任」の一語で切り捨てる、高学歴の左派リベラルたちの冷酷さを強く批判しています〈註14〉。

社会学者の鈴木洋仁は、この一連の論争を、平成世代の赤木が昭和世代の左派知識人たちに仕掛けた「世代間戦争」であると述べています〈註15〉。卓抜な指摘であると思います。右肩上がりの時代に地位を築き、おそらくは老後も安泰な「昭和」世代にとって、戦争とは二度と繰り返してはならない過去の過ちでした。しかし、右肩下がりの時代が始まったころに学校を終え、正規雇用の仕事に就くことができなかった赤木のような「平成」世代にとっては、経済的な窮境と周囲の偏見に晒される日常こそが「戦争」だったのです。

赤木の戦争待望論は、あくまでもレトリックであり、彼自身が右翼的な思想を信奉しているわけではありません。しかし、彼が年長の左派リベラルに対する不信と軽蔑の念を、ネット右翼（ネトウヨ）と呼ばれる人たちと共有していることもまた、否定できないのです。この論争で示されたように、高学歴で経済的にも恵まれた昭和世代の左派リベラルの知識人たちの中には、窮境に陥った学歴のない若者たちを「自己責任」と言って責める部分がたしかにありました。その意味で若い世代の左派リベラルへの反感も故なきものではないのです。「左翼やリベラルは高学歴で裕福な人たちで、自分の利益を守るために難しい理屈をこねまわしている」。筆者が非常勤で教えていた中堅私立大学の学生のことばです。筆者は彼の言を頭ごなしに否定する気持ちにはなりませんでした。

この当時、「生きさせろ！」と叫んでいたのは、主として、社会に出る際に空前の就職難に見舞われた、「ロストジェネレーション」と呼ばれる、一九七〇年代生まれの人たちでした。「ロスジェネ」はまた、「怒れる若者たち」でもあったのです。しかし、二〇一〇年代後半の現在、状況には微妙な変化が生じてきています。親の所得は減る一方なのに、いまや過半数の若者たちが大学に進んでいます。大学の学費も、国立大でも五〇万、私立大では一〇〇万を優に超えています。学生たちは、学費や生活費を捻出するためのアルバイトに追われています。「奨学金」という名の巨額の借金（奨学金の返済利率は住宅ローンより高い！）を抱えて世の中に出て行く者が過半を超える勢いです。この国の将来についても、何一つ明るい予測は語られていません。若者たちが厳しい状況に置かれていることは、一〇年前と何ら変わりはありません。

しかし、一〇年前と大きく変わった点があります。生産人口の減少による人手不足と、アベノミクスがもたらした好景気（？）によって、若者たちは就職戦線において、バブル此の方の「売り手市場」を享受しているのです。社会学者たちは各種の調査結果から、現在の若者の現状満足度がかつてなく高まっていることを指摘しています。〈註16〉また、一〇代、二〇代においては、自民党と安倍政権に対する支持率が高いことを各種報道機関が伝えています。「ロスジェネ」が「怒れる若者」であったのに対して、現在の若者は、「幸福で保守的な若者」たちなのです。

＊秋葉原の惨劇――「まなざしの不在の地獄」

赤木の戦争待望論は、若者の窮境を放置しておけば、この国は戦争へと向かいかねないという警告を含んだ、レトリックに過ぎないものです。赤木のエッセイが発表された翌年の二〇〇八年には、窮境に置かれた若者による凶悪犯罪が起こり、世間を震撼させています。

六月八日一二時三〇分、静岡県裾野市の自動車工場で働く派遣労働者、加藤智大の運転する二トントラックが、東京・秋葉原の歩行者天国に突入し、五人の通行人を跳ね飛ばします。トラックを降りた加藤は、所持していたダガーナイフで、通行人と警察官合わせて一二人に斬りつけています。その結果、七人が亡くなり、一〇人が重軽傷を負っています。「オタクの聖地」と呼ばれ、外国人観光客をも引きつける東京の観光名所での日曜日の惨劇は、社会に大きな衝撃を与えたのです。

加藤は、青森県で有数の進学校を卒業した後、岐阜県の短大に進みます。短大を卒業した後の加藤は職を転々とし、二〇〇七年から静岡県の自動車工場で働いていました。携帯掲示板への書き込みが加藤の唯一の趣味と呼べるものでした。二〇〇八年に入り、「なりすまし」によって掲示板が荒らされてから、加藤は連続殺人を予告するようになります。犯行予告は、決行の三〇分前まで続けられました。しかし誰も加藤を止める者はあらわれず、事件が起こってしまったのです。

社会学者の見田宗介は、高度経済成長期の一九六〇年代末におきた、永山則夫の連続射殺事件をめぐって「まなざしの地獄」というエッセイを著しています。貧困の記憶が染みついた家郷（加藤と同じ青森県）を離れ、集団就職によって上京した永山は新天地での再生を夢見ていました。都会人として再生するために永山は、ブランド服を身に纏い、ブルジョアの子女の通う大学の学生証を偽造したりもします。他者のまなざしに呪縛された彼の努力が、実を結ぶことはありませんでした。「まなざしの地獄」に苦しんだ果てに、永山はかの凶行に及んだ。これが見田の分析です。見田の弟子にあたる大澤真幸は、秋葉原の事件の加藤は永山とは対照的に、誰からも注目されることのない、「まなざしの不在の地獄」に苦しめられていたと述べています。〈註17〉

見田と大澤の分析は、他者に干渉することが好きで、おせっかいな「包摂型社会」である高度経済成長期と、切り捨てられることへの不安に人々が怯える、「排除型社会」となった二〇〇〇年代のそれぞれの世相の分析として卓抜なものです。不安定な就労形態を強いられている若者たちの多くが、経済的な窮境に苦しんでいるだけではなく、他者からの承認を得にくい状況に置かれていることは、容易に推測できます。その意味で大澤の分析には説得力を感じます。

この事件に対しては発生当初、派遣切りにあえば住むところまでも失い、ホームレスに転落すらしかねない、派遣労働者の置かれた過酷な労働環境と何らかの関係があるのではないかという見方が支配的でした。厚生労働大臣だった舛添要一は、この事件を受けて、一日単位の雇用契約で働く「日雇い派遣」の禁止を言明しています。加藤は工場の生産ラインの現場で、一カ月以上の長期の雇用契約で働く製造業派遣でした。事実誤認に基づく決定と言えるかもしれません。しかし、このエピソードは、労働行政の最高責任者が、派遣労働の現状は、こうした事件を引き起こしかねないほど劣悪なものだという認識を持っていたことを示している点で、非常に興味深いものがあります。

＊働く人への同情／働かない人への偏見

二〇〇八年の年末から二〇〇九年の正月にかけて、社会活動家の湯浅誠が中心となり、いくつかのＮＰＯが連携することによって、折からのリーマンショックによって派遣切りにあい、仕事と住むところを奪われた人たちに、炊き出しと簡易宿泊所を提供する「年越し派遣村」が開かれました。派遣村からの要請を受けて、厚生労働省は、業務開始までの期間、同省の講堂を提供しています。

「年越し派遣村」は、メディアで大きく取り上げられました。政府高官の「本当に必要としている人たちなのか」という発言は強い批判を浴びました。この高官は発言を撤回し、謝罪しています。「年越し派遣村」は、派遣労働の過酷な実態を世に知らしめ、派遣切りにあった人たちへの同情を喚起していったのです。

ハーバード大学教授で、日本近現代史研究の権威であるアンドルー・ゴードンは、リーマンショックが招いた混乱に対する日米の世論の興味深い対照を指摘しています。アメリカではもちろん銀行の経営姿勢や経済政策の失敗を厳しく批判する声はあがりました。しかし、従業員を解雇した個別の企業経営者を非難する声は聞かれませんでした。もちろん仕事を失った人たちへの同情はもたれていましたが、解雇やレイオフが日常的に行われているアメリカでは、その同情たるや、自然災害にあった人たちへの同情とよく似たものであったとゴードンは述べています。

これに対して日本では、市場や経済政策の問題よりむしろ派遣切りを行った個別の企業経営者に対する強い批判が目立ったとゴードンは述べています。新聞紙上には、キヤノンやトヨタのような世界的大企業が、史上最高益をあげながら、派遣切りを行ったことに対する怒りを表明する投書が掲載されていたのです。ゴードンは、人々のこの反応の中に、明治以来の日本の労働運動の歴史の中で形成されてきた、「雇用に関するモラル・エコノミー」の存在をみています。「時の経過にともなって、さらに法的規制によって強化された結果、社会規範にまで発展した考え方、すなわち労働者は彼らの仕事を保持する権利があり、雇用主は経営が困難な時でも出来る限り労働者の仕事を確保するよう努力する義務があることで、これこそが日本の職場におけるモラル・エコノミーの要となった事実である」〈註18〉。

「年越し派遣村」をめぐる世論の動きは、この「モラル・エコノミー」が、正規雇用の労働者ばかりではなく、非正規雇用の労働者にも及ぶものであることを示しています。非正規雇用が若者だけの問題ではなく、全世代において増大したことによって非正規雇用で働く人たちへの偏見は減じていきました。「年越し派遣村」を機として、日本の労働組合は非正規雇用で働く人たちの権利の擁護と待遇の改善に真摯に取り組むようになったとゴードンは言います〈註19〉。

雇用者は万難を排して従業員の雇用を守らなければならないという「モラル・エコノミー」は、日本のよき「伝統」なのかもしれません。しかしこの「モラル・エコノミー」は、「働かざる者食うべからず」という労働倫理と表裏のもののようにも思えます。経営者たちの「派遣切り」に多くの人たちが憤慨した、同じ二〇〇八年に、大阪では弁護士でテレビタレントの橋下徹が、公務員の給与を引き下げることを公約に掲げて府知事に当選しています。公務員はこの国の庶民の目には、働かないで高給を食み、ぬくぬくと生きている特権階級と映じているのです。そして二〇一〇年代になると、生活保護受給者へのバッシングが、相次いで起こりました。がんばって働く者には優しいが、「怠けている(と思われている)」人たちにはものすごく冷たい。それが日本人の「国民性」なのでしょうか〈註20〉。

3 「棄民の国家」の完成

＊二度の政権交代——日本政治の漂流

小泉以後の自民党の三人の首相（安倍晋三・福田康夫・麻生太郎）は、いずれも在位期間が一年未満と、極めて短命に終わっています。元総理の孫や息子である三人には、小泉のような政治家としての華が欠けていました。過去に支払った年金の記録が消失してしまった、「消えた年金問題」が自民党政権への批判を生み出していったことも事実です。小泉時代の負の遺産が、格差社会の拡大という形で問題視されていたことも、三人の首相には不利に働きました。吉田茂首相の孫にあたる麻生太郎は、モントリオールオリンピックの射撃競技に出場したオリンピアンであり、マンガに造詣が深く、秋葉原を訪れた際には、オタクたちから大歓迎を受けました。しかし、未曾有《みぞう》を「みぞゆう」と読み間違えるなど、漢字が読めないことが嘲笑の的となります。そして二〇〇八年の秋に起きた「リーマンショック」に端を発する、それこそ世界経済「未曾有」の混乱が、自民党政権にとどめをさしました。二〇〇九年八月に行われた第四五回総選挙で、鳩山由紀夫率いる民主党は三分の二以上の議席を奪う圧勝を納め、歴史的な政権交代を実現したのです。

「新しい公共」、さらには「コンクリートから人へ」というヴィジョンを掲げる民主党には、小泉政権が広げた格差を解消する社会民主主義的な施策を打ち出すのではないかという、大きな期待がもたれていました。鳩山内閣発足直後には、不必要な政府支出を削減する「事業仕分け」をテレビカメラも入り込んだ公開の場で行い、蓮舫議員の「二番じゃだめなんですか」等の発言が話題を呼び、上々のスタートをきったかにみえました。しかし、鳩山首相の普天間基地移設問題での「最低でも県外」発言は、アメリカの不興を買います。民主党最大の実力者、小沢一郎と鳩山首相じしんの政治と金の問題が表面化し、鳩山内閣はわずか一〇カ月の短命政権に終わっています。

鳩山の後を継いだ市民運動家出身の菅直人の政権もやはり短命に終わっています。在任中の二〇一一年三月には、東日本大震災と福島第一原発事故が起こっています。原発増設は、自民党政権下で進められたものであり、民主党政権にとっては不運な出来事でしたが、事故直後にヘリコプターで福島第一原発を訪れた菅の対応は世論の批判を浴びました。菅の首相在任中に、「トロイカ」と呼ばれた鳩山・小沢・菅の間の不和が表面化。民主党内で「菅おろし」の動きが高まります。衆参の「ねじれ」解消のための自民党との「大連立」案も不調に終わり、二〇一一年の九月、菅は総理大臣辞任を余儀なくされています。

菅の後に総理大臣の地位に就いた松下政経塾出身の野田佳彦は、二〇一一年の一二月六日に福島第一原発事故の「終息宣言」を発しますが、これには党内からも強い批判が寄せられています。二〇一二年の六月には消費税を現行の五％から段階的に一〇％までに引き上げていく消費税増税法案を提出します。民主党政権は、政権を奪取した第四五回総選挙において消費増税を行わず、財政削減によって社会保障費の財源を確保していくというマニフェスト（政権公約）を掲げています。明確なマニフェスト違反である消費増税法案は、世論のみならず、民主党内からも強い批判が巻き起こります。野田民主党を見限った小沢一郎は、党内の野田に対する批判勢力を糾合し、新党「国民の生活が第一」を立ち上げます。民主党政権は国民の支持を失い、二〇一二年の一二月に行われた第四六回総選挙において、今度は自民党に二九四議席を許し、民主党は二三〇議席を五七議席にまで減らす歴史的惨敗を喫しています。

「トロイカ」の対立が象徴するように、民主党は自民党から旧社会党の左派までをも含む、寄り合い所帯であり、同床異夢の集団であったと言えます。そのため同党は政策的な一貫性を欠き、党内の私闘が絶えることがありませんでした。アメリカの強い支持を受け、国民の間にカリスマ的な人気を博していた小泉とは対照的に、民主党政権は早くからアメリカの信認を失い、三人の宰相たちの人柄と政治的手腕とは、国民の失望を買うものでしかなかったのです。リーマンショックの後遺症が残り、東日本大震災の痛手を受けた困難な時期であったにしても、再生可能エネルギーの開発に力を注ぎ、デフレ脱却のための政策を打ち上げる等の創造性を同党が発揮していれば、また別の展開もありえたのかもしれません。ところが野田政権は、従来の原子力政策を堅持し、TPPを推進し、消費増税の方へと舵を切る、自民党以上に自民党的な政策を推し進めていったのです。民主党政権が国民各層の失望を招き、短命に終わったことは、理の当然であるとさえ言えるでしょう。

小泉首相が退陣した二〇〇六年九月から、民主党が下野した二〇一二年一二月までの六年三カ月の間に、実に六人もの政治家が、首相の座についています。この日本政治の漂流に終止符を打ったのが、「日本を取り戻す」というスローガンを掲げて、総選挙で圧勝を収めた第二次安倍政権でした。左派・

リベラルの装いを纏っていた民主党政権とは対照的に、第二次安倍政権の政治姿勢は、筋金入りの右派、国家主義と言いうるものでした。二〇一三年以降、日本の政治は、大きく右旋回をとげていきます。〈註21〉

＊「遊戯」・「饗応」・「称号」――「自発的隷従」を調達する安倍政権

二〇一二年末に発足した安倍晋三政権は、二〇一七年の時点で、戦後三番目の長期政権となりました。第二次安倍政権は、なぜ長期政権たりえたのか。この問いに答える上で、第3章で紹介したボエシの「自発的隷従」が、一つのキーワードになるのではないでしょうか。

二〇一二年の総選挙で自民党が再び政権の座に復帰し、安倍晋三は二〇〇七年以来五年ぶりに首相の座に返り咲きます。「消えた年金」問題が発覚した上に、閣僚の不祥事や失言が相次いだために第一次安倍政権が終わったことは先にみたとおりです。この当時のマスメディアは毎日のように安倍内閣を激しく批判していました。安倍個人の滑舌の悪さや、深刻な持病までをも揶揄し、嘲笑したのです。マスコミの批判にさらされたことが、内閣の支持率を低下させる大きな要因となりました。かつての苦い教訓を生かして、首相の座に復帰した安倍は、アメとムチでマスコミを手なづけていきます。首相に復帰した当初の安倍は、マスコミ各社の幹部と頻繁な会食を重ね、メディアの懐柔に努めます。他方、安倍政権はNHKの会長の座に自らに近い人物を就け、高市総務大臣が政治的中立性を欠くテレビ局からは放送免許を剥奪するという脅しをかけるなど、メディアに対する強権的な対応をとり続けていったのです。

ボエシは、圧政者が周囲を懐柔する手法として、「遊戯」「饗応」「称号」をあげています。安倍も、圧政者の常道を歩んでいます。

まず「遊戯」について。圧政者は大々的な見世物の興行を打ち、民衆の関心を惹きつけるとボエシは言います。〈註22〉二〇二〇年五輪の東京への誘致は、まさにそれに当たります。オリンピックはサッカーのワールドカップと並んで、メディアが大きく取り上げ、メディアに利益をもたらす一大イベントですから、その誘致に成功することは、民衆だけではなく、マスコミからも歓迎されます。

ボエシは言います。「ローマの圧政者たちは、また別の手を思いついた。民衆十人隊をおりにふれて饗応することで、なによりも口の快楽にたやすく溺れてしまう民どもを騙すのだ」。〈註23〉マスコミ幹部と安倍との頻繁な会食は、「饗応」に当たります。饗応と恫喝というアメとムチを巧みに使い分けたことによって、安倍政権に対するメディアの対応は極めて「お手柔らかな」ものとなりました。麻生太郎はかつて総理大臣だった時に、「未曾有」という漢字を「みぞゆう」と誤読して嘲笑の的となり、政権の座から引きずりおろされています、ところが第二次安倍内閣の副総理になった麻生が、「ヒットラーのやり方に倣う」と言っても、その地位は微動だにしませんでした。マスメディアがこの発言を不問にしたからです。

二〇一六年には、政権に対して批判的な姿勢を示していたニュースキャスターたちを、ＮＨＫおよび民放各局は、次々と解任しています。「国境なき記者団」が発表する報道の自由度ランキングで日本は、民主党政権下の二〇一一年には一一位でした。それが一七年には七二位にまで下落し、Ｇ７（主要七カ国）の中ではイタリアにも抜かれ、最下位に転落しています。〈註24〉報道の自由度を低下させたものはメディアの過剰な自主規制です。日本のマスコミの「自発的隷従」が第二次安倍政権を永らえさせてきた大きな要因の一つです。

次に称号。ボエシは、こう述べています。「彼らローマの皇帝たちはまた、……護民官の称号を熱心に求めた。……それはあたかも、民衆は護民官という官職の実際の恩恵を感じ取らずとも、ただその官職名を聞くだけでありがたがるだろうと言わんばかりであった〈註25〉」。圧政者としての安倍の統治の特徴は、自らが「称号」を追い求めたというよりはむしろ、「称号」をエサにして、政治家や官僚たちをコントロールしていったところにあります。

二〇一五年の秋には、憲法学者の九割が違憲だと考える、集団的自衛権の行使を可能にする安保法制が国会で強行採決されました。かつての自民党には、外交防衛問題については超タカ派からハト派まで、経済政策の面からは積極財政論者から財政均衡論者まで、そして政治倫理の面では金権腐敗タイプから三木武夫に代表される「クリーン」で清廉潔白の士に至るまで、実に多様な人たちが集っていました。多様な人たちの集まりで、多彩な政策の選択肢があったからこそ、自民党は長期政権を維持してこられたとも言えます。往時の自民党であれば、憲法学者たちがそろって異を唱える安保法制に対して、党内ハト派が黙ってはいなかったでしょう。

昔の自民党議員は複数の議席を争う中選挙区を勝ち抜いてきた一国一城の主。いわば個人事業主の集まりでした。党の上層部の顔色をうかがう必要などなかったのです。ところが九〇年代半ばの政治改革によって小選挙区制が導入されます。一つの選挙区から一人しか当選できない小選挙区制においては、自民党公認という「称号」を得ることができなければ、当選は非常に困難なものになります。小選挙区制の導入によって、党中央の力が強まりました。党中央の意向に背くことは、大臣という

「称号」を得る上でも不利になります。たとえ本心では安保法制など憲法違反でとんでもないと思っている政治家も沈黙せざるをえないのです。

また第二次安倍政権は、二〇一四年に審議官以上の高級官僚の人事権を握る「内閣人事局」を官邸に設けます。「次官」、「局長」等々の「称号」は、官僚たちにとっては喉から手がでるほど欲しいもの。彼らのキャリアは、こうした「称号」を得るために捧げられてきたと述べても過言ではありません。「称号」という餌につられた官僚たちは、その自律性を失い、安倍夫妻を始めとする官邸首脳に対する忠誠競争に走り、彼らの思惑を「忖度《そんたく》」する「自発的隷従」への道をひた走っていったのです。ボエシは、「忖度」の心理的メカニズムを、鮮やかに指摘しています。

……圧政者のまわりにいるのは、こびへつらい、気を引こうとする連中である。この者たちは、圧政者の言いつけを守るばかりではなく、彼の望む通りにものを考えなければならないし、さらには、彼を満足させるために、その意向をあらかじめくみとらなければならない。……彼の快楽を自分の快楽とし、彼の好みのために自分の好みを犠牲にし、自分の性質をむりやり変え、自分の本性を捨て去らねばならない〈註26〉。

自民党の政治家たちとマスコミ各社による「自発的隷従」の合力によって、かの安保法制は国会を通過し、安倍首相は長期安定政権の座に居座り、わが世の春を謳歌していったのです。

＊ナルシシズムの二つの形――「純ちゃん」と「晋ちゃん」①

二〇〇〇年代にカリスマ的人気を博した小泉純一郎。二〇一〇年代に安定的な長期政権を築き上げた安倍晋三。二一世紀初頭の日本の政治に大きな役割を演じた、この二人の政治家を、以下には対比的に論じてみたいと思います。

祖父が岸信介。父が外務大臣を務めた安倍晋太郎。小泉をはるかに凌ぐ「金の匙」を咥えて生まれてきた安倍は、田中角栄のような、強い権力欲や金銭欲とは無縁のものです。後に述べる不可思議なスキャンダルが、第二次安倍政権下で起こりましたが、金銭に強い執着を示した跡がどこにもみられないことは、小泉と安倍の共通項です。

小泉と安倍の相違は、以下の点にあります。イラク派兵を行い、靖国神社への参拝を続けて近隣諸国に「喧嘩を売った」小泉は、疑いもなくタカ派です。しかし彼は、国家主義者でも復古主義者でもありませんでした。憲法改正に小泉は熱意を示していません。靖国参拝を続ける一方で小泉は、第二次世界大戦をアジア諸国に対する日本の侵略戦争であることを認め、深い謝罪の念を顕した、河野・村山両談話を継承する姿勢を示しています。小泉の靖国参拝は、国家主義的信念の発露などではなく、外国からの非難に屈しない強い指導者を演じることで、中韓両国に反発を示す一部の国民感情にアピールすることを狙った、パフォーマンスであったとみるべきでしょう。

他方、安倍政権の中枢が、「日本会議」という極右的な思想集団によって占められていることは、広く知られています。(註27) また小泉とは対照的に安倍は、憲法改正に強い意欲を示し続けています。安倍が国家主義者であると同時に、祖父である岸信介同様、戦前への回帰を志向する復古主義者であることは明らかです。安倍のナルシシズムは、「美しい日本」という国家的ナルシシズムと一体のものです。第二次安倍政権の誕生以降、日本を賛美するテレビ番組が数多く放映され、「日本（人）はすばらしい！」式のタイトルの雑誌や単行本を書店でよくみかけるようになりました。安倍のナルシシズムには、庶民レベルのナショナリズム的感情に訴えかける力があり、それが長期にわたる安倍政権への高い支持率の一因となってきたことは否定できません。

前述のラッシュは、ナルシシズムは幼児的な全能感の残滓であると述べています。他者からの誹謗中傷に対しても鷹揚な態度をとるのが大人の態度。とりわけそれは高位の公人には、強く求められるものとこれまで考えられてきました。しかし、幼児的な人格の持ち主は、全能であるはずの自分を貶める人間が許せません。安倍の言動からは、彼の人格がもつ強い幼児性が浮かび上がってきます。国会論戦での野党議員の追及に「もういいよ」と閣僚席から野次を飛ばす。野党議員を「日教組！」となじる。二〇一七年の東京都議会議員選挙の最終日には、秋葉原で街頭演説を行いますが、猛烈な「安倍辞めろ！」コールが起こります。それに逆上した安倍は、聴衆を指さしながら「こんな人たちに負けるわけにはいきません」と叫びました〈註28〉。この選挙で自民党は惨敗しています。

ネット上では、政治的思想的な立場にかかわらず、人々が独善的で奇妙な主張を行い、他者からの批判に対してひどく感情的な反応を示している状況が毎日のように生じています。それをみるにつけ、現代は幼児的人格が世に溢れる「ナルシシズムの時代」であるとの思いを強くします。安倍の一連の言動が示す幼児性が、同じような性向をもつ同時代人たちに親近感を覚えさせ、安倍人気を高める一因となってきたとも考えられます。安倍がそうした効果を計算して、あえて幼児的言動を繰り返していると考えるのは、うがちすぎでしょうか。

二〇一七年には、二つの学校法人がらみのスキャンダルが明るみに出ました。一つは、大阪の右翼的思想を奉じる学校法人に格安で国有地が払い下げられた問題です。そしてもう一つは、ある学校法人が愛媛県今治市で獣医学部を開設しようとした際に、設置認可にあたって不当な優遇がなされたのではないかという問題です。二つの学校法人の経営者は、いずれも安倍夫妻の長年の友人でした。安倍夫妻が自分たちの「お友だち」を慮《おもんばか》って、彼らに有利に事を運ぶよう関係筋に圧力をかけ、お役人たちが夫妻の意向を「忖度」し、便宜を図ったために行政の過程が歪められたのではないかという疑惑が生じました。この二つのスキャンダルは、長期にわたってマスメディアに大きく取り上げられ、安倍内閣の支持率の低下を招いたのです。

これらのスキャンダルの奇妙なところは、二つの学校法人の経営者に便宜を図ったところで、安倍本人には何の金銭的な見返りもないことです。金銭の授受などもちろんなく、関係筋にもただ自らの意向を伝える以上のことしていないのですから、これらの件で安倍夫妻の刑事責任を問うことはできません。では何のために安倍夫妻は、役人たちに自分の意向を「忖度」するよう求める挙にでたのか。自分はこの国の最高権力者であって、できないことは何もない。自分とその夫人の「お友だち」の願いなら、なんでもかなえてあげることができる。この二つのスキャンダルを生じさせたのは、安倍夫妻の抱く、強い幼児的全能感であったように思われてなりません。

＊構造改革と「アベノミクス」――「純ちゃん」と「晋ちゃん」②

先にもみたように、小泉の経済政策の両輪をなしていたのが、規制緩和と構造改革です。規制緩和によって新たな業者の市場への参入を促し、構造改革によって無駄な政府支出を削減し財政の健全化を図る。小泉＝竹中ラインの経済政策は、政府の資金を市場に流す積極財政ではなく、むしろ財政再建に比重が置かれていました。本来であれば、市場への政府支出を削減すれば、景気は停滞するはずです。しかし、銀行の不良債権問題が解消したこと、長きに及んだ平成不況で控えられていた設備投資や社員の新規採用がこの時期に活発化していったこと、円安に振れることで輸出産業がその恩恵を受けたこと、等々の要因が重なり、二〇〇二年二月から二〇〇九年三月までの実に八六カ月間高度経済成長期の「いざなぎ景気」をも超える長期景気が到来していました。小泉時代のほぼ全期間が、この好況期と重なっています。好況が小泉にとって大きな追い風となっていたことは否定できません。

しかし、長期の好況の期間においてさえこの国の経済成長率は年二％程度にとどまっています。非正規雇用は拡大し、給料もさして上がらず、庶民にとって景気回復の実感はあまりありませんでした。地方の経済の停滞はなお深刻で、好況の恩恵を受けた者は、大企業の従業員とそれらが立地する大都市の住民に限られていたと述べても過言ではないでしょう。それでも大学生の就職状況は、「就職超氷河期」のどん底を脱し、小泉政権の末期には「バブル以上の売り手市場」が到来していました。

愛媛県今治市の獣医学部新設問題において、安倍政権を支える菅義偉官房長官は、「獣医学部新設、まさに岩盤規制」と述べ、それを打ち砕いていく必要を力説しています。規制緩和を金科玉条とする新自由主義的な姿勢を安倍も小泉から継承しています。〈註29〉しかし政府支出の削減に重きを置いた小泉とは対照的に第二次安倍政権は、政権発足とともに「経済成長なくして財政再建なし」というスローガンを掲げ、積極財政に転じることを宣言したのです。安倍は、アメリカのレーガン大統領の経済政策が「レーガノミクス」と呼ばれたことにちなんで、「アベノミクス」と自ら名づけた独自の経済政策を打ち上げています。

アベノミクスには、「金融政策」「財政出動」「成長戦略」の三本の柱（矢）があります。ゼロ金利を超えてマイナス金利に至る空前の金融緩和によって、市場に大量の資金を流し、一定の物価上昇を人為的に引き起してデフレ脱却を図る「インフレターゲット政策」が、アベノミクスの「金融政策」の主眼です。民主党の「コンクリートから人へ」を転換して、多発する天災に備える「国土強靭化政策」に基づき迅速な「財政出動」を行うことを第二次安倍政権は打ち出しています。かつてフランスのドゴール大統領は、日本の池田勇人首相を「トランジスタのセールスマン」と揶揄しました。安倍首相は第三の矢である「成長戦略」の柱とすべく、政権発足直後からあたかも「原子力発電所と新幹線のセールスマン」の如く世界を飛び回っていたのです。

「アベノミクス」は、成功を収めたのでしょうか。日本の物価上昇率は、二〇一八年に至っても、日銀の設定した目標に到達していません。金利を極端に下げ、資金を大量に市場に流しても、新規投資が増加せず資金に対する需要が不足しているために、物価上昇に結び付きません。濡れ落ち葉に火をつけてガソリンを注いでも一向に燃え上がらないのとよく似た状況にあります。原発と新幹線の輸出も不発で、そのほかにブームを生み出すような「成長戦略」の基軸となるものも、みつかってはいません。株価は、二〇一八年年初の段階で二万円台を超えていますが、この株高は、「公的マネー」

が民間企業の株を買い支えたためにもたらされた官製市場であり、日本企業の実力を反映したものであるとは言えません。二〇一七年二月の時点で、東証一部上場企業の半数にあたる実に九八〇社で、年金積立金管理運用独立行政法人（GPIF）と日本銀行が事実上の大株主になっています。正常な自由主義経済とはほど遠い姿です。〈註30〉株高を演出するために、安倍政権は、年金の原資の多くが株価の暴落によって消失してしまうリスクを背負っているのです。無謀なギャンブルとでも呼ぶべきことをやっている。「アベノミクス」が成功したとは、とても思えません。

他方、二〇一七年の有効求人倍率は一・五〇。高度経済成長最後の年である一九七三年以来の高水準となっています。〈註31〉この数字が物語るように、人手不足の状況が生じています。正社員の給料はさほど上がっていませんが、アルバイトの時給は、東京二三区では、一〇〇〇円を大きく超えています。大学生の就職状況も良好で、バブル期以来と呼ばれる売り手市場が、二〇一八年年初の時点では続いています。少なくともアベノミクスによって、日本の経済状況と人々の生活は悪くはなっていない。そのことが安倍政権への根強い支持を生み出していたのではないでしょうか。

安倍政権の強権的で国家主義的な政治姿勢には、保守勢力の側からも、批判の声が寄せられています。日本社会の中にある「自発的隷従」を生み出す構造が、安倍政権を永らえさせていることは事実です。しかし、日本経済をデフレの泥沼から救出しようとするアベノミクスの方向性が支持されていることも否定できないのではないか。政治姿勢や人間性が安倍よりまともな政治家は、いくらでもいるはずです。しかしそうした人が仮に政権を担っても、日本経済を再びデフレの無間地獄に突き落とすだけではないかという危惧が、多くの人々のなかにもたれている可能性も否めません。

＊「棄民の国家」の完成

安倍が心酔してやまぬ祖父の岸信介には、ソ連の計画経済に傾倒し、戦後も社会党からの国政選挙への出馬を検討した、社会主義者としての顔がありました〈註32〉。岸は、国家社会主義者と呼びうる人物です。安倍は、「一億総活躍社会」というスローガンを掲げています。安倍は、祖父が築いた戦時中の総動員体制を理想としているのかもしれません。あの秋葉原での演説が示しているように、安倍に反対する者は、「一億」のなかには含まれていない可能性がありますが。

第２章でみたとおり、ラッセルは、人々を働きたがらせることを、社会主義者の悪弊としてあげています。安倍も、一億国民をすべて活躍、すなわち労働させせようとしています。二〇一八年一月三〇日に行われた第一六九回国会における施政方針演説には、「働き方改革」、「人づくり革命」、「生産性革命」、「地方創世」等の見出しが躍っています〈註33〉。「改革」・「革命」・「創世」。とても保守をもって任じる人のことばとは思えません。これらのことばからは、一夜にしてこの国を大きく変えてみせるという安倍の意気込みが伝わってきます。

「国家社会主義」ということばによって連想されるのは、何といってもナチス（国家社会主義ドイツ労働者党）ドイツです。第二次安倍政権の麻生副総理の「ヒットラーのやり方にならう」という発言は単なることばの綾という域を超えているのではないのかと、勘ぐりたくもなります。もちろん安倍政権はナチスのような非道の弾圧を国民に仕掛けてきたわけではありません。しかし、「一億」から排除されて「棄民」となることへの恐れから、様々なレベルの権力に対する「自発的隷従」を行う傾向は、第二次安倍政権の誕生以降、顕著なものとなってきています。小泉純一郎と安倍晋三という二人のナルシスト型の宰相によって、「棄民の国家」は完成をみたのです。

【註】

〈1〉クリストファー・ラッシュ、石川弘義訳『ナルシシズムの時代』ナツメ社、一九八一年
〈2〉クリストファー・ラッシュ、石川弘義ほか訳『ミニマルセルフ―生きにくい時代の精神的サバイバル』時事通信社、一九八六年、一九四頁
〈3〉同右書、一九頁
〈4〉早野透『田中角栄―戦後日本の悲しき自画像』中公新書、二〇一二年
〈5〉『週刊新潮』二〇〇四年四月二二日号
〈6〉同志社大学浅野健一ゼミ『イラク人質事件と「自己責任」報道』現代人文社、二〇〇五年、八〜九頁
〈7〉同右書、四八頁
〈8〉いわゆるポピュリスト政治家の提示する新自由主義的な政策は、低学歴で経済的な階層の低い人(「弱者」)たちが、本来なら自分たちにとって彼らの掲げる政策が不利に働くにもかかわらず、無知故に騙されて強い支持を与えてきたという言説が流布してきた。それに対して政治学者たちは、ポピュリストをもっとも強く支持したのは、自ら「勝ち組」と任じている都市部の高学歴層であったことを選挙結果の分析から明らかにし、上記の「弱者仮説」を否定している(小谷敏『ジェラシーが支配する国』高文研、二〇一三年、二六五〜二六八頁)。
〈9〉大嶽秀夫『小泉純一郎　ポピュリズムの研究』東洋経済新報社、二〇〇六年、一二一〜一二二頁
〈10〉後藤和智「言説―「ニート」論を検証する」(本田由紀ほか著『「ニート」って言うな!』光文社新書、二〇〇六年)
〈11〉戦後日本の若者言説の流れについては、小谷敏編『若者論を読む』(一九九三年)および小谷敏編『二十一世紀の若者論』(二〇一七年、発行元はいずれも世界思想社)を参照されたい。

〈12〉雨宮処凛『生きさせろ！　難民化する若者たち』太田出版、二〇〇七年
〈13〉赤木智弘『若者を見殺しにする国―私を戦争に向かわせるものはなにか』双風舎、二〇〇七年
〈14〉赤木智弘「けっきょく、『自己責任』ですか―続『丸山眞男をひっぱたきたい』応答を読んで」『論座』二〇〇七年六月号、朝日新聞社
〈15〉鈴木洋仁「〈昭和〉対〈平成〉の世代間戦争」（前掲小谷敏編『二十一世紀の若者論』）
〈16〉若者の満足度の高さについては、古市憲寿『絶望の国の幸福な若者たち』（講談社、二〇一一年）および浅野智彦ほか編『現代若者の幸福　不安感社会を生きる』（恒星社厚生閣、二〇一六年）を参照。
〈17〉見田宗介『まなざしの地獄―尽きなく生きることの社会学』（河出書房新社、二〇〇八年）および大澤真幸の同書への解説。
〈18〉アンドルー・ゴードン、三村一夫訳『日本労使関係史　一八五三―二〇一〇』岩波書店、二〇一七年、四八〇頁
〈19〉同右書、四八五〜四八七頁
〈20〉二〇〇〇年代後半以降の公務員と生活保護受給者へのバッシングの高まりについては、前掲小谷敏『ジェラシーが支配する国』を参照。
〈21〉民主党政権の歴史的評価に関しては、小林良彰『政権交代―民主党政権とは何であったのか』（中公新書、二〇一二年）、薬師寺克行『証言　民主党政権』（講談社、二〇一二年）、日本再建イニシアティブ『民主党政権　失敗の検証―日本政治は何を活かすか』（中公新書、二〇一三年）等を参照されたい。
〈22〉エティエンヌ・ド・ラ・ボエシ、西谷修監修、山上浩嗣訳『自発的隷従論』ちくま学芸文庫、二〇一三年、五二〜五四頁
〈23〉同右書、五四頁
〈24〉『朝日新聞』電子版二〇一七年四月二六日 https://www.asahi.com/articles/ASK4V5VV7K4VUHBI02S.html（二〇一八年四月二一日閲覧）
〈25〉ボエシ前掲書、五六〜五七頁

〈26〉同右書、七〇頁
〈27〉日本会議は、一九九七年に「日本を守る国民会議」と「日本を守る会」が合併して生まれた、民族主義的な思想傾向を持つ民間団体。民族派の学生組織を母体としており、多くの新宗教団体がかかわっている。憲法改正や選択制夫婦別姓反対等の主張を掲げ、往年の左翼を彷彿させる草の根的運動で勢力を広げていった。現在の会員数は約三万人と言われる。安倍内閣の多くの閣僚が同会議のメンバー。
〈28〉安倍首相の秋葉原での演説はユーチューブで視ることができる。https://www.youtube.com/watch?v=nvsBrlQ1Pcw（二〇一八年四月二一日閲覧）
〈29〉『朝日新聞』電子版二〇一七年五月一八日 https://www.asahi.com/articles/ASK5L42CTK5LULFA00G.html（二〇一八年四月二一日閲覧）
〈30〉『朝日新聞』二〇一七年二月二六日付
〈31〉『日本経済新聞』電子版二〇一七年一月三〇日 https://www.nikkei.com/article/DGXLASFL29HWB_Z20C18A1000000/（二〇一八年四月二一日閲覧）
〈32〉原彬久『岸信介―権勢の政治家』岩波新書、一九九五年
〈33〉首相官邸ＨＰ:https://www.kantei.go.jp/jp/98_abe/statement2/20180122siseihousin.html（二〇一八年四月二一日閲覧）

第8章

子どもと若者に「怠ける権利」を！

1 「ゆとり教育」ってなんだ?——戦後教育を振り返る

*「これだからゆとりは!」——二〇一〇年代の若者たち

二〇一〇年代の若者たちは、「ゆとり世代」と呼ばれてきました。一九九八年に改定され、二〇〇二年から実施された文部科学省の学習指導要領によって、すべての科目の教科内容の三分の一が削減され、完全週休二日制が全国の公立学校で実施されています。いわゆる「ゆとり教育」の始まりです。大幅な教科内容の削減は人々に衝撃を与えます。いまの学校では円周率は三と教えている。台形の面積の求め方を教えなくなった。運動会の徒競走はみんなで手をつないでゴールする。「ゆとり教育」をめぐっては、様々な都市伝説めいた噂が広がります。基礎的な学力を欠落させ、競争心をもたない頼りない若者たち。これが「ゆとり世代」に持たれていたイメージでした。

漢字が読めない、計算ができない、敬語がうまく遣えない、社会常識に欠ける。いつの時代の新入社員もそんなものだったろうと思いますが、この世代は、それを「ゆとり教育」と結びつけられて、「これだからゆとりは!」となじられ、馬鹿にされていたのです。「云々」を「でんでん」と読み、「未曾有」を「みぞゆう」と読んだ、某大物政治家たちも「ゆとり世代」なのかと、まぜっかえしたくもなりますが。

「団塊の世代」、「しらけ世代」、「新人類」、「ロスジェネ」……。若者たちが奇妙なレッテルを貼られて、揶揄とバッシングの対象にされるのは、いまに始まったことではありませんが、世代の呼称が教育制度に由来していることが、二〇一〇年代の若者たちの大きな特徴となっています。

＊「系統主義」と「経験主義」――教育思想の二つの流れ

教育学者の佐藤博志と岡本智周は、教育思想の中にある「系統主義」と「経験主義」の二つの流れを指摘しています。系統主義とは、知識の体系を教師が生徒に授けることを重視する立場です。他方、経験主義とは、子どもたちが日常の経験を通して生きた知識を体得していくことを重視する立場です。机上の学習の時間を減らし、調べ学習や社会体験に重きを置く「総合的な学習の時間」を創設した「ゆとり教育」を、佐藤博志と岡本智周は「経験主義」の流れの中に位置付けています。〈註１〉以下には、佐藤と岡本の議論に即しながら、「ゆとり教育」に至る戦後教育の歩みを跡づけてみたいと思います。

近代の学校制度は、「系統主義」に基礎をおいています。しかし一九世紀に学校制度が世界に普及していくにつれ、知識の詰め込みによって、子どもの全人格的な発達を阻害する、学校教育に対する疑問もまた世界に広がっていきます。二〇世紀の初頭には、世界の各地で多くの教育者たちによって、「経験主義」を称揚する「新教育運動」が展開されるようになりました。ロシアのトルストイ、イギリスのニール、アメリカのデューイ、イタリアのモンテッソーリ、ドイツのシュタイナー等々は、知識の詰め込みではなく、労働や手作業、遊び等々身体の活動を通して、子どもが自ずと知識を吸収していく教育実践を行い、そのための学校を開いたのです。

日本にも大正時代に「新教育運動」の波が到達しています。玉川國芳は、農作業の中で子どもたちが様々な学びを得ることを重視した「労作教育」を唱え、玉川学園を開設しています。羽仁もと子は、「生活は芸術である」という教育理念のもとに、手作業を重視する教育を行う「自由学園」を創設しています。また日本の貧しい地方の教師たちは、日々の生活を観察し、記述することによって改善点を見出していく「生活綴方《つづりかた》運動」を展開していったのです。日本の「新教育運動」は、「大正自由教育」の名で呼ばれています。〈註2〉

＊「詰め込み教育」の時代——高度経済成長期

戦後、アメリカの強い指導の下で日本の小中学校に「生活単元学習」が導入されました。小学生が街にお買い物に出て、つり銭の計算の仕方を学び、リンゴの産地の青森県や、ミカンの産地の愛媛県について学ぶ。買い物という日常行動のなかから、算数や社会等の教科にかかわる知識を増やしていくという教育方法です。しかし生活単元学習の時代は長くは続かず、一九五二年の独立回復後は、戦前と同様の「系統主義」に復帰していきました。

高度経済成長期の教育は、「詰め込み教育」の異名をとるものでもありました。一九五七年にソ連がアメリカに先立って人工衛星の打ち上げに成功したことによって、西側諸国には科学の力においてソ連に後れをとったという、「スプートニク（ソ連の人工衛星の名前）ショック」が走ります。これ以降日本でも産業界を中心に理科系教育の充実が叫ばれるようになります。そのため高度経済成長期においては、学習指導要領の改訂のたびごとに「詰め込み」の度合いが高まっていったのです。

しかし一九六〇年代末から、「詰め込み教育」の弊害が問題視されはじめました。授業を理解することができない「落ちこぼれ」の急増が話題になりました。一九七〇年代から八〇年代にかけては、対教師暴力や学校内での器物損壊等の「校内暴力」やいじめ、さらには子どもの自殺や不登校等、様々な子どもの「問題」をマスメディアが報じるようになりました。七〇年代以降、「詰め込み教育」が子どもの世界を歪めているという認識が広く共有され、学習指導要領の改訂のたびごとに、教育内容が削減されていったのです。教科内容の削減は、「ゆとり教育」の名で呼ばれる、一九九八年に改定され、二〇〇二年に完全実施された学習指導要領によってピークに達したのです。

＊「生きる力」と総合的学習の時間

一九九〇年代に入るころから、旧来の学力観に対する懐疑が、文教行政の側からも提起されるようになりました。「社会の急速な変化が既習内容をすぐに古いものにしてしまう」と一九八七年の教育課程審議会の答申は述べています。従来型の「詰め込み教育」は、変化の激しい新時代に相応しいものではないという認識がここでは示されています。

一九八九年に改定された学習指導要領は、「新しい学力観」を打ち出しています。新しい学力観とは、「自ら学ぶ意欲や、思考力、判断力、表現力などを学力の基本とする学力観」であり、子どもたちが知識を受動的に受け取る従来の学力観とは一線を画すものです。そして一九九六年七月、第一五期中央教育審議会は「生きる力」を提言しています。生きる力とは、「自分で課題を見つけ、自ら学び、自ら考え、主体的に判断し、行動し、よりよく問題を解決する能力であり」、「自らを律しつつ、他人とともに協調し、他人を思いやる心や感動する心など、豊かな人間性」であり、「たくましく生きるための健康や体力が不可欠である」と規定されています。

「新しい学力観」に基づいて、子どもたちの「生きる力」を涵養する。そのために「ゆとり教育」は生まれました。しかし、一九九八年にカリキュラム改訂が発表されるや否や、二〇〇二年の完全実施をまたずに、「ゆとり教育」は様々な立場の識者からの集中砲火を浴びることになりました。

＊「ゆとり教育」の退場

教育社会学者の苅谷剛彦は、「ゆとり教育」が実施され、公立学校の教育水準が下がれば、塾に子どもを通わせることができ、私立中高に進ませることのできる裕福な家庭と、塾にすら通わせることができず、私立中高への進学など考えることもできない家庭の子どもの間に大きな格差が生じると指摘し、「ゆとり教育」を批判しています。〈註3〉理科系の学者たちは、一九七〇年代から続いた教育内容の削減に伴う大学生の「学力低下」を指摘しています。「分数の計算のできない大学生」という理系学者たちの本のタイトルは強いインパクトをもつものでした。〈註4〉「ゆとり教育」に伴う学力低下は、工業技術で成り立っている日本の国力を減衰させると理系学者たちは主張したのです。「ゆとり教育」は、子どもたちの学力格差を拡大し、それは経済的格差の固定化につながると教育学者は批判し、理系の学者たちは「ゆとり教育」が、日本の工業技術力の基礎を破壊すると批判したのです。

「ゆとり教育」にとどめを刺したのが、「ＰＩＳＡショック」でした。ＯＥＣＤ（経済協力開発機構）は、二〇〇〇年からＰＩＳＡと呼ばれる、一五歳の子どもたちを対象とした国際学力比較調査を始めています。従来の国際学力比較は、理数系の科目に限られていましたが、ＰＩＳＡでは「読解力」が試験項目に加えられています。理数系のテストも、知識の量を測るものではなく、実地に即した応用的な能力を問うものとなっています。二〇〇三年のＰＩＳＡで、日本の成績は惨憺たるものに終わりました。これまで国際学力比較テストで日本は常に上位を占めていましたから、この結果に教育界は大きな衝撃を受けたのです。

二〇〇三年のＰＩＳＡで首位の座を占めたのが、北欧の小国フィンランドでした。フィンランドは教師の社会的評価が高く、修士号取得が教師になる条件とされています。またフィンランドでは各学校が、大きな権限をもち、教員採用も学校長の裁量によって学校単位で行われています。そして、ヘルシンキのような一部の大都市以外では、子どもの数が少ないために、複式学級が一般的で、一斉授業ではなく、子ども一人ひとりの能力に応じた個別指導的な教育が行われています。この当時、ＰＩＳＡで成果をあげたフィンランドの教育が理想的なものとして語られていました。

ＰＩＳＡショックの結果、始まったばかりの「ゆとり教育」には完全に失敗の烙印が押されてしまいました。二〇〇八年の学習指導要領の改訂では、およそ四〇年ぶりに教科内容が増やされています。こうして日本の教育は、「ゆとり教育」から「脱ゆとり」＝「詰め込み教育」の方へと回帰していったのです。

「ゆとり教育」には、大きな無理があったことは否めません。日本の学校の先生たちは、「系統主義」＝「詰め込み教育」の〝成功者〟であり、その彼／彼女らに「総合的学習の時間」を中核とする「経験主義」的な教育を担わせるためには、あまりにも準備期間が不足していました。大学のゼミにも似た「総合的学習の時間」を実りあるものにするためには、受け持つ子どもの数や先生たちの仕事の時間にそれこそ「ゆとり」を持たせることが必要であったはずです。ところがクラスサイズは昔のまま。そして後に詳しくみるように先生たちは忙しくなるばかりだったのです。

高校と大学の入学試験は、従来どおり頭に詰め込まれた知識を試すスタイルが温存されたままです。授業時数の少ない公立学校に進ませれば受験で不利になる可能性があります。苅谷が警鐘を鳴らしたように、「ゆとり教育」の実施以降、経済的に余裕のある層は子どもを塾に通わせ、私立中高に進学させる傾向が強まっていきました。首都圏では、小学校六年生が中学受験をする割合は、「ゆとり教育」の学習指導要領が策定された九八年には、一二・八％だったものが、一〇年後の二〇〇八年には二〇・六パーセントと一・六倍にも増えています。〈註5〉中学受験をする子どもは、当然塾にも通います。「ゆとり教育」は、私学セクターと大手学習塾に代表される企業セクターの繁栄を生む、「意図せざる結果」をもたらしました。

2 「ゆとり」って言うな！

＊「ＰＩＳＡショック」の謎

ＰＩＳＡはＯＥＣＤが主催する国際学力調査です。ＯＥＣＤはその名称が示すように経済の発展に寄与することを目的とする団体です。ＰＩＳＡは、グローバル企業が必要とする能（学）力を、子どもたちがどの程度身に付けているか否かを、測定するためのテストなのです。不思議なのは、本来新自由主義、あるいはビジネスの論理に否定的なはずの左派、リベラルの識者からさえ、ＰＩＳＡに対する批判、もしくは懐疑の声が聞かれなかったことです。

教育学者の松下佳代は、この疑問に対する回答として、まずＰＩＳＡが国際学力比較調査として従来にないユニークでかつ優れたものであった点をあげています。ＰＩＳＡは、「言語や知識を利用し、それに基づいて判断することで、思慮深い市民として社会に参加する能力」という斬新な学力観を提示しています。また記述式問題を多く含み、「リアリティがあり多面的な解釈・判断を要するような問題が多く用いられている」。そして「義務教育段階ではテストがなく、競争より協同を重視し、習熟度別指導ではなく異種多様な生徒によるグループ学習方式を用い、評価による管理統制より現場の教師の自律性を重んじるなど、進行中の教育改革とは対照的な教育を行っているフィンランドが、Ｐ

ＩＳＡにおいてきわめてすぐれた結果（中略）をおさめてきた〈註6〉」から、左派、リベラルの識者からもＰＩＳＡは歓迎されたと松下は総括しています。

＊ランキング至上主義――新自由主義社会の教育改革

「ＰＩＳＡショック」に見舞われたのは、日本だけではありませんでした。ドイツとオーストリアのＰＩＳＡでの結果は日本以上に惨憺たるものでした。ウィーン大学の哲学者であるコンラート・Ｐ・リースマンは、「ＰＩＳＡショック」に見舞われたオーストリア教育界の混乱を皮肉交じりに描いています。「ＰＩＳＡ」がどんなものなのか、誰も知らないし、誰も本当は興味ももってはいない。それなのにいまはコンピュータの時代で、従来型の勉強など必要ないと言っていた人までもが、ＰＩＳＡの結果を受けて、学力の必要性を説くようになった。ＰＩＳＡがこれほど大きな影響力をもちえたのは、それがオリンピックのメダル競争のように国別のランキング表を提供しているからである。大学を含めていまの教育の世界を支配しているのは、何かの理念ではなく、他者から高い評価を受けて、ランキングの上位を占めることだ。ランキング信仰に取り憑かれたヨーロッパ中のすべての学校が、「『ＯＥＣＤイデオロギー』を受け容れ、ＰＩＳＡで高いスコアを叩き出すよう、子どもたちを鍛えるようになった。若者の学力低下よりも憂慮すべきは、ＰＩＳＡでのこうしたテストに隠された規範的要請の方である〈註7〉」。

財政状況の悪化は日本だけの現象ではありません。経済の低成長によって、先進諸国はどこでも国家財政が収縮しています。その時直接利益を生み出すことのない教育の分野は、財政削減の対象にされてしまいます。切り捨ての対象とならないように、大学をはじめとする様々なレベルの学校は、権威筋（すなわち国家官僚や経済界のお歴々）から認められるように、ランキングの上位に名を連ねることが至上命題になります。

日本の義務教育のレベルでは、二〇〇七年に復活した全国一斉学力調査が、教育現場に大きなプレッシャーとなってのしかかっています。高等学校も偏差値や就職率や部活動、さらには種々の「特色」においてランキングを上げる競争に狂奔しています。いまの日本の、そして世界の教育を支配しているのは、子どもたちにどのような能力を身に付けさせ、どのような人間に育て、どのような社会を創っていくのかという理想などではなく、過酷なものとなった環境の中で、自分たちの組織（すなわち学校）の生き残りを図ることなのです。それが新自由主義が支配する世界の中で「教育改革」の名において語られているものの実像です。

＊「学力低下」は幻だった？

「ゆとり教育」導入時に喧伝された「学力低下」が幻だった可能性を、佐藤らは指摘しています。ＰＩＳＡと並行して行われていた「国際数学・理科教育動向調査（ＴＩＭＳＳ）」という国際学力比較調査で日本は、それ以前と変わらぬ好成績を残しています。この事実はほとんど知られていません。二〇〇六年のＰＩＳＡでも日本の成績は低迷しますが、二〇〇九年には上位に躍進しています。

二〇〇九年のＰＩＳＡでは上位を東アジアの国々が占め、フィンランドの影は薄くなりました。

二〇〇九年のＰＩＳＡを受けた子どもたちは、「ゆとり教育」が始まった頃に小学校に入学した

「完全ゆとり世代」ですから、「ゆとり教育」→「学力低下」という図式はいよいよ怪しくなります。二〇〇三年と二〇〇六年のＰＩＳＡで日本の成績が低迷したのは、試験の形式に慣れていなかったからで、ＰＩＳＡ的な出題形式を日本の学校が各種の試験で取り入れたことが、二〇〇九年の好成績につながったのではないかと佐藤らは述べています。(註8) 二〇〇九年のＰＩＳＡにおける東アジア諸国の躍進は、経験主義的な要素を多く取り入れた、ＰＩＳＡのような洗練されたテストにおいてさえ、詰め込み教育が有効だという皮肉な教訓を残したとも言えます。

学力低下が幻であったとすれば、「これだからゆとりは」と揶揄されて続けてきた現在の若者たちは、とんだ濡れ衣を着せられてきたことになります。ＰＩＳＡの悪い成績が喧伝され、他の国際学力比較調査のよい成績は無視された。この背景には、「日本の子どもや若者は、昔に比べて人間的に劣化を遂げている」と思いたがる、歪な大人たちの欲望が潜んでいたように思えてなりません。

＊「ゆとり」を敵視する国

「ゆとり教育」をめぐるパニックからは、机にしばりつけておかなければ、頭に知識を詰め込んでおかなければ、子どもたちはだめになるという、日本の大人たちの根強い強迫観念を読み取ることができます。生産性は、投下される労働の量に比例するという工業化の時代の発想から日本の大人たちは脱却することができません。「ゆとり教育批判」が猖獗を極めていた時代は、高度経済成長期に困難な状況を克服して大きな成果をあげた「男たち」の奮闘を描いた、ＮＨＫ総合テレビの「プロジェクトＸ」が大ヒットしていた時代でもありました。日本人があの時代（高度経済成長期）のように頑張れば、かつての栄光が取り戻せると考えていた大人たちが、子どもに自由を与え、「怠け者」にするかのような「ゆとり教育」を、忌むべきものだと感じ取っていた可能性は否定できないでしょう。

「ゆとり教育」は、子どもたちから自由な時間、すなわち「ゆとり」を奪うという「意図せざる結果」をもたらしました。首都圏では中学受験のための塾通いが増えたことは先にみたとおりです。また「ゆとり教育」は現在問題になっている、部活の過熱化の一因ともなりました。神奈川県のあるベテランの中学教師は、「ゆとり世代」批判が猛威をふるっていた二〇一三年に、学生たちのインタビューにこう答えています。「ゆとり教育のスローガンの一つに完全週休二日制を実施して、「子どもを家庭と地域に帰す」というものがありました。ところがいまは共働き家庭がほとんど。子どもが家に帰っても誰もいません。土日も仕事という家庭も増えて、完全週休二日制に親の方が悲鳴を上げてしまった。「土日も部活をやってくれ」という声が高くなっていったのです」。社会全体が長時間労働に傾斜する趨勢の中で、学校の中にだけ「ゆとり」をもたらそうとしたことに、「ゆとり教育」が失敗した一因があるのかもしれません。

「ゆとりのある間取り」。「生活にゆとりがある」。「ゆとり」とは本来よい意味に用いられてきたことばです。「ゆとり教育」もしくは「ゆとり世代」批判で驚かされるのは、「ゆとり」ということばにネガティブな意味が付与されて用いられていたことです。それはこの社会が、「ゆとり」ということばが連想させる、自由なことや楽なこと、さらには怠けることを敵視していることのあらわれのようにもみえます。

もうひとつ筆者が驚いたことがあります。ある授業で「ゆとりは本来よい意味で遣われていたことばで……」という話をした時に、一人の学生が、「ゆとりということばにいい意味があるということを今日はじめて知りました」という感想を書いていたことです。「これだからゆとりは！」と言われ続けて育てば、「ゆとり」ということばから肯定的なイメージを感じ取ることはできないでしょう。過労死・過労自殺を生み出す国は、「ゆとり」を敵視する国でもあります。

＊教師と子どもに「怠ける権利」を！

日本の義務教育の教師たちの世界は、いまや「ゆとり」とはほど遠いものになっています。二〇一六年度の日本の教師の平均労働時間は、小学校で一一時間一五分。中学校で一一時間三二分。一〇年前からは小中いずれも、三、四〇分間増加しており、月平均八〇時間とされる時間外労働の過労死ラインを超えて、中学校の先生の約六割、小学校の先生の約三割が働いています。〈註9〉

ＯＥＣＤが二〇一三年に行われた第二回「国際教員指導環境調査」の結果を、国立教育政策研究所は次のようにまとめています。「日本の教員の一週間当たりの勤務時間は参加国最長。……このうち、授業時間は参加国平均と同程度である一方、課外活動（スポーツ・文化活動）の指導時間が特に長い（日本七・七時間、参加国平均二・一時間）ほか、事務業務（日本五・五時間、参加国平均二・九時間）、授業の計画・準備に使った時間（日本八・七時間、参加国平均七・一時間）等も長い〈註10〉」。

このＯＥＣＤの調査データは、日本の教師たちが、授業以外の事務作業や親との対応、そして中学校の教師の場合には、部活動に大きな時間とエネルギーとを割かれていることを浮き彫りにしています。部活動に大きな教育的な意味があることを否定するものではありませんが、先のベテラン教師の言にもみられるように、毎日長時間働き続け（させられ）る大人社会のつけが、長時間部活という形で、学校と教師に回されている感は否めません。

一日一〇時間を超えて働き続ける日本の先生方は、勉強をする暇などないはずです。これでは授業の質の向上など望むべくもありません。いや、それどころか先生方は疲労困憊して、日々を朦朧状態で過ごしているのではないか。これでは、クラスでひどいいじめが起きていても、気づかないはずです。

子どもの世界もまた、ゆとりどころではありません。中学生たちは朝の七時過ぎから部活の朝練。授業の後は夕方六時過ぎまで部活。その後九時過ぎまで塾で勉強。そして土日も休みなしの部活。こうした生活を送っている中学生は、珍しくありません。休養は、睡眠は足りているのだろうかと心配になります。日本の大人たちは、子どもの成長に果たす、休息や休養の役割をあまりに軽んじているという思いを禁じえません。

二〇世紀の初頭にイギリスの大哲学者、バートランド・ラッセルは、『怠惰への讃歌』というエッセイの中で、機械の発達によって人間の労働は必要とされなくなるから、今後の教育に求められるのは、充実した余暇を送ることのできる人間を育てることになるだろうと述べていたことは、すでにみたとおりです。人工知能の発達はラッセルの予言を現実味を帯びたものにしています。ところがいまの日本では、時代に逆行するかのように学校が子どもから余暇を奪っています。子どもに余暇を与えても、それはスマホとゲームによって空費されてしまうのかもしれませんが。

過労死ラインを超える残業を強いられる教師たち。朝の七時から夜の九時過ぎまで、授業と部活と塾の「労働」を強いられる子どもたち。日本の学校はいまや過労死・過労自殺の再生産の場と化してしまったと述べても過言ではありません。

カナダのハイスクールに通った経験のある学生が、先生たちのストが何週間も続いて、新学期がなかなか始まらなかったことがあると言っていました。労働者としての権利意識をもつ海外の教師たちから見れば、日本の教師の置かれた現状は、クレージーなものでしかないでしょう。「教え子を再び戦場に送らない」という旗印のもとに、「教師の労働者性」を掲げて権力に対する激烈な闘争を展開してきた往時の日教組が存在していれば、こうした事態が生じることはなかったのではないでしょうか。その日教組も大きく組織率を低下させています。「教師と子どもに怠ける権利を！」を新たなスローガンとして掲げれば、組織率の劇的な改善がみられるかもしれません。先生方の労働時間と、子どもたちを学校に縛り付けている時間を大幅に減らせば、子どもの学力は高まり、いじめ等の不愉快な問題もなくなると考えるのは筆者だけでしょうか。

3　若者にも「怠ける権利」を！――「自発的隷従」を超えて

＊天国か、地獄か――若者の人間関係

「若手社会学者」としてメディアに登場する機会の多い古市憲寿は『絶望の国の幸福な若者たち〈註11〉』において「若者は可哀想」という、世を覆う言説に異を唱えています。親という強力なインフラに守られて、いまの若者の多くが、かつてのどの世代の若者も経験したことがないほどの豊かで快適な生活を送っている。各種意識調査で生活に対する高い満足度を示すいまの若者は「幸福な若者である〈註12〉」。一方若者たちは、日本や自分自身の将来に対しては、強い不安を感じている。未来がいまよりよくなりそうもないから、いまが一番いいという意識を若者たちは抱いている〈註13〉。若者たちは友人関係に大きな価値を置き、それに強い満足を感じている。古市のみるところ、それが若者たちの幸福感の大きな源泉です〈註14〉。

「ゆとり世代」に属する古市は、若者たちは友だち関係に満足して幸福に日々を送っていると述べていました。筆者と同世代の社会学者である土井隆義は、別の見方を示しています。土井は、いまの中学生や高校生たちは、友人たちとの間に「空気を読みあうやさしい関係」を築いており、その予定調和的な人間関係を壊さないために、彼／彼女らは、「キャラ」を演じることを強いられていると

いいます。キャラはもともと、テレビのバラエティ番組で遣われていたことばです。「おかあさん」、「不思議ちゃん」等々、自分の本当の姿に近似していると考えられる、できあいのイメージを、子どもたちは日々の人間関係の中で演じているのです。同じ人間は二人必要ありませんから、「キャラがかぶる」と大変困ったことになります。中高生たちは人間関係に神経を研ぎ澄まさなければなりません。「空気を読みあうやさしい関係」を維持し続けていくことに、生徒たちは「友だち地獄」とも評すべき息苦しさを感じていて、そのことがいじめの原因となっていると、土井は述べています。[註15]

若者の友だち関係は天国だという古市と、地獄だという土井。若者たちの人間関係のあり方をどのように考えればよいのでしょうか。たしかに古市の言うように、若者たちは表面的には良好な人間関係を営んでいますし、多くの若者は、それに深い満足感を覚えているのでしょう。しかし、良好な人間関係を維持するために若者たちが日々大きなエネルギーを割いており、それが彼／彼女らにとってのストレスとなっていることも、筆者は日々実感しています。そのストレスが限界を超えた時の人間関係は、「友だち地獄」に転化してしまうということなのではないでしょうか。

筆者が子どもの頃の学校はすさまじく抑圧的な空間であり、教師たちは暴君のように振る舞っていました。教師の暴力は日常茶飯事でした。いまの学校の先生たちはそれに比べればはるかに物分かりがいい。児童や生徒に対してとても友好的です。学校や教師が抑圧的でなくなった分、子どもたち相互の抑圧が始まり、「友だち地獄」が生じる。この状況は、二〇世紀の偉大な哲学者、ハンナ・アーレントの次のことばを想起させるものです。

子供は大人の権威から解放されて自由になったわけではなく、それにもまして真に恐るべき暴政的な権威、つまり多数の暴政に服従させられたのである。〈註16〉

＊「空気を読むこと」＝社会に出るための準備教育

いまの若者は本当に大変だ――これが老境に達した筆者の偽らざる感想です。筆者たち七〇年代の若者は、何事にも距離を置き、熱くならない「しらけ世代」であるとか、「無気力」、「無感動」、「無関心」の「三無主義」世代などとも呼ばれていました。たしかに、「団塊の世代」が熱中した青春ドラマが描き出す、「熱い」友情の物語を、シニカルに眺める傾きはありました。しかしそんな筆者たちの世代においてさえ、空気を読みあい、腹を探りあうのは大人の世界の話なのであって、腹蔵なく何でも話し合えるのが若者の特権であり、それができてこそ本当の友だちだという感覚は、まだ保たれていたのです。ところがいまは、若者というよりは子どもに近い中学生たちまでもが、友だち同士で空気を読むことを強いられている。この変化はなぜ生じたのでしょうか。

子どもの遊びは、いつの時代でも、彼／彼女らが将来就く仕事へ向けての訓練としての役割を果たしています。身体を動かす時代の仕事が主流をなしていた時代の子どもたちは、野山を走りまわって遊んでいました。戦中世代の水木しげるの子ども時代の回想には、ガキ大将に指揮された戦争ごっこがさかんに登場します。女の子のおままごとは、主婦としての未来を先取りしていたのです。ＩＴ産業が隆盛の現代の子どもたちは、コンピュータゲームやスマホに興じています。二〇一七年には、「忖度《そんたく》」が流行語大賞を獲得しています。偉い人の気持ちを推し量って、早手回しに行動する。いまの日本の組織の中では、そうした「能力」がこれまでになく強く求められているのではないでしょうか。教室の中で「空気」を読みあう子どもたちもまた、社会に出るための準備をしているのかもしれません。

＊ノーポピュラーカルチャー、ノーライフ

筆者が若者だった頃には、素人くさいアイドルが持て囃されるような傾向はありましたが、それでもまだ芸能界等のエンターテインメントの世界と、普通の若者との間には大きな隔たりがありました。ところがいまや多くの普通の若者たちが、エンターテインメントの世界の表現者の領域に足をふみいれるようになりました。音楽の世界でもお笑いの世界でも、その活動だけで食べていける人はごく限られた存在でしょうが、有料のライブに出演し、あるいはＣＤを発売した経験のある若者は大勢いるはずです。

若い女性のファッションリーダーもかつてのスーパーモデルから、彼女たちと境遇も容姿も近く、インスタグラム等のＳＮＳで情報を発信する「(ファッション雑誌の) 読物モデル (読モ)」に移行しています。アイドルの世界でもユーチューブやニコニコ動画に投降した動画が注目されてデビューする「地下アイドル」が増殖を続けています。これらセミプロ的なエンターテインメントの活動に携わっている若者は、筆者の周囲でも決して珍しくはありません。

他方、エンターテインメントの世界は、若者たちの日常生活の中にも浸透してきています。若者たちが仲間たちとの間で演じている、「キャラ」なることばは、テレビのバラエティ番組に由来してい

ます。「キャラがかぶる（同じキャラの人がいる）」「すべる（受けを狙って失敗する）」「痛い（みていてつらくなる。滑稽な）」等々は「NG」（ダメ）。若者のコミュニケーションは、テレビのバラエティ番組に酷似したものになってきています。若者たちは日常的にテレビタレントのように演技することを強いられているのです。

「大衆文化」ということばは、もはや死語になってしまいました。ごく少数の発信者が、マスメディアを通して圧倒的多数の「大衆」に娯楽を提供する。これが「大衆文化」のイメージです。先にもみたように文化の発信者とそれを享受する者とを隔てる壁は、いまやほとんど溶解してしまいました。「大衆文化」の時代がマスメディアの時代であったのに対して、いまはSNS等、インターネットの時代です。社会学者たちの間では、「大衆文化」に代わって、人々から支持されている（人気のある）文化という意味で「ポピュラー文化」ということばが用いられています。

若者たちにとってのポピュラー文化は、ただ彼らに娯楽と慰安とを提供するだけのものにはとどまりません。すでにみたようにテレビのバラエティ番組が、若者たちのコミュニケーションの枠組みを提供しています。若者たちが着る服は、彼／彼女らのアイデンティティを規定する重要なアイテムです。ファッション雑誌や「読モ（読者モデル）」の存在は、若い女性たちにとってアイデンティティの拠り所に関する情報を提供してくれているのです。コスプレ（コスチュームプレイ＝アニメのキャラクターの仮装をすること）や、コミケ（コミック・マーケット＝マンガ同人誌の巨大な即売会場）に出展する作品の創作活動や、ディズニーランド、AKB48、ジャニーズ等々に「はまる」ことが、生きる意味そのものになってしまっている若者たちが、筆者の周囲には大勢います。現在の若者をみていると、

「ノーポピュラーカルチャー、ノーライフ（ポピュラー文化なくして生はなし）」ということばすら浮かんできます。

＊「私たちは埋没したい！」——「コミュカ」という名の妖怪

カナダの社会学者、アラン・ブライマンに『ディズニー化する社会』という著作があります。〈註17〉アメリカの社会学者、ジョージ・リッツアは、世界のどこでも安価で均質的な商品を提供する、マクドナルド・ハンバーガーチェーンのビジネス・モデルが、レストラン産業だけではなく大学や病院等をも含む様々な領域に影響を与えていることを明らかにしました。〈註18〉ブライマンは、規格大量生産の時代に適合的なマクドナルド・ハンバーガーチェーンのビジネス・モデルは、今日では大きな利益を生み出す力を失ったと言います。マクドナルドに代わる新たなビジネス・モデルを提供しているのが、ディズニー・テーマパークです。ディズニー・テーマパークでは、商品をイメージでコーティングすることによって付加価値をつけ（ミッキーマウスの絵が入れば一〇〇〇円程度のTシャツに数倍の値段がつきます）、キャストと呼ばれる従業員たちがあたかも俳優のように振舞う「パフォーマティブ労働」によって来場者の目を楽しませています。

ディズニー・テーマパークの原理が、広く社会に浸透しているというブライマンの言には、説得力を感じます。大学でさえ、学問の内容ではなく、豪華な建物や楽しい学生生活のイメージを学生募集の目玉に据えるようになりました。アップルが、iPhoneのような優れた製品を創り出したことで、世界の市場を制覇したことは事実です。しかし、創業者の一人である故スティーブ・ジョブスのクールなプレゼンは、アップルの製品の性能に勝る印象を人々に遺しています。イメージの力が経済を動かす時代の「仕事ができる男／女」とは、優れた企画を立案できるだけではなく、その企画と彼／彼女自身の全人格を、魅力的なものとして提示することのできる、「パフォーマティブ労働」を行う能力をもつ者のことを言うのです。

「パフォーマティブ労働」を行う能力は、若者たちの間では「コミュ力（コミュニケーション能力）」と呼ばれています。若者たちは、「コミュ力」を最重要な能力と考えています。若者たちばかりではありません。キャリア教育（就職の準備教育）の先生方も、「就職でもっとも重視されるのはコミュ力」と口を揃えて言っておられます。「コミュ力」には客観的な評価基準がありません。その評価は、ただ面接担当者の主観にのみ委ねられます。学生たちはなぜ選考からふるい落とされたのかがわからないうちに、大量の「お祈りメール」（「まことに残念ながら……今後のご健闘をお祈りいたします」）を受け取ることになります。いまは「サイレントお祈り」（何の連絡もないまま落とされている）が主流のようですが。大学での成績や学究的な能力、思慮深さが高く評価されている印象はもちません。むしろまじめで大人しい、かつてなら高く評価されたであろう優等生タイプの学生が、就活で苦戦する様を目の当たりにしています。みた目がよく、派手で活発な印象を与える学生が次々と内定を獲得していく傾向にあります。後者の方が「コミュ力」が高いとみなされるからなのでしょう。

「コミュ力」を競う就活は、しかし個性を競いあうものではありません。就活戦士たちが個性を競い合っているのであれば、男性も女性もあの画一的なリクルートスーツに身をくるんでいるはずがありません。土井隆義は、「個性的」ということばは、いまの若者にとって誉め言葉ではなくなっている、と述べています。〈註19〉筆者のゼミ生も、就活の集団面接の時に「私は埋没している！」と感じて、すごく心が落ち着いたと語っていました。場の「空気」を乱す「個性的」な存在は、若者たちにとって忌むべきものでしかありません。周囲から浮いてしまうことは、これまでの若者たちの人生経験に照らした時に、致命的な結果を招きかねないものです。その学生は言っていました。

「私たちは埋没したいのです」

就活生に求められている個性は、せいぜいのところ、かの難解極まる著作で知られる、一八世紀ドイツの大哲学者、イマヌエル・カントのひそみにならって言えば、「単なる面接官の理解の範囲内の個性」でしかありません。「コミュ力」重視の現在の就活は、スティーブ・ジョブスのような独創的な人材ではなく、大人たちのお気に入りの、現状維持に傾くような人材を採用し続けているのです。

＊若者にも「怠ける権利」を！

四〇年ぐらい前の筆者が大学生だった時代に「モラトリアム人間」ということばが流行りました。「モラトリアム」ということばを創ったのは、ドイツからアメリカに亡命した二〇世紀の精神分析家、E・H・エリクソンです。エリクソンはアイデンティティの確立を青年期の課題として位置づけています。アイデンティティの確立というと難しそうですが、平たく言えば、一生を貫く信念と一生を捧げる仕事をみつけることが、若者たちのなすべきことだとエリクソンは考えていたのです。「モラトリアム」は、もともと「支払い猶予」を意味する金融財政用語です。心理学の文脈でこのことばは、「役割猶予」とも訳されています。アイデンティティの確立のために若者たちは、フルタイムの社会的役割を免除され、自由な役割実験を行う。これが「モラトリアム」ということばの意味するところです。〈註20〉

「モラトリアム人間」ということばを創ったのは、慶応義塾大学医学部で精神医学を講じる小此木啓吾でした。先の定義からみても「モラトリアム」は、子どもから大人への移行期に位置する過渡的なもののはずです。ところが現在の若者たちは、大人になることを忌避して、いつまでも居心地のよいモラトリアムにとどまろうとする。そうした「モラトリアム人間」が増えてきていると小此木は言います。「モラトリアム人間」ということばは、当時、「大人になりたくない若者たち」を非難することばとして用いられていたのです。〈註21〉

「モラトリアム」ということばには、「発明者」であるエリクソンの生活史が、色濃く反映されています。芸術家肌の若者だったエリクソンは、青年期に無為徒食の長い放浪生活を続けています。三〇を過ぎて、ようやくウィーンのアンナ・フロイト（かのジーグムント・フロイトの娘）の研究所で、精神分析家としての修業を始めたころのことです。大恐慌後の混乱からヨーロッパを救うためにアメリカは、第一次世界大戦で貸していた戦費の償還を英仏に対して免除する、「フーバー・モラトリアム」を実施しています。「モラトリアム」ということばは、エリクソンの琴線に響くものでした。「モラトリアム」とは、まさに自分がいま置かれている状態だと思ったからです。後にエリクソンは、自らの理論体系の中にこの金融財政用語を取り入れていきますが、「モラトリアム」ということばの「発明者」じしんが、実は「モラトリアム人間」だったことは非常に興味深い事実です〈註22〉。

現在の大学進学率は、六割に達しています。専門学校に進む者も含めると八割を超える若者が、高校を卒業した後も学校に身を置いて教育を受け続けているのです。「モラトリアム」を享受する若者の層は一見拡大していますが、それが「役割実験」の場として機能しているようにはみえません。多くの若者たちは、都市のオフィスワーカーになるほか自分の未来はないと考えています。大学も、若者たちの多様な生き方を励ますのではなく、「キャリア教育」の名の下に、若者たちの抱く強迫観念を増長させていることを、筆者は日々感じています。多くの若者たちは、企業社会から排除されることを恐れて、「正社員」となるためのレールをひた走っている（走らされている）のです。

エリクソンじしんが、無為とも映る長い放浪の日々をその青年期に送ったことは意味深いものがあります。若者が自分のなすべき仕事を見出すために必要なのは、「キャリア教育」でも「インターンシップ」でもなく、「怠ける権利」であると、彼の生き方は物語っています。

4　本当は恐ろしい能力主義

＊「スクールカースト」とは何か

「スクールカースト」ということばは、二〇一三年の春に日本テレビ系列で放映された、米倉涼子主演の「三五歳の高校生」の放映をきっかけとして、広く知られるようになりました。高校（私立国木田高校）に再入学した米倉扮する女性が配属されたクラスでは、いじめがはびこり、生徒たちは華やかな子たちの「一軍」、普通の子たちの「二軍」、地味な子たちの「三軍」に格付けされ、差別と分断に苦しんでいたのです。国木田高校の校長は開明的な教育者で、クラスの存在がいじめやスクールカーストの温床となっていると考え、クラスの廃止を打ち出していました。様々な葛藤を乗り越え、和解を果たした女性の属するクラスの生徒たちは、校長の提案の撤回を求め、それを勝ち取っていく。これが「三五歳の高校生」の大まかなストーリーです。

本当に「スクールカースト」などあるのかと、読者の中には疑問に思う方もおられるかもしれません。「三五歳の高校生」が放映されていた二〇一三年に筆者のゼミ生たちは、自分の恩師にインタビューを行っています。ほとんどの先生が当時まだこのことばを知りませんでしたが、クラスの中に派手でリーダーシップを執る子たちと普通の子たち、そして地味で大人しめの子たちという線引きがあるということは、先生たちも認識をしていました。そして目立つ子たちの協力を引き出せると学級運営が上手くいくので、そうした子どもたちとは、密にコミュニケーションをとっていると、先生たちも認めていたのです。「スクールカースト」を研究した教育社会学者の鈴木翔も、教師たちは「スクールカースト」の存在を認識していて、それを学級運営に利用していると述べています〈註23〉。

「一軍」・「二軍」・「三軍」の格付けは生徒たち相互によってなされます。その世界を通過してきた学生たちの話を総合すると、格付けのメカニズムは、およそ次のようなものです。カーストの上位を占めているのは、男子であれば野球部とサッカー部、女子であればダンス部等々の華やかな体育会系部活の生徒たちです。「帰宅部」でも面白いことを言って、場を盛り上げることのうまい生徒が、序列の上位に来ることはありますが、文科系部活は総じて序列は低く、「オタク」認定を受けると序列の最下位に沈むことになります。異性に「もてる」条件を備えた生徒たちが、序列の上位に来ると学生たちは言います。「スクールカースト」は、先にみた「コミュ力」、もしくは「リア充（リアルが充実している＝カレカノ〈彼氏・彼女〉がいる）」度の高低に基づく序列化であると言えそうです。

筆者たちの中高生の時代にも、生徒の序列化はもちろんありました。何しろ「詰め込み教育」・「受験地獄」の時代。テストの学年内順位は、「宇宙における自分の地位」のように深刻に受け止められていました。運動神経の良し悪しは、体育の授業や球技大会・体育祭等々で、残酷なまでに白日の下に晒されてしまいます。ヤンキー文化の気風が漲る学校であれば、「腕力」も序列化に重きをなしていたはずです。

筆者たちの時代の序列化はしかし、「能力」と「業績」に基づく序列化でした。「能力」を高め、「業績」を上げることによって、序列を高くすることが可能だったのです。一切の競争から降りてしまって、お気楽な学校生活を送ることも、腹をくくれば可能でした。学力や運動能力を高めることに比べて、「コミュ力」や「リア充度」の向上を図ることは難しそうです。「三五歳の女子高生」でも描かれていた、絵に描いたような「下刻上」も、学生たちの話を聞くと稀に起こるようですが、「スクールカースト」ということばは、この序列化は固定的で生得的なものですらあることを示唆しています。序列の競争から「降りる」ことは「アウトカースト」となり、自ら教室内の「棄民」となる道を選びとることにほかなりません。競争から「降りる」という選択は、大変なリスクをはらんでいます。

＊「すること」から「であること」へ――「超近代」の逆説

教育社会学者の本田由紀は、「ハイパー・メリトクラシー」ということばを造っています。かつての日本は学力という客観的な指標が重視されてきたという点で「メリトクラシー（業績主義）」の社会でした。しかしいまは学力のような限定された能力ではなく、「コミュ力」や「感じのよさ」等、ある人の全体が評価の対象となる「ハイパー・メリトクラシー（超業績主義）」の時代に移行したと本田は言います。「コミュ力」重視のいまの就活のあり方をみていると、本田の言には説得力を覚えます。筆者の中高生時代の学力や運動神経に基づく生徒間の序列化は「メリトクラシー」の時代に、現在の「コミュ力」や「リア充度」を尺度に生徒が序列化される「スクールカースト」は、「ハイパー・メリトクラシー」の時代に対応するものであると言えるでしょう。〈註24〉

「ハイパー・メリトクラシー」の時代とは言っても、なお学力は子どもの将来を規定する大きな要因となっています。イギリスの社会学者フィリップ・ブラウンは、「ペアレントクラシー」ということばを造っています。[註25]「ペアレントクラシー」の時代とは、子どもの学力が親の富と子どもに対する学歴期待によって決まる時代でもあります。東大生の親の所得が突出して高いという事実はよく知られています。日本の学校は、いまや階層移動を促進するのではなく、階層を再生産する装置としての性格を強めてきています。

丸山眞男に「「である」ことと「する」こと」という著名なエッセイがあります。近代以前には、どんな家に生まれたかによって、その人が就くことのできる社会的地位が決定されていましたが、近代に移行すると社会的地位の決定要因は、その人の成し遂げた業績に移行していきます。近代化に伴ってその人の生まれではなく、その人の成し遂げた仕事が大きな価値をもつようになります。社会学者が、「帰属主義」から「業績主義」へと呼ぶ、近代への移行に際して生じたこの変化を丸山は、「「である」こと」から「「する」こと」へという、平易なことばで言い当てています。[註26]

「業績主義」が「近代」に対応するものであるのに対して、「超業績主義」は「超近代」に対応するものでしょう。「超近代」を生きる日本の中高生たちは、「スクールカースト」の序列を、なかば生得的なものとして受け止めていました。そしてどんな親をもつかで、子どもの学力が規定されてしまう現実（ペアレントクラシー）もあります。「「である」こと」（前近代）から「「する」こと」（近代）へ。そして再び「「である」こと」（超近代）へ。インターネットが発達し、クールなポピュラー文化が花咲く「超近代」の日本社会は、誰の子どもに生まれたのかによって、その将来が決定されてしまう

「前近代」に先祖返りしたかのようにもみえます。

小泉が退陣した後、首相の座についた六人の政治家のうちの四人までもが、元首相の子どもや孫でした。国会議員の多くも二世三世によって占められています。政治家ばかりではありません。企業経営者、スポーツ選手、芸能人、医師、大学教授、はては教員や公務員（！）に至るまで、すべて世襲制の職業と化した観さえあります。世襲の蔓延に対する疑問や憤りの声さえ、もはや聞かれなくなりました。勤勉さに価値を置き、生活保護を受けている人たちを「怠け者」と謗る人たちが、さしたる能力もないのに、両親や祖父母の七光りで高い地位に就いている連中に対して、腹をたてないのは何とも不思議な話です。〈註27〉

＊「友だち地獄」と「スクールカースト」を超えて

ではどうすれば中高生たちは、「友だち地獄」や「スクールカースト」から解放されるのでしょうか。クラスがあるからいじめも起きるし、「スクールカースト」も生じるという、国木田高校の校長先生の言には一理あると思います。社会学者でいじめ問題の権威でもある内藤朝雄は、意味もなく長時間一緒の生活を強いられるクラスのなかで、子どもたちは動物の「群れ」のようになり、「群れ化」した子どもたちはボスの命令に従い、弱い者に攻撃を加え、虐められる者の苦しみをみることを至上の喜びとするようになると述べています。クラスの存在がいじめの温床なのだから、クラスの廃止以外にいじめ根絶の方法はありません。いじめる者は犯罪者として警察に突き出して厳罰を加え、「社会」を生きる「人間」としての自覚を子どもたちにもたせるべきだと内藤は言います。〈註28〉

「スクールカースト」ということばを流行らせたドラマや映画、小説は高校を舞台にしていましたが〈註29〉、多くの学生たちは、「友だち地獄」や「スクールカースト」は、中学校時代がピークで、高校生になると仲間集団の圧力からかなり解放されたと述べています。これにはうなずくところがあります。中学生たちは、授業と部活で非常に長い時間学校に拘束されています。土日も休みなく年がら年中部活づけ。学校の「外」の世界というものが中学生たちにはありません。学校の人間関係でしくじれば、中学生たちには、どこにも居場所がなくなってしまいます。だから学校（級）内の人間関係につよい拘りをもつようになり、そこから様々なトラブルが生じることにもなります。

高校生になると単位制の高校では、クラスはないのが普通です。他の高校に進んだ中学生時代の友人とのつながりも、ＳＮＳで保たれています。高校生になれば、アルバイトを始める生徒も増えていきます。そこでは他の高校の生徒だけではなく、大学生やフリーター、自分の親世代に近いパートの女性等々、異世代の人たちとの交流も経験します。多くの学校ではクラスもあり、ハードな部活に身を投じている生徒も少なくないでしょうが、学校の「外」の世界とのつながりが、生徒の心のなかにそれこそ「ゆとり」を生み、学校（級）内の人間関係がもたらすストレスを緩和する役割を果たしているのです。多くの学生たちが、高校に入って「友だち地獄」からの解放を実感したと述べる所以です。

子どもたちから「外」の世界を奪い、狭い学校（級）のなかに閉じ込めているから、子ども同士の人間関係に起因する様々な問題が起こっている。中学校の教師たちの異常な長時間労働も、生徒たちが直面する様々な問題も、子どもたちを長時間学校に閉じ込めてしまった結果生じたものであると言えるでしょう。子どもたちを家庭と地域に戻すという、「ゆとり教育」のスローガンを、いま一度真面目に考えてみる必要があるでしょう。そのためにはまず、大人たちを長時間労働から解き放ち、彼／彼女らを家庭と地域に返す必要があることは言うまでもありません。

＊本当は恐ろしい能力主義――相模原の事件を考える

社会学者の鈴木弘輝は、スクールカーストと能力主義の間には、深いつながりがあると考えています。カースト上位の生徒たちは、クラスの秩序を乱すような行動に走った下位の生徒に「制裁」を加えることがあります。クラスを動かす能力がある自分たちには、それが許されると上位の子どもたちは考えているのです。他方、カースト下位の生徒たちは、先生に名前を憶えてもらえなくとも、それは「〇〇先生に顔と名前を覚えてもらえないほど印象の薄い生徒」だから仕方がないと諦めてしまっています。鈴木のみるところ、能力主義、およびそれと密接な関係をもつ自己責任論を内面化した生徒たちが「スクールカースト」を形成しているのです〔註30〕。

鈴木は、教育だけではなく医療の世界の中にも能力主義と自己責任論とが浸透していると言います。一九八〇年代までは、末期がんの患者に病名を告知することはありませんでした。患者に心理的なショックを与えないためです。医療者は少しでも長く患者を生かすことを使命と考えて、末期の患者をたくさんの管につないで、いつ果てるともしれぬ延命治療を続けていたのです〔註31〕。

一九九〇年代から医療の世界にも大きな変化が生じてきます。不治の病を抱えた患者に、病名や余命をはっきりと告知するようになったのです。インフォームドコンセント（説明と合意）ということばが、知られるようになりました。正確な情報を与えることで、患者の「自己決定権」を保障しようとする考え方がこうした変化の根底にはあります。また、ただ生きながらえるだけではなく、生活の質（Quality Of Life）を高めることが重要だという考え方も、医療現場には浸透していきます。しかし「自己決定」を重んじる風潮はリベラルでよきものにみえます。しかし「自己決定」重視の論理には、陥穽があると鈴木は言います。自分が決めたのだから、何か不都合が生じればそれは「自己責任」ということになるからです。「自己決定」を重んじる論理は「自己責任」論と背中合わせのものなのです。「自己決定」論を推し進めていけば、それはオランダやアメリカのいくつかの州ではすでに認められている安楽死の肯定につながります。鈴木は、「できることが人間の存在価値であり、それが失われるから死ぬ」（立岩真也）という恐ろしい思想が、「自己決定」を重んじ、安楽死までをも肯定する論理の中に潜んでいることを指摘しています。自己決定をする「能力」こそが、人間を人間たらしめているのだから、その「能力」が失われればもはや人間とは言えず、従って死ななければならない、ということになるからです〈註32〉。

二〇一六年七月、神奈川県相模原市で凄惨な事件が起こりました。重度の知的障碍者を収容した施設「津久井やまゆり園」に押し入った元職員の植松聖が、一九人の入所者を殺害しました。殺害に際して、植松は一人ひとりに呼びかけを行い、わずかでも反応を示した者を殺害することはありませんでした。「できることが人間の存在価値であり、それが失われるから死ぬ」という思想の冷徹な実践です。

植松の事件に関しては、優生思想のもたらした事件だという論評がなされてきました。たしかに障碍者を敵視する植松の思想は優生思想と呼びうるものかもしれません。しかし、「不良」な遺伝子の根絶を謳い、ナチス・ドイツのみならず、第二次世界大戦後の先進諸国においても、障碍者や特定の疾病をもつ人たちに強制的な断種を推進してきたのが優生思想です。ところが植松は遺伝には何も言及していません。殺害対象の選別方法などをみていると、この事件は何もできない人間に対する憎悪に起因するものであり、相模原の事件は、優生思想というよりはむしろ、能力主義を極端にまで突き詰めた結果起こった事件のようにみえます。

＊「人は皆、精神病者であり、身体障害者である」——能力主義と自己責任論を超えて

今日ではアスペルガー症候群、ＡＤＨＤ（注意欠陥多動性障害）、学習障害等々、様々な子どもの発達障害への関心が高まっています。障碍者の権利の保障に向かう、社会のあり方それじたいは、歓迎すべきことだと思います。しかしながら、「発達障害」への注目の高まりは、社会生活の複雑化によって、現在では「健常（普通）」と認められる基準が、著しく引き上げられてしまったことを反映しているようにもみえます。

昔はこれほど「コミュ力」が問われることがありませんでしたから、極端に無口な人でも就ける仕事はいくらでもありました。学習能力に問題があっても、身体を動かす仕事に就きさえすれば困ることはなかった。のんびりしていた時代なら、落ち着きがない、乱暴、無口、のんびり（ぼんやり？）している等々、よくも悪くも「個性」とみなされていたものが、いまは「障害」のカテゴリーに移されてしまったという印象を禁じえません。様々な障害という形で「能力」に先天的な欠落があれば、何かが極端に「できないこと」ことも奇矯な行動で秩序を乱すことも許容されるが、そうでは

ない「普通」の子どもたちには、できるようになるよう「がんばる」ことや、秩序を乱さない「よい子」でいることが、これまで以上に求められているようにもみえます。

千葉県で引きこもりの支援施設を運営している二神能基は、「神ならぬ人間は皆、精神病者か身体障害者」だということばを共感をもって引用しています。〈註34〉神ならぬ人間が完璧であるはずがありません。ところがいまの日本社会は完璧であることを、少なくともそうなるべくがんばることを人々に求めているのです。人間が本来もっている怠け者性や無能さを許容しない現在の日本で、鬱病は国民病になってしまいました。こうした社会のあり方に耐えられず、引きこもってしまった若者の方が適応している大人よりまともなのだと二神は述べていますが、それにも筆者は共感します。

人工知能が発達し、多くの人々の仕事が奪われてしまう近未来の到来が語られています。そうなった時に、「できることが人間の存在価値であり、それが失われるから死ぬ」という、極度の能力主義に取りつかれたこの国はどうなってしまうのでしょうか。

【註】

〈1〉佐藤博志・岡本智周『「ゆとり」批判はどうつくられたのか―世代論を解きほぐす』太郎次郎社エディタス、二〇一四年

〈2〉中野光『大正自由教育の研究』黎明書房、一九六八年

〈3〉苅谷剛彦『教育改革の幻想』ちくま新書、二〇〇二年

〈4〉岡部恒治ほか編『分数ができない大学生―二一世紀の日本が危ない』東洋経済新報社、一九九九年

〈5〉ベネッセ総合研究所HP：http://berd.benesse.jp/berd/center/open/report/chugaku_sentaku/2008_hon/pdf/data_11.pdf（二〇一八年四月二一日閲覧）

〈6〉松下佳代「ＰＩＳＡで教育の何が変わったか　日本の場合」教育テスト研究センターＣＲＥＴシンポジウム二〇一〇年一二月報告書 https://www.cret.or.jp/files/4c2f15b6b31fa47754e2cd22f1f0559f.pdf（二〇一八年四月二一日閲覧）
〈7〉コンラート・パウル・リースマン、齊藤成夫・斉藤直樹訳『反教養の理論　大学改革の錯誤』法政大学出版局、二〇一七年、七四頁
〈8〉佐藤・岡本前掲書
〈9〉『朝日新聞』電子版二〇一七年四月二八日 https://www.asahi.com/articles/ASK4W41XSK4WUTIL01F.html（二〇一八年四月二一日閲覧）
〈10〉国立教育政策研究所ＨＰ：https://www.nier.go.jp/kenkyukikaku/talis/imgs/talis_points.pdf（二〇一八年四月二一日閲覧）
〈11〉古市憲寿『絶望の国の幸福な若者たち』講談社、二〇一一年
〈12〉同右書、九八〜一〇〇頁
〈13〉同右書、一九九〜二〇四頁
〈14〉同右書、一〇七〜一〇九頁
〈15〉土井隆義『友だち地獄──「空気を読む」世代のサバイバル』ちくま新書、二〇〇八年
〈16〉ハンナ・アーレント、引田隆也・斎藤純一訳『過去と未来の間』みすず書房、一九九四年、二四四頁
〈17〉アラン・ブライマン、能登路雅子監訳『ディズニー化する社会──文化・消費・労働とグローバリゼーション』明石書店、二〇〇八年
〈18〉ジョージ・リッツァ、正岡寛司監訳『マクドナルド化する社会』早稲田大学出版部、一九九九年
〈19〉土井隆義「いまの若者たちにとって「個性的」とは否定の言葉である」現代ビジネス　二〇一七年六月六日　http://gendai.ismedia.jp/articles/-/51879（二〇一八年四月二一日閲覧）
〈20〉Ｅ・Ｈ・エリクソン、岩瀬庸理訳『アイデンティティ──青年と危機』金沢文庫、一九七三年
〈21〉小此木啓吾『モラトリアム人間の時代』中公文庫、一九八一年

〈22〉ローレンス・J・フリードマン、鈴木真理子ほか訳『エリクソンの人生—アイデンティティの探求者』新曜社、二〇〇三年
〈23〉鈴木翔『教室内（スクール）カースト』光文社新書、二〇一二年
〈24〉本田由紀『多元化する「能力」と日本社会—ハイパー・メリトクラシー化のなかで』NTT出版、二〇〇五年
〈25〉A・H・ハルゼー、H・ローダ、P・ブラウン、A・S・ウェルズ編、住田正樹・秋永雄一・吉本圭一編訳『教育社会学—第三のソリューション』九州大学出版会、二〇〇五年
〈26〉丸山眞男『日本の思想』岩波新書、一九六一年
〈27〉日本の地方の人たちの中に根強くある公務員への反感の背景の一つとして、地方においては公務員や教員があたかも特定の家系によって「世襲」されているかにみえる現実があることは否めない。
〈28〉内藤朝雄『いじめの構造—なぜ人が怪物になるのか』講談社現代新書、二〇〇九年
〈29〉代表的なものとして、朝井リョウ『桐島、部活やめるってよ』（集英社文庫、二〇一二年）と吉田大八監督による二〇一二年公開のその映画化作品がある。
〈30〉鈴木弘輝「スクールカーストと能力主義」（小谷敏編『二十一世紀の若者論—あいまいな不安を生きる』世界思想社、二〇一七年、一三九〜一四一頁）
〈31〉同右書、一三四〜一三七頁
〈32〉同右書、一三七頁
〈33〉二神能基『ニートがひらく幸福社会ニッポン—「進化系人類」が働き方・生き方を変える』明石書店、二〇一二年

第9章

ベーシックインカムと「怠ける権利」

1　人工知能はベーシックインカムの夢をみるか

＊名人がコンピュータに負けたころに棋士たちの世界で起こったこと

人工知能（以下ＡＩ）がいま大きな話題になっています。コンピュータは、自ら学び、考えるという、人間の知能とよく似た能力を獲得するところまで進歩してきました。自動翻訳の機能が向上してきたこと。Siri や Cortana 等の音声応答検索ソフトの有能（？）な仕事ぶり。筆者のような「情弱（情報弱者）」な人間も、ＡＩの発展を日々実感させられています。ＡＩとロボット技術を組み合わせた自動運転車の開発も進められています。二〇一七年の春には、コンピュータの将棋ソフトが、プロ棋士の最高峰に位置する名人を破って、大きな話題になりました。

チェスの世界では、コンピュータと人間との対戦はすでに一九八〇年代から始まっており、一九九八年には、世界チャンピオンのガルリ・カスパロフが、コンピュータに敗れています。将棋ソフトとプロ棋士との対局は、一九九〇年代の後半から始まっています。当初は棋士が、コンピュータを圧倒していましたが、二〇一〇年代に入ると、将棋ソフトはプロのトップ棋士と互角の戦いを演じるようになります。そして、二〇一〇年代の後半に入ると、対戦成績でコンピュータがプロ棋士を圧倒するようになりました。二〇一七年五月に行われた将棋ソフトＰＯＮＡＮＺＡとの電王戦二番勝負で、佐藤天彦名人が敗退。最強の棋士とされる羽生善治名人とコンピュータソフトとの対局は、実現しなかったものの、コンピュータとプロ棋士の戦いには、この年で終止符が打たれました。二〇一七年は、人間の将棋の棋士が、ＡＩとの戦いに最終的に敗れ去った年となったのです。

この前年には、激震が将棋界を襲っています。タイトル保持の経験をもつ三浦弘之九段が、対局中にしばしば離席し、コンピュータを覗き見る不正行為を行っているという申し立てが、複数の棋士からなされました。九月二二日、日本将棋連盟は、三浦九段の指し手の九割以上がコンピュータのそれと一致したとして、本格的な調査を待たずに、三浦九段に三カ月の出場停止処分を下しています。しかし、将棋連盟の第三者委員会は、同年一二月、三浦九段のスマホとパーソナル・コンピュータからは、不正行為の痕跡は認められず、不正行為の根拠とされていた、頻繁な離席の事実すらなかったとして、三浦九段にシロの裁定を下しています。

三浦九段の社会的生命を奪いかけた、棋士たちと連盟の動きは、さながら魔女狩りを思わせるものです。集団の中に強い不安心理が存在する時に、特定の個人に集団成員のネガティブアイデンティティを投影して、集団的な暴力を行使し、不安心理を解消しようとすることで、魔女狩りは発生します。ＡＩとの戦いに、大きく劣勢に立たされたことによって、棋士たちの職業的自尊心は傷ついたことでしょう。棋士たちの間に、将棋界の先行きに対する、強い不安心理が生じていたことは、想像に難くありません。コンピュータはかくも強力であり、誰でもそれにアクセスできる状況にあるにもかかわらず、将棋連盟が不正防止の手立てをとってはいないのだから、対局中にコンピュータを覗き見る、カンニング行為に手を染める棋士が現れても不思議はない（あるいは自分がそうした不正行為に手を染めるのではないか）。そうした疑心暗鬼が、三浦九段に投影された結果、「対局中に頻繁に離席する」という妄想が一人歩きをはじめた。そこから連盟の不条理な処分が生じてしまったのではないでしょうか。

名人が、コンピュータに負けても、将棋の人気が、低落することはありませんでした。名人がPONANZAに敗れ去った二〇一七年には、当時一四歳の天才棋士藤井聡太が、従来の連勝記録を更新する華々しいデビューを飾っています。ユニークな言動で知られる七八歳の現役最高齢棋士、加藤一二三との藤井のデビュー戦は、大きな話題となりました。六四歳の年齢の隔たりのある「神武以来《このかた》の天才」と呼ばれた加藤と、新星の如くあらわれた二一世紀の天才藤井との真剣勝負という「人間のドラマ」が、多くの人々を惹きつけたのです。どんなにAIが進歩しても、「人間のドラマ」だけは演じることはできない。それが、藤井と加藤の対戦がもたらした教訓です。

＊「機械との競争」――労働市場からの退場を強いられる人々

外国人との会話すら可能にする翻訳ソフト。自動運転の乗用車。人間の心情をも理解する、高度なAIを搭載した介護ロボット。これらは、「ドラえもん」がポケットから取り出す「秘密道具」を彷彿させます。これらの発明は、人々の生活に大きな利便をもたらすものでしょう。だが、どうしたわけか人工知能の発達は現在、人類にバラ色の未来をもたらす福音としては語られていません。いま声高に語られているのは、AIとロボット技術の発達が、多くの人々の雇用を奪うことへの不安です。発達したテクノロジーが人々の雇用を奪う、かつてケインズが「機械的失業」と呼んだ事態はすでに始まっているという見方さえあります。

アメリカの経済学者ブリニョルフソンとマカフィーは、『機械との競争』という刺激的なタイトルの本のなかで、リーマンショック後のアメリカで雇用が回復しない原因を、技術革新の停滞ではなく、デジタル技術があまりに速く進み過ぎたことのなかに求めています。人々が、時代の求める新たなスキルを獲得し、進歩した技術に対応しうる社会制度を構築する暇もないほどの、早すぎる技術革新の波が、労働市場を直撃しました。「私たちは、ペース（技術革新の―筆者）が早くなりすぎて人間が取り残されているのだと考える。言い換えれば、多くの労働者がテクノロジーとの競争に負けているのである」〈註１〉。

アメリカの労働生産性は近年高まってきており、ＧＤＰも順調に増大しています。しかしその恩恵は、国民各層に均霑《きんてん》されていません。所得の中央値はむしろ下がってきているのです。資本家や各界のスーパースターたちは、巨億の富を手にしています。また高いスキルをもつ、労働者たちの所得も上昇し、雇用も順調です。意外なことですが、肉体労働等に従事する低スキルの労働者たちの雇用も、減ってはいません。「機械との競争」に敗れ、大きなダメージを受けているのが、事務職に代表される中間的スキルの労働者たちなのです。この中間層の人々が「機械との競争」に敗れた結果、所得の中央値が下がり続けている、そうブリニョルフソンらは説明しています〈註２〉。

今後ＡＩとロボット技術が、一層の進歩を遂げれば、「機械との競争」に敗れ、仕事を失う労働者の数は増大し続けることでしょう。しかし、人が生きていくためには、お金が必要です。人工知能やロボットは生産することはできても、消費はしてくれません。仕事を失った勤労者が消費市場から退場してしまえば、購買力が失われて企業経営は成り立たなくなります。ＡＩとロボット技術の一層の発達が予想される未来を見据え、人々の生存と経済システムの存続を可能にするために、勤労と所得とを切り離し、人々に無条件で一定の所得を保障するベーシックインカム（以下ＢＩ）への関心が世界的に高まってきました。これが二〇一〇年代後半の状況です。

＊「スーパー子ども」――人工知能時代の「期待される人間像」

『機械との競争』の著者たちは、人工知能の時代の雇用の問題について、必ずしも悲観していません。デジタル技術の発達は、将来的に様々な新しい市場を創出していきます。世界に張り巡らされた、ネットワークを駆使することによって、一〇人ほどの人数で多国籍企業（マイクロ・マルチ・ナショナルズ）を作ることもできるようになります。[註3] 新たに創出された市場において勝者となり、スーパースター並みの報酬を手にする者も増えるに違いありません。「創出する市場そのものの数には上限がない」から、「理論上は価値をもたらす市場が数千万存在すれば、数千万人の人がトップ・パフォーマーになれるし、その分野に関する限りトップ・エキスパートになれる」[註4]。「機械との競争」に人間が勝つことはできないが、機械と人間が協働することはできる。人工知能の時代に市場を広げ、雇用を拡大するためには機械と協働する能力をもった人間を育てることが不可欠であり、その成否はひとえに教育にかかっている。これがブリニョルフソンらの主張です。[註5]

二〇一七年の三月に公示された新しい学習指導要領案も、人工知能の時代の到来を強く意識したものとなっています。「二〇三〇年の社会と子供たちの未来」と銘打たれた文書には、「先をみとおすことがますます難しく」なり、「半数近くの仕事が自動化される可能性が高い」時代の到来に備えて、「子供たちには、現在と未来に向けて、自らの人生をどのように拓《ひら》いていくことが求められているのか。また、自らの生涯を生き抜く力を培っていくことが問われる中、新しい時代を生きる子供たちに、学校教育は何を準備しなければならないのか」という問いかけがなされています。〈註6〉

その問いかけに対する応答として示された新しい指導要領案は、実に多くの要求を教師と子どもにつきつけています。前回の指導要領の改定で増加された理数系の授業時数を維持する一方で、体験的な学習の充実を図り、道徳心と伝統を守る心を子どもたちの中に涵養して、小学校から英語を正式な教科として置き、コンピュータのプログラミングに関する教育も小学生の時から始める。そして新しいカリキュラムの実施に当たっては、授業時数が過重にならぬよう、各校が人的・物的な体制を確保する「カリキュラム・マネージメント」を行うよう求めています。〈註7〉二〇一七年の三月七日に放送されたＮＨＫ総合テレビの「週刊ニュース深読み」は、新しい学習指導要領案が目指す子ども像を、「スーパー子ども」と表現していました。〈註8〉たしかに、これだけの課題をこなすことのできる子どもは、ただ者ではありません。「スーパー子ども」です。

過重な教科内容が子どもたちの成長を歪めているという認識の下に、一九七〇年代から二一世紀の初頭に至るまでの間に、教科内容の削減が続けられていったことは、第8章でみたとおりです。今回示されたような、過重なカリキュラムが子どもたちに課せられれば、学校はいま以上に、子どもたちにとって生きづらい場所となるに違いありません。

日本の教師の極めて多くの部分が、過労死ラインを超える残業を強いられていることも第8章でみたとおりです。国と地方の財政難が克服されていない現状では、教師が増員され、学校の物質的条件が改善される可能性は少ない。「カリキュラム・マネージメント」ということばによって、文部科学省は、現場でやりくりしてなんとか急場を凌げ、「足りぬ、足りぬは、工夫が足りぬ」、と言っているようにみえます。人員等の条件が改善されないままで、小学校での英語の授業やプログラミングの教育等、新たな負担が教師たちの肩にのしかかれば、学校現場の労働条件は、さらに悪化していくに違いありません。

「スーパー子ども」の育成を目指す教育改革は、勉強嫌いの子どもや不登校の子どもを産みだし、精神疾患で離職する教師たちを、増大させる結果に終わるのではないでしょうか。

現在、子どもの貧困が深刻な問題となっています。家庭の貧しさの故に十分な学習を行いえない子どもたちをどうするのかという問題意識を、今回の指導要領の改定案からうかがうことはできませんでした。「スーパー子ども」という先の表現が示すように、今回の指導要領の改定案は、エリート主義的なものです。エリートとは定義からして少数者のことです。すべての子どもが、エリートになれるはずもありません。エリート養成を目指す教育は、多くの子どもたちが脱落することを前提としています。公教育のあり方として、極めて歪なものです。

＊なぜ技術の発展が災厄となるのか？

第2章でみたように、かのケインズは、二〇三〇年を生きるわが孫たちは、一日三時間しか働かなくてもすむようになっていると予言していました。十分な豊かさを手にしたわが孫たちにとって、経済はもはや主要な関心事ではなくなっている。ケインズは、そうも述べていました。文部科学省の描く二〇三〇年の世界において人々は、ＡＩ等の技術革新の波に翻弄され、過酷な生存競争を勝ち抜くことを強いられています。その勝者となるべく子どもたちに「スーパー子ども」たれと、文部科学省は説いているのです。

ＡＩという新しい技術の発達は、いま以上に豊かで便利な生活をもたらし、人々にとっての福音となるはずのものです。しかし現在、ＡＩの発達は、人々の職を奪い、労働市場から追放してしまう災厄として語られています。福音であるはずのものが災厄となる。この倒錯的な事態はなぜ生じたのでしょうか。

ここで思い出されるのが、第４章でみたヒレア・ベロックのことばです。ベロックは、技術の発展が貧富の格差を極大化する資本主義の到来を許したのではなく、一部の人たちに富が集中することを許容する「道徳的に病める状況」こそが、本来は人々にとって福音であるはずの技術の発達を災厄に変えてしまったと、述べていました。

ごく一握りの人たちが、貧しい世界の何億人分にも相当する大きな富を手にしている。これが世界の現状です。その格差は、ＡＩの発達によって、さらに拡大することが予測されています。巨大な富の偏在を多くの人々は、避け難い趨勢として受け止めているのです。巨大な富の偏在に怒りを示さない。これこそまさに「道徳的に病める状況」を、反映したもののように思えます。以下には、大きな貧富の格差を生み出している、グローバリゼーションの現況についてみてみることにしましょう。

2　グローバリゼーション――「一％」と「九九％」？

＊グローバリゼーションとは何か

グローバリゼーションは、世界的な規模での相互依存関係が生まれ、世界の出来事が国境を越えて人々の生活に大きな影響を及ぼすようになった状況を言い当てたことばです。その意味では、大航海時代以降の世界においては、絶え間なくグローバル化が進展していたということも可能でしょうが、このことばが広く人口に膾炙していったのは、やはり米ソ冷戦が終結して以降のことです。

一九九一年のソ連崩壊によって、それまでアメリカを中心とする資本主義の経済圏と、ソ連を中心とする社会主義の経済圏とに分断されていた世界の市場は、一つに統合されました。交通・運輸・通信技術の発展とも相まって、人・物・金、そして情報が目まぐるしく国境を越えて行き交うようになったのです。従来は、欧米諸国と日本とによって担われてきた工業生産の領域に、一九八〇年以降、東アジア諸国やブラジル等の新興工業諸国が参入してきました。先進国の大企業が、生産拠点を安価な労働力の得られる新興工業諸国に移転させたことによって、これらの地域は急速な経済発展を遂げていきました。ＥＵ諸国においては、一九九二年ごろまでに概ね市場統合を完了し、二〇〇二年に共通通貨ユーロを導入しています。

冷戦終結後の世界を支配したのは、新自由主義のイデオロギーでした。ソ連の崩壊によってマルクス主義の影響力は完全に失われてしまいました。第二次世界大戦後の西側諸国は、積極的な財政出動を行うケインズ主義を採用していました。ケインズ主義に主導された西側諸国は、「ゆりかごから墓場まで」の福祉国家を実現し、搾取され窮乏化したプロレタリアートの蜂起によって資本主義が崩壊するとした、マルクスの予言を失効させていったのです。しかし、一九七一年のドルショックと、一九七三年のオイルショックとによって、「世界経済の黄金時代」は、終わりを告げます。経済成長が鈍化し、財政状況が悪化すると、先進諸国がケインズ政策を取り続けることは不可能になります。「世界経済の黄金時代」の終焉とともにケインズ主義も退場したのです。それに替って、小さな政府を標榜し、政府の市場への介入を最小限にとどめるとともに、社会保障を削減するために人々の自立自助を強く求め、様々な規制を撤廃して競争を奨励する一方、競争の結果生じる格差の拡大を是認する、ハイエクやフリードマンによって唱導された、新自由主義が世界を覆うようになりました。〈註9〉

＊「禍福は糾える縄の如し」――ソ連崩壊の教訓

怠惰にぬくぬくと暮らしたいという欲望は、世界の庶民に共通のものではないでしょうか。「休まず、遅れず、働かず。のんべんだらりと楽しく生きる」。それが可能な世界こそが、庶民にとっての理想郷（ユートピア）なのだと思います。その意味では、末期の旧ソ連こそが、ユートピアであったのかもしれません。この時代に商社の駐在員としてモスクワで仕事をしていた筆者の友人は、ロシア人との商談の際には、朝からビールが出てくることも稀ではなかったと言っていました。共産党体制に異を唱えず、一応働くふりさえしていれば、安楽な生活が保障されていたのです。「休まず、遅れず、働かず……」を地で行く世界です。労働を神聖視していた「社会主義の祖国」で、「怠ける権利」が実現していたことは、歴史の皮肉というほかありません。もっとも、自由を何より重んじたラフォルグであれば、共産党支配への隷従と引き換えに安逸を貪る生き方を、是とはしなかったでしょうが。

フランスの人類学者エマニュエル・トッドは、一九七六年の時点でソ連の崩壊を予測していました。人口統計を精査したトッドは、ソ連の乳幼児死亡率が発展途上国並みの高い水準にあることを見出します。乳幼児という、もっとも弱い存在を守れない政治体制は劣悪なものであり、長く存続することはできない。トッドがソ連崩壊を予測した根拠です。[註10] 筆者の友人を驚かせた、朝から酒を飲む首都のビジネスマンたちの姿も、ソ連崩壊の予兆だったのかもしれません。筆者の友人が日本に帰ってからほどなく、チェルノブイリ原発事故が起こりました。最後の共産党書記長となったミハイル・ゴルバチョフは、「ペレストロイカ（改革）」の旗印の下「グラースノスチ（情報公開）」を推し進めていきますが、時すでに遅く、チェルノブイリ原発事故から五年後の一九九一年にソ連は崩壊してしまいました。

ソ連の崩壊以降、世界は怠け者たちにとって、極めて息苦しいものになってしまいました。規制緩和と競争原理の導入は、一九八〇年代以降の趨勢でしたが、ソ連崩壊後の九〇年代にそれは一層加速化されていきます。日本でも、規制緩和の流れの中で、「親方日の丸」の「岩盤規制」に胡坐をかいて、安逸を貪ることが段々と難しくなっていったのです。大型店の出店規制に守られて呑気に暮らしていた地方の商店街も、規制緩和によって経営が立ちゆかなくなり、シャッター商店街が目につくようになりました。企業や官公庁などの組織においても、働いている「ふり」をするだけではだめで、ちゃんと働いて成果をあげなければ、強い非難に晒され、民間企業であればリストラの対象とされかねない時代に突入していったのです。

旧ソ連の時代のロシア人たちは、多くの都市生活者が所有していた、ダーチャと呼ばれる菜園つきの別荘での農作業に精勤していました。ソ連崩壊後の経済の大混乱の中でも餓死者が出なかったのは、ダーチャで作られていた農作物の力によるところが大きいと言われています。人々が本業を疎かにしたが故に国は潰れたが、休日に精を出していた畑仕事によって人々の生存が守られた。まさに「禍福は糾える縄の如し」。人々の生存にとって不可欠な、食物を生み出す「農」の営みを軽視して、都市のオフィスで人々が死に至るまでの過酷な勤労に励む、日本の行く末が案じられます。

＊拡大する格差

新自由主義がもたらした規制緩和の流れは、グローバルな人、物、金の流れを一層加速化させていきました。そして九〇年代以降のグローバリゼーションの進展は、先進諸国の内部において、格差の拡大を招いたのです。製造業が生産拠点を新興工業諸国に移転した結果、国内の雇用は失われていきます。第三世界からの安価な農産物の流入によって、先進諸国の農業生産者は苦境に立たされました。どこの国でも、人・金・物が集中する首都、およびそれに準じる主要都市と、地方との間の格差は大きく広がっていったのです。

先進諸国において失われたのは、製造業の雇用だけではありませんでした。デジタル技術の発達は多くの事務職の仕事を奪っただけではなく、事務的作業の海外へのアウトソーシングをも可能にしました。多くの職場において、正規雇用の仕事が、次第に非正規雇用に置き換えられていきました。総じてグローバル化は、平均的な勤労者にとって、賃金の下降圧力として働いたのです。

他方、一九九〇年代以降には、グローバル化した世界市場を制覇した、マイクロソフトやアマゾンに代表される、数多《あまた》のマンモス企業が急速な成長をとげていきました。こうした企業群の経営陣と、グローバル経済の死命を制する投資家たちは、天文学的な報酬を手にするようになったのです。アメリカでは、一九八三年から二〇〇九年までの間に生じた富の正味増加分の「八〇%以上が上位五%の世帯に、四〇%以上が上位一%に集中している」〈註11〉。一九七〇年代以降、経済成長率は著しく低下していますが、その乏しい成長の果実が、「一%」によって独占されてきたことを、如実に物語るデータです。新自由主義イデオロギーは、こうした格差の拡大を正当化する役割を果たしてきました。

グローバリゼーションの時代は、巨額のマネーが国境を越えて飛び交う時代でもあります。アジアの新興工業諸国は、世界の投資家のマネーを引き寄せることによって、順調な経済発展を遂げていきました。しかし、一九九七年には、海外の機関投資家たちが、タイのバーツや韓国のウォン等を空売りすることによって、これらの通貨が暴落する、アジア通貨危機が生じています。通貨の暴落によって、関係諸国にもたらされた被害は、甚大なものでした。とりわけ被害の大きかったタイ、韓国、インドネシアは、IMFの管理化に入っています。アジア通貨危機は、グローバル化した経済の下では、諸国民が主権者として、自らの進むべき道を自己決定することが、不可能になってしまったことを示しています。諸国民の運命は、巨大な富を手中に収めた投資家たちと、その国への投資の適格性を評価する種々の格付け会社の手に握られてしまいました。カナダのジャーナリスト、ナオミ・クラインは「惨事便乗型資本主義」ということばを創っています。ソ連崩壊、アジア通貨危機、そしてスマトラ島の大津波。これらの政治的経済的破局や大災害に際して、ＩＭＦと世界銀行は、市場経済万能主義のシカゴ学派の経済学者たちを顧問として送り込み、その国の経済システムを新自由主義イデオロギーに適合的なそれに作り変えてきたのです。〈註12〉

＊「一％」に抗う「九九％」――反グローバル運動

グローバリゼーションは、多くの負の部分をも含むものでした。それ故一九九〇年代以降、グローバリゼーションは、左右の両派からの批判に晒されてきました。先進国（とりわけアメリカ）の多国籍企業群によって主導されてきた、経済のグローバル化は、発展途上国の経済発展を促す一方で、途上国の労働者（とりわけ女性）に対する経済的搾取や、急速な工業化に伴う環境破壊を世界に広げていきました。フェミニストやエコロジストたちは、経済のグローバル化を厳しく批判していきます。一九九〇年代以降のサミットをはじめとする様々な国際会議の場に、多くのＮＰＯのメンバーが結集し、抗議活動を繰り広げて来ました。〈註13〉

グローバリゼーションが、先進諸国の内部における経済的格差を増大させていったことは、先にみたとおりです。一九九〇年代以降、日本をも含む先進諸国は、「勝ち組」と「負け組」に分断されるようになりました。欧米諸国においては、大量に流入したニューカマーの移民たちに対して、労働者たちの仕事を奪い、その国の文化的アイデンティティを脅かす存在として、警戒の目が向けられるようになっていったのです。その結果、「負け組」のルサンチマンと反移民感情を代弁するポピュリズム的政治家が、どこの国においても高い支持を集めるようになりました。二〇一六年の大統領選挙においては、「アメリカファースト」を標榜し、不法移民の流入を防ぐ壁をメキシコ国境との間に築くことを公約に掲げた、ドナルド・トランプが当選を果たしています。イギリスは、二〇一六年に行われた国民投票で、ユーロからの離脱を決定しました。嫌中嫌韓本がベストセラーになる日本をも含めて、二〇一〇年代後半の先進諸国では、排外主義的な気分が支配的になってきています。グローバリゼーションはいま、大きなゆらぎに直面しています。

グローバリゼーションのゆらぎは、まず国際金融システムの危機としてあらわれました。二〇〇〇年代前半のアメリカでは、海外からの資金の流入と低金利政策によって、空前の住宅バブルが生じていました。ところが住宅バブルがはじけると、サブプライムローンと呼ばれる、低所得者向けの住宅ローンのシステムが破綻しています。サブプライムローンは、証券化され、各種の金融商品の中に織り込まれて広く販売されていたために、その不良債権化による被害は拡大し、影響は広範囲に及んでいきました。二〇〇八年の九月には、アメリカのメガバンク、リーマンブラザーズが経営破綻をしています。負債総額六〇兆円、アメリカ市場最大のこの倒産の余波を受けて、世界の金融システムは大きな混乱に直面しました。

リーマンショックはヨーロッパにも飛び火していきます。巨額の損失を抱えた機関投資家が、ギリシャ国債を空売りしたために、ギリシャは財政危機に陥ってしまいます。ギリシャに対する多額の債権を保有するドイツは、ギリシャへの返済猶予を認めず、その結果ギリシャ国民は、長い耐乏生活を強いられることになりました。

リーマンショックの後、世界的な大不況が到来し、アメリカでは若年層を中心に、多くの失業者が生まれました。アメリカ政府が、金融システムの安定のために、銀行に多額の税金を投入したことも人々の怒りを掻き立てていきます。二〇一一年の九月には、リーマンショックをもたらした、アメリカの政財界に抗議する大規模な占拠運動が、アメリカの金融の中心地、ウォールストリートで起こりました。「私は九九％」をスローガンに掲げ、「一％」の超富裕層が支配する、アメリカの政治経済に対するこの抗議運動に、オノ・ヨーコやナオミ・クラインから、ノーベル経済学賞受賞者のポール・スティグリッツ、さらには著名な投資家のジョージ・ソロスに至るまでの著名人たちが、賛意を表していたのです。この種の抗議行動は、同じく不況に見舞われていった多くの国々に飛び火していきました。リーマンショックを機として、世界の経済を支配する銀行に対する不信感が人々に強く抱かれるようになりました。著名なサッカー選手であるエリック・カントナが二〇一二年に、銀行からお金を一斉に引き出し、倒産させようと主張して話題になりました。

＊「エリートの反逆」への「大衆の反逆」――ポピュリズムを生み出したもの

ウオール街占拠運動は、世界は九九％と一％に分断されていると主張しました。しかし分断のラインは、実際にはもっと後方に――おそらく八〇年代以降の成長の果実の四割の分け前にあずかっているとされた「五％」のあたりに――引かれているのではないでしょうか。衰退の続く地方で働くノンエリートの人たちは、経済的に厳しい状況に置かれています。これに対して、高度な専門性を武器に国境を越えて活躍することのできる、大都市の大企業や、マスコミ、さらには大学等の高等教育機関で働くエリートたちは、グローバリゼーションの受益者となっているからです。

「反知性主義」ということばをよく耳にします。二〇一〇年代後半の今日、知識人に対する侮蔑的な態度が、先進諸国を覆っています。「反知性主義」は、高度に専門的なスキルを持ち、国際公用語と化した英語を流暢に操るエリートたちに対する、ローカルに生きるほかない、普通の人々の反感に根をもつものなのではないでしょうか。トランプ大統領を生み出したポピュリズムも、それに随伴する反知性主義も、エリートたらざる普通の人々が、惨めな思いを強いられるグローバリゼーションがもたらしたものだとも言えそうです。

『ナルシシズムの時代』で知られるクリストファー・ラッシュは、『エリートの反逆』という著書を遺しています。かつてエリートは、国民に奉仕する存在であった。しかし八〇年代以降のアメリカのエリートは、コミュニティに対する帰属意識をもっておらず、自己の利益を最大にする場所を探し求めて、世界を移動している。かつては自国の発展に尽力した途上国のエリートたちも、自国ではなく先進諸国での成功を思い描いている。現代社会の危機は、「大衆の反逆」によってもたらされるのではない。国民に対する義務の感覚を欠落させ、自己の利益の追求にひた走る「エリートの反逆」こそが社会の不安要因になっているとラッシュは言います。〈註14〉アメリカのトランプ旋風やイギリスのＥＵ離脱騒動等は、「エリートの反逆」への「大衆の反逆」であると言えるかもしれません。

＊地域通貨──庶民の「生きる力」

通貨は本来、市場における財の交換を媒介し、人々の生活上の必要を充足するための、ツールであるはずのものです。ところが現在では、一部の富裕層の手に通貨は握られてしまっています。富裕層に属する人々が、法外な富を消費ではなく投機によって、際限もなく増殖させていることは、第２章でみたとおりです。そのため、通貨を切実に必要としている人たちが、それを手にすることが困難になってしまいました。多くの国々で、国と地方の財政赤字を解消するための緊縮財政が、恒常化しています。そのために、これといった産業のない地方で暮らす人たちの経済的窮境は、深刻なものとなっていったのです。

そうした状況のなかで、二〇〇〇年代に入ると、地域通貨の運動が世界の各地でさかんに行われるようになりました。中央銀行（日本でいえば日本銀行）が発行し、全国に流通する法定通貨に対して、地域通貨は、商店街や労働組合、ＮＰＯ等々が発行し、特定地域内部においてのみ流通していきます。地域通貨には紙幣（商品券）の形をしたものや、物やサービスの貸し借りを記した台帳を用いるもの等々、様々な形式のものがあります。法定通貨と異なり、地域通貨には利子はつかず、貯蓄することも投機に用いることもできません。物とサービスの購入にのみ用いることができる点も、法定通貨との大きな違いです。[註15]

利子がつかないどころか、多くの地域通貨には使用期限があります。二〇世紀初頭のドイツの経済学者シルビア・ゲゼルは、貨幣退蔵を防ぎ、消費を活性化するために、時の経過とともに減額していく「スタンプ紙幣」（紙幣の裏側に、減額を示すスタンプを貼り付けていく）を提唱しています。地域通貨の発想は、ゲゼルのそれとよく似ています。[註16]

地域通貨は多くの場合、地域住民相互の物々交換やサービス（運転による送迎、介護、庭仕事や大工仕事、ダンスや語学や学校の勉強を教える……）の交換に際して用いられています。地域通貨を用いた物やサービスのやりとりのなかで、人々の自己肯定感（「私は人の役に立っている」、「社会に貢献している」）を高めると同時に、住民相互の親密性を増大させ、地域の連帯を強化する役割も地域通貨は担っています。

地域通貨運動の高まりは、グローバル化した金融資本の手から、通貨を普通の人々の手に取り戻すための一つの実験と言えるでしょう。ギリシャでは、二〇一〇年代に生まれたＴＥＭという地域通貨が、経済危機の後で広く用いられています。ニューヨーク・タイムズ紙は、「経済危機に打ちのめされたギリシャは、物々交換に回帰している」と報じています。〈註17〉ロシアの人々は、ダーチャ（菜園つきの別荘）で収穫された野菜やじゃがいもで、ソ連崩壊に伴う経済危機を凌ぎました。地域通貨を媒介とした物々交換によって、ギリシャの人々は、財政破綻がもたらした窮境に耐えています。ロシアとギリシャの事例は、「生きる力」に満ちた、庶民の逞しさを物語っています。そして、長い年月をかけて培われてきた共同体的な営みが、グローバル経済の荒波に対する防波堤となりうることを示すエピソードでもあります。

3　ベーシックインカム――「怠ける権利」をめぐる攻防

＊ベーシックインカムとは何か？

ＢＩへの関心も、リーマンショックによる不況が深刻化するなかで世界的に高まってきました。イタリアの「五つ星運動」をはじめとして、ヨーロッパではポピュリズム政党の多くが、ＢＩの実現を公約として掲げるようになっています。〈註18〉ＢＩが人々の支持を獲得する中で、オランダのユトレヒト市ではＢＩの社会実験が行われました。スイスでは、結局否決されたものの、ＢＩ実施の可否を問う国民投票が行われています。世界経済が不安定の度を増す中で、それまで現実味の乏しかったＢＩの実施が、喫緊の課題として浮かび上がってきたのです。

救貧法時代（一八世紀末から一九世紀前半にかけて）のイギリスでは、市民や農民に賃金補助を行い、家族手当を給付する、スピーナムランド制度が行われていました。スピーナムランド制度は、ＢＩによく似たものです。アメリカ合衆国のアラスカ州では、石油収入を州民に等しく配分する、「アラスカ恒久基金」が一九七七年に始まり、いまも続いています。このようにＢＩ類似のものは、これまでもいくつか存在しています。しかし、市民権を有するすべての者に、等しく最低限の所得を保障するという意味でのＢＩが実現したことは、これまで一度もありません。その意味でＢＩは、これまで思考実験の域にとどまっていました。

この思考実験には長い歴史があります。ＢＩの発想の淵源は、「ユートピア（理想郷）」ということばを生み出した、一六世紀イギリスの人文主義者、トマス・モアに遡ると言われています。アメリカ独立革命を鼓舞した政治哲学者、トマス・ペインは、私有財産は収奪によって獲得されたものだから、有産者は無産者に富を分け与えるべきだと主張していました。二〇世紀に入ってからも、第2章でみたように、バートランド・ラッセルは、人々に無条件で所得を保障すべきだと主張しています。アメリカにおける人種差別撤廃運動の偉大な指導者、マーチン・ルーサー・キング牧師もＢＩの導入を熱心に主張していました〈註19〉。

ＢＩにはまた、一定の所得に届かない人たちに給付金を支給する「負の所得税」や、ある社会活動に参加することを条件に支給される「参加所得」、人々が協同組合に加入することによって共同で生産手段を所有して、そこから得られた利益を出資額に応じて配分する「社会配当」等、様々なバリエーションがあります。先にみた「アラスカ恒久基金」は、アラスカ州の住民が、地元の天然資源によって得られた富を分配するものですから、「社会配当」に近いものと言えます。

学生にＢＩの話をすると、「社会主義みたいですね」という反応を示す者が、少なくありません。たしかに、無条件で最低限の所得を保障するＢＩには、「能力に応じて働き、必要に応じてとる」という、マルクスのことばを想起させるものがあります。しかしＢＩは、左派だけが提唱してきたものではありません。所得税を廃止して、消費税を五〇％に引き上げ、それを財源としてＢＩを導入することを主張したゲッツ・ヴェルナーは、ドイツの大手ドラッグストアチェーンの経営者です〈註20〉。ＢＩの一変種である「負の所得税」は、ミルトン・フリードマンらの新自由主義的な経済学者によって提唱されています。ＢＩの導入によって、経営者は労働者の雇用を守る義務と、生活するに足る給与を支払う義務から解放されます。またＢＩの支給によって、社会保障の多くを廃止することも可能になります。ＢＩが新自由主義者たちにとっても、大きな魅力をもつ所以です。

イギリスの社会政策学者、トニー・フィッツパトリックは、フリードマンのような「極右急進主義者」から、福祉国家を擁護するリベラルな「福祉集合主義」と社会主義者、さらにはフェミニストやエコロジストに至るまでの幅広いイデオロギーの持ち主の中に、ＢＩを提唱する者が存在する一方で、ＢＩに批判的な者も、これらすべてのイデオロギーの持ち主のなかに含まれていると述べています。これまでは、ＢＩの担い手となる政治勢力が存在しないことが、ＢＩの実現可能性にとってのネックとなってきたともフィッツパトリックは指摘しています。〈註21〉「五つ星運動」のようなＢＩを主張する政治勢力の出現によって、近年その状況に変化が生じてきています。

＊「怠ける権利」をめぐる攻防

第７章でみたように、小泉改革の熱狂が去った二〇〇〇年代の後半には、新自由主義的な改革が広げた、格差と貧困の問題に人々の関心が集まるようになりました。

貧困問題が顕在化するなかで日本でも、無条件で最低限の所得が保障される、「ベーシックインカム」への関心が高まっていきました。経済学者山森亮の『ベーシック・インカム入門』が二〇〇九年に光文社新書から刊行されたこと。田中康夫や、ホリエモンこと堀江貴文等の著名人がＢＩに賛意を示したこと。こうした動きを受けて、マスメディアもしばしばＢＩを取り上げるようになりました。二〇一〇年を迎えるころには、ＢＩは広く人口に膾炙《かいしゃ》するものとなっていったのです。そしてこの時代に、ＢＩをめぐる活発な論争が展開されています。

現在の経済の仕組みのなかで人々は、働かなくては所得を得ることはできません。所得がなければ食べていくこともできないのです。現状において「怠ける権利」をストレートに行使すれば、人は飢え死にをするほかはありません。勤労と所得とを切り離すＢＩは、人々が労働を拒否して生きることを、すなわち「怠ける権利」の行使を可能にするものでもあります。

ＢＩは怠け者を生むのか。第2章でみたように、この疑問にラッセルは、適正な労働は成人の心身の健康にとって不可欠なものであるし、勤労によって社会的な尊敬も得られるのだから基礎的な所得が保障されても人々は働くだろうし、本物の怠け者はいたとしてもごく少数だから、彼らの存在は社会の存立をおびやかすほどのものではないと、明解に答えています。ＢＩに賛同する社会保障の専門家たちも、働いて所得を得れば減額される現在の種々の給付金とは異なり、所得が増えてもＢＩは減額されることがないので、働けば働くほど所得が増えるのだから、ＢＩの導入はむしろ、就労への動機づけを強めるという立場をとっています。

他方、働かなくても最低限の所得が得られるのであれば、ＢＩの財源となる税金を支払うことなく、制度にただ乗りするフリーライダーが発生し、社会的公正が損なわれることを懸念する論者たちも政治的な立場の如何を問わず多く存在しています。〈註22〉

所得が保障されると人は働かなくなるのではないか。この疑問はＢＩ論議を貫く、通奏低音の趣があります。二〇一〇年ごろのＢＩ論争もまた、「怠ける権利」を可能にする、ＢＩのこの特質をめぐってなされていました。

＊本当は恐い福祉国家

経済学者の小沢修司は、日本におけるＢＩ研究の先駆的研究者です。勤労によって所得を得ることが資本主義社会の原則であり、社会保障制度もそれを前提に成り立ってきました。ところが経済の低迷によって、勤労によって十分な所得を得ることのできない人たちが急増してきました。そのため貧困に墜ちる人たちが増えています。困窮者たちを救うための社会保障制度も、財政難からその存続が危ぶまれています。こうした状況を克服するために小沢は、勤労と所得とを切り離すべきだと主張しています。小沢は、所得税率を最大限四五％に引き上げることによって、月七万円、年額八四万円のＢＩを実施することが可能だという試算を行い、注目を集めました。日本の社会保障制度は、不十分なものであり、ＢＩ実施よりも、北欧諸国のような福祉国家を目指すべきだという批判に、小沢は「ＢＩと同時に様々な社会サービスを充実させ〈註23〉」ていくことで、福祉国家とＢＩの二兎を追うことは可能だと反論しています。

小沢の主張には疑問が残ります。ＢＩを実現し、各種社会サービスの充実をはかるとすれば、膨大な財政支出が必要になります。消費税四五％をはるかに上回る、非常に大きな税負担が国民にのしかかってくるのではないでしょうか。

ＢＩと北欧型の福祉国家の二兎を追うという小沢の立場は、先のフィッツパトリックの分類に従えば、「福祉国家主義」に属するものです。若手の社会福祉学者、堅田香緒里は、「福祉国家主義」そのものに否定的です。ＢＩへの要求は、給付の対象を世帯とすることで、女性たちに夫への忍従を強い、支給に当たって厳格な資産審査を行うことによって彼女たちに屈辱を与えてきた、福祉国家に対するシングルマザーたちの反対運動の中から発展してきたと堅田は言います。世帯ではなく個人に、しかも資産審査抜きで無条件に支給されるＢＩは、窮境に置かれた女性たちにとって歓迎すべきものなのです。〈註24〉

社会保障費の申請に際して資産審査に晒されるシングルマザーをはじめとする社会的弱者は、生殺与奪の権を眼前の人物に握られていると感じることでしょう。これは自由な人間としての尊厳を否定される経験です。極めつけは、生活給付金を受け取る代償として何らかの仕事に就くことを義務付ける「ワークフェア」です。給付金を得るために、何の興味ももてない、そして何の意味を感じ取ることもできない作業に従事することを強いられた時、人は自らの尊厳が否定されたと感じることでしょう。堅田はＢＩの財源については具体的に語っていませんが、無審査で万人に現金が給付されるＢＩには、屈辱的な境涯から社会的弱者を救い出す可能性があるという、彼女の主張は、大いに理のあるものです。

マーガレット・サッチャーは、福祉国家は怠け者を生み出すと主張し、社会保障制度に大ナタをふるいました。経済が順調な発展を続けていた時には、福祉国家は、怠け者に対して寛容であったのかもしれません。しかし、人々の労働の上に成り立つ福祉国家は、「怠ける権利」とは本来相容れないものです。経済が停滞した今日、福祉国家は働かない、働けない人間に対して、酷薄なものとなってきています。堅田の「福祉国家主義」批判は、第4章でみた、労働の代償として種々の給付金を受け取る社会保障制度は、新たな奴隷制を生み出すというベロックの言を想起させるものです。

＊「働かなくてもいいじゃない」――ホリエモン〝参戦〟のインパクト

二〇一〇年ごろのＢＩ論議を活性化、もしくは混迷させていた大きな要因として、「ホリエモン」こと堀江貴文の「参戦」があげられます。堀江は自らのブログに掲載した「働かなくてもいいじゃない」という刺激的な標題の文章のなかで、ＢＩに対する賛意を表明しています。生きていく上で必要なものの生産はとうの昔に充足されてしまった。だからすべての人が働く必要はない。「……最低賃金の引き上げなど行うなら、さっさとベーシックインカムを導入すればよい。働くのが得意ではない人間に働かせるよりは、働くのが好きで新しい発明や事業を考えるのが大好きなワーカホリック人間にどんどん働かせたほうが効率が良い。そいつが納める税収で働かない人間を養えばよい。それがベーシックインカムだ〈註25〉」。

堀江のほかにも東浩紀〈註26〉、飯田泰之〈註27〉等々の新自由主義に立脚する論者たちが、この時代にＢＩを推奨する論陣を張っています。さらには、二〇一二年に橋下徹が大阪維新の会の政策マニフェストである「維新八策」のなかに、ベーシックインカムを掲げたこともＢＩへの注目を高めました。これら新自由主義的な論者たちは総じて、ＢＩを支給することによって、企業が労働者を雇用し、生活するに足る給与を支払い続ける義務から解放されることにメリットを見出しています。また、ＢＩの支給が社会保障費の大幅な削減を可能にし、「小さな政府」を実現しうる点にも、メリットを見出していたのです。

ＢＩの亜種である「負の所得税」は、ミルトン・フリードマンによって提唱されたものです。新自由主義者が、ＢＩを支持することじたいに不思議はありません。堀江や橋下たちの参入は、ＢＩ論議を活気づけると同時に、ＢＩ導入に対する左派・リベラルの反発を招きます。新自由主義的なＢＩに疑念をもつ左派・リベラルの論者たちが掲げたのが、「怠ける権利」に対抗する「働く権利」です。

＊「怠ける権利」より「働く権利」を！――左派・リベラルの主張

竹信三恵子は、ＢＩは働かない自由（「怠ける権利」）を保障しても、働く権利を奪う可能性があるとして、ＢＩに否定的な見解を示しています。女性が働かなくとも最低限の生活は保障されることになれば、保育所を作って女性を働けるようにしろという要求は、封殺される危険性がある。竹信は、「もっとやりたいことは」という問いに対する、べテルの家（北海道にある精神障碍者の活動拠点）のメンバーの、「働いて金を稼ぐこと」という回答を引きながら、「働いて報酬を受け取ることは、人々に自信をもたせる社会参加の重要な要素だ。ベーシックインカムは、本来そうした営みに役立つものだったはずだ」「「半福祉半就労」でも「金を稼ぐ自信」は取り戻せる。こうした場を作るまともな公的サービスの再建と併せてこそ、ベーシックインカムは威力を発揮する」と述べています。（註28）

竹信と堅田という、二人の女性の論者の、ＢＩに対するスタンスの違いには、興味深いものがあります。一九五三年生まれの、社会進出が、女性たちにとっての大きな関心事だった世代に属する竹信は、ＢＩの実施によって、逆に女性たちが労働市場から排除されてしまうことを懸念しています。他方、堅田と同世代の若者たちが置かれた経済的窮境には、深刻なものがあります。非正規の不安定な雇用のもとで働く若者、過酷な労働で心身を病み、働くことのできない若者、引きこもりの若者、等々がいまの若い世代には男女を問わず、大勢存在しています。彼／彼女らにとって、無条件で支給されるＢＩは、干天の慈雨となるはずです。労働によって痛めつけられた経験をもつか、あるいは様々な事情によって就労することが困難な若者たちの多くは、「働く権利」よりも「怠ける権利」に対して、はるかに心惹かれるものがあるのではないでしょうか。

自ら「左翼」をもって任じる萱野稔人[註29]は、竹信と同様、「怠ける権利」を認めるＢＩは、働きたくとも働けない人たちの要求を拒絶してしまう可能性が高いと考えています。さらに萱野は、国民を保護する義務から政府を解放することによって、政府にまで「怠ける権利」を認めてしまうと、ＢＩを批判しています。ＢＩを実施できるほどの財源があるのならば、それを土木工事ではない新しいタイプの公共事業に有効に用いるべきだと萱野は主張しています[註30]。

堀江や橋下たちの手によってＢＩが実施されれば、社会保障の切り捨てと、多くの人々を労働市場から排除するために用いられるであろうことは想像に難くありません。どのような政府によって、どのような国民的合意の下に実施されるかによって、ＢＩが国民生活に及ぼす影響は大きく違ってくるはずです。新自由主義者が提唱するＢＩへの、竹信と萱野の疑念は、理解できます。しかし、ＢＩが実施されれば、政府が国民を保護する義務を怠るようになるという萱野の主張は、不可解なものです。まともな政府であれば、ＢＩがあろうとなかろうと国民を保護する義務に対して「怠ける権利」を行使するとは思えないからです。

4　ベーシックインカム導入で人々は働かなくなるか？

＊「フリーライダー」大歓迎！——九割の労働が必要なくなる未来

二〇一〇年ごろのＢＩ論議は、当時表面化していた貧困の問題と深くかかわるものでした。しかし、この当時のＢＩ論議は、具体的な政策論争というよりは、賛否様々な立場からの、思考実験という性格の強いものでした。一部のマスメディアでも取り上げられ、堀江のような有名人の発言が話題を呼んだにせよ、ＢＩ論議が繰り広げられた空間は、ネットや、そうでなければ、『ＰＯＳＳＥ』、『現代思想』等々の、実践家や知識人が読む雑誌に局域化されていたと述べて過言ではありません。

二〇一〇年代後半になって再び活性化してきたＢＩ論議は、本章の冒頭でもみたように、将棋の名人をも打ち負かすようなＡＩの急速な発達に促されたものでした。この時代には、ＡＩが発達して、人間の労働が必要とされなくなる未来を見据えてのＢＩ論議が展開されています。メジャーな出版社からＢＩ関連の書物が、次々と出版されています。ＢＩということばは、二〇一〇年をはさむ時期よりも、一層広く人口に膾炙するようになっていきました。二〇一七年の一〇月に行われた衆議院総選挙において、小池百合子率いる希望の党は、「ユリノミクス」の柱の一つとして、ＢＩの実現を選挙公約に掲げています〈註31〉。

日本銀行の政策審議委員を務めた原田泰は、「ばらまきは正しい経済政策」であると述べています。現在の経済の停滞はお金の不足から生じている。生活保護は必要としているすべての人に行き届かず、公共事業は多くの無駄を伴い、国家に代わって社会福祉の多くの部分を担わされていることが、日本企業にとって大きな足かせとなっている。個々人に無条件でお金を配るＢＩを実施すれば、社会保障も、公共事業も大幅に削減できるし、企業も福祉の負担から解放されるようになる。所得税を一律三〇パーセントにすることで、ＢＩの財源は、十分確保できると原田は言います〈註32〉。日銀の要職にあった人物が、具体的な財源までをも示して、ＢＩを提唱したことは注目に値します。

人工知能にも詳しい経済学者の井上智洋は、将棋ソフトのような「特化型ＡＩ」だけではなく、人間とほとんど変わらぬ知的活動を担える「汎用型ＡＩ」が、二一世紀の前半には実現するという見通しを立てています。「汎用型ＡＩ」の出現は、①蒸気機関、②内燃機関、③ＩＴ技術の出現につぐ「第四の産業革命」をもたらすと井上は言います。従来の経済のあり方を井上は、「機械化経済」と呼びます。「機械化経済」においては、生産過程に人間の労働がかかわっていました。しかし、「汎用型ＡＩ」の出現によって、人間が生産過程から完全に排除される、「純粋機械化経済」の時代が到来します。「純粋機械化経済」下において人間の力は、わずかに研究開発の分野で必要とされるに過ぎません。そのため、最大で九割の労働力が不要になる。それらの人たちを養うためにはＢＩが必要となりますが、「純粋機械化経済」によって飛躍的に生産性が向上し、経済の高い成長率が実現すれば、ＢＩを実施してもなお有り余る税収を得ることができると井上は言います〈註33〉。

原田と井上の議論で特徴的なことは、働いて税金を納めることなく、ＢＩの制度に寄生する「フリーライダー」が問題とされていないことです。原田にとっては、ＢＩが実施されて働かない人が出ることは、国や企業が人々のために仕事を創り出す義務から解放されますから、むしろ好ましい。井上の予測によれば最終的には九割の労働力が不要になります。人工知能やロボットは消費をしてくれませんから、経済をまわすためには、仕事をしないで消費だけしてくれるフリーライダーの存在が、不可欠だということになります。原田も井上もともに、「怠ける権利」に寛容です。いまの日本には無駄な労働（仕事）が多すぎると原田は考えており、これからの社会において労働はどんどん必要なくなっていると井上は考えているのです。「怠ける権利」への賛同は、筆者にとって心強いものです。しかしながら、「純粋機械化経済」という井上の議論は、夢物語のようにも感じます。そして原田の「怠ける権利」の容認は、雇用と社会保障の大幅な切り捨てと、すなわち大量の「棄民」の創出と、セットになっているという疑念を禁じえないのです。

＊ルトガー・ブレグマン『隷属なき道』

二〇一七年には、ヨーロッパ諸国で大きな反響を呼んだ、オランダの若いジャーナリスト、ルトガー・ブレグマンの『隷属なき道』が文藝春秋から翻訳刊行されています。わが孫たちの生きる二〇三〇年の世界では、一日三時間の労働で足りるようになっているというケインズの予言は、なぜ実現しなかったのか。ブレグマンの問題意識は、筆者とよく似ています。ブレグマンは、先進諸国における貧富の格差を指摘し、その趨勢は今後も続くであろうと述べています。何しろ「ＡＩとの競争には勝てない」のですから。人間の仕事は機械に置き換えられていきます。〈註34〉そうした未来を踏まえてブレグマンは、ベーシックインカムを推奨しています。

所得が保障されれば、人々は働かなくなるのではないか、人々が怠け者になるのではないか、そうした疑念に、ブレグマンはこう答えています。途上国援助におけるもっとも効果的な方法は、お金を人々に配ることである。お金を配られた人たちは、それをアルコールやギャンブルに費やすのではなく、生活を豊かにするために賢明に遣っている。貧困に由来する不安から解放された人々は、健康で聡明になり前向きな態度で人生と向き合うことができるようになる。〈註35〉

ＢＩが実施されれば、いわゆる３Ｋ（きつい、汚い、危険）労働に従事する人が、いなくなるのではないかという危惧がもたれてきました。ブレグマンはこれに対する反証として、興味深いエピソードをあげています。一九六八年にニューヨーク市でごみ収集の人たちのストライキが行われた際、市民はわずか九日で音を上げてしまっています。ごみ収集の仕事に従事する人たちに、このスト以降、ニューヨーク市民は敬意を表するようになりました。高額の給与が、この仕事に従事する人たちに支払われるようになり、いまでは同市における人気職種の一つとさえなっています。精神的物理的報酬が、十分に支払われさえすれば、たとえＢＩが支給されても、３Ｋと目される仕事に従事する人が必ず出てくることをブレグマンは示唆しています。〈註36〉

ブレグマンも、「フリーライダー」の存在を問題視していません。ＢＩが実施されれば、むしろ人々は健康で生産的な生活を送るようになるとブレグマンは考えていました。これは第2章でみた、ラッセルの見解に通じるものです。またブレグマンは、今後の世界には、まだ大きな経済成長の余地があると考えています。

先進国の国内での富の偏在はたかが知れている。一番大きな貧富の差は、もてる国ともたざる国の間に存在している。国境を廃止して、人々がどこの国へも自由に移民することが可能になれば、持てる国の富が持たざる国の人々に開放され、世界の経済は飛躍的に発展するとブレグマンは言います。〈註37〉

移民の大量流入が、西欧諸国の内部に鋭い対立と緊張を生み出している現状を踏まえれば、国境の完全開放によって、人の移動の自由をさらに拡大すべし、というブレグマンの主張には、違和感を覚えます。そして、これ以上の経済成長は果たして可能なのか、そしてそれが必要なのかという疑念も禁じえないのです。

＊「負債としてのお金」――銀行支配が強いる経済成長

アメリカの経済史家、マルク・レヴィンソンは、経済が順調な発展をとげた二〇世紀の第三四半期（一九五〇―七五）は、世界の経済史のなかでの例外的な時代であり、むしろ一九七〇年代の後半から続く低成長こそが、平常の状態だと述べています。経済成長を可能にするのは生産性の向上ですが、それも一九七〇年代以降鈍化したままです。「アジア四小龍」（韓国、シンガポール、香港、台湾）や「ＢＲＩＣＳ」（ブラジル、ロシア、インド、中国）等、経済成長の牽引車となることが期待された新興諸国も、すぐに成長の壁に突き当たってしまいました。目覚ましい生産性の向上を示しているのは、コンピュータや娯楽の部門だけ。生産性の向上の速度を無視して政策介入によって経済を成長させようとしたことが、日本のバブル崩壊や、リーマンショック等、八〇年代以降の数多《あまた》の経済の破局の原因となっていると、レヴィンソンは述べています。〈註38〉

経済成長の可能性はもはや失われているにもかかわらず、現代人はなぜ、経済成長への強迫にかられているのでしょうか。リーマンショックに先立つ二〇〇六年には、カナダのジャーナリスト、ポール・グリニョンが製作したアニメ「負債としてのマネー」がユーチューブで公開され、大きな反響を呼びました。〈註39〉このビデオは、右の問いに対する回答を与えてくれています。

お金は国家が発行しているものだと、誰しもが思っています。しかし、お金を実際に発行しているのは、銀行なのです。Aさんの一〇〇万円の預金を得た銀行は、一〇万円の支払い準備金を差し引いた残りの九〇万円をほかの誰か（仮にBさん）に貸し出すことができます。一〇〇万円の預金はそのまま残りますから、誰かが銀行からお金を借りることによって、九〇万円のお金が自動的に生まれるのです。Bさんが銀行から借りた九〇万円を自分の口座に振り込めば、Bさんの口座のある銀行は、九〇万円の一割の準備金を差し引いた八一万円を、Cさんに貸し出すことができます。そして、Cさんが自分の口座に……。誰かが銀行から借金をするたびにお金が増殖していくメカニズムは、「信用創造」と呼ばれています。誰かが銀行から借金することによって、お金は生み出されていく。これが「負債としてのお金」というタイトルの意味するところです。銀行から借金する者がいなくなれば、お金の発行は止まります。ある国で発行しうるお金の総量は、その国の政府・企業・個人が、銀行に借金することのできる総額に等しいのです。利子付きの負債であるという、お金の本質が、高度な教育を受けた人たちによってさえ、理解されていないことを、グリニョンは嘆いています。

銀行からお金を借りている政府・企業・個人は、利子をつけてそれを返さなければなりません。市場活動が現状のままに留まれば、政府・企業・個人は、銀行への負債に利子をつけて返すことができなくなります。利子の存在のせいで、経済は常に成長を迫られているのです。経済成長のための、明らかに無駄でしかない生産と消費の拡大は、環境破壊につながり到底持続可能なものではありません。グリニョンは、銀行のもつ「信用創造」の特権を剥奪して、「負債としてのお金」を、政府が責任をもって通貨を発行していく「公共通貨」に置き換えていくことを提案しています。

＊「お金は人権だ！」

地域通貨の運動に長年かかわってきた白崎一裕は、「お金は人権だ」と主張しています。人が生きていく上で不可欠なものである以上、お金にアクセスできることは基本的人権に属するものだというのが白崎の認識です〈註40〉。白崎の運動に、長年にわたって協力してきた関曠野は、二〇世紀前半に活躍したアメリカの異色の経済学者、クリフォード・H・ダグラスの社会配当論を高く評価しています〈註41〉。

エンジニアとしての長いキャリアをもつダグラスは、多くの企業の会計に関与した経験に基づいて、次のような認識に到達しています。労働者に支払われる賃金(A)のほかに、企業は賃金以外の生産に要する経費(B)も支払わなければならないので、賃金とそのほかの経費の合算（A＋B）は、賃金(A)を常に上回ることになります。これをダグラスは、「A＋B定理」と呼んでいます。企業の生産物は、最終的には勤労者によって消費されるので、生産費用が勤労所得を上回っている以上、企業は常に余剰生産に悩まされることになります。過少な消費の争奪戦の結果として、研究開発費用や広告宣伝費等々の生産に要する経費は増大し、また銀行からの借入金の利子が嵩んでいくことによって、Bの部分はますます増大し、Aの比重が減少していきます。そのことによって、購買力は低下してしまいます。購買力が低下すれば、企業収益は悪化し、給与が削減され、さらなる購買力の低下が生じます。ここにダグラスは、恐慌の原因を見出しています。

ダグラスは、銀行マネーに代わる公共通貨を発行し、企業を利子の重荷から解放すべきだといいます。そしてＢＩに等しい「国民配当」を無条件で人々に支給することが、安定した購買力を維持する上で不可欠だとも、ダグラスは述べています。①公共通貨、②「国民配当」と並んで、生産と消費を均衡させるように計画的に公共通貨を供給する③「安定価格」を実現することが、ダグラスの経済政策の三本の柱です。ダグラスが提唱したのは、生産ではなく、金融の社会化でした。ダグラスは、そのエンジニアとしての経験から、生産の現場における個人の貢献は極めて小さなものでしかないという認識を持っていました。工業技術の多くは道具であれ知識であれ、過去から受け継がれた「文化的遺産（cultural heritage）」に依存している。富は「文化的遺産」から生み出されたものなのだから、その継承者である国民は、誰でもそこから富を引き出す権利をもつ。ダグラスが、「国民配当」を正当化する理由です。〈註42〉

＊ベーシックインカムを可能にする国民的合意とは？

ダグラスは、ヴェブレンと同時代に活躍したアメリカの経済学者です。約一世紀以前の昔に、ダグラスが提唱した政策が現代にも果たして有効なのかは、疑問符のつくところです。機械による生産が経済を動かしていたダグラスの時代とは異なり、現在は電子情報が経済活動に大きな影響を及ぼしています。また、ダグラスが「社会信用論」を提唱した、二〇世紀の前半には、確たる「国民経済」が存在していました。他方、今日では経済活動はグローバルな規模で営まれています。

コンピュータ技術の目覚ましい発達は、ビットコインに代表される種々の仮想通貨を生みました。ブロックチェーンと呼ばれる、ウエッブ上の分散型の帳簿に基づいて決済の行われる仮想通貨は、国家（中央銀行）のような管理の主体を持ちません。ユーロ通貨危機によって、国家による信用保証が大きく揺らいだ二〇一〇年代に、仮想通貨の発行量は飛躍的に増大していきました。現在のところ仮想通貨は、主に投機目的で遣われており、特に日本では投機の比率が九九％を超えています。〈註43〉国家の管理の及ばない空間で、投機目的の通貨の発行を可能にするテクノロジーが存在する中で、「信用の社会化」は果たして可能かという疑念を禁じえません。

グローバル化の結果、資金の流れも経済活動も、ダグラスの時代とは比較にならないほど複雑化しています。コンピュータの能力が、将棋の名人に勝つほど高まっているとはいえ、「安定価格」を実現しうる、公共通貨の供給額を正確に計算することは、果たして可能なのかという疑問も生じてきます。ダグラスの主張に関して筆者が抱く最大の疑問は、次の点にあります。銀行が信用創造の特権を手放すことがあるのだろうかという疑問です。

格差が拡大していく中で、フランスの経済学者、トマ・ピケティの『二一世紀の資本』が大きな反響を呼びました。ピケティは膨大な経済史的データに基づいて、資本収益率は常に経済成長率を上回るから、総力戦と高度経済成長の特殊な一九三〇年からの四〇年間を例外として、資本家とそれ以外の人たちの経済的格差は広がる傾向があり、格差は相続によって維持・拡大されると述べています。格差解消の処方としてピケティが提示したのが、富裕層に対する国際的な資産課税でした。〈註44〉「信用の社会化」に比べればはるかに穏当なピケティの主張ですが、どこの国でも政治権力を掌握している富裕層が、この提案を受け容れるのかは疑問です。

ＢＩはかつての「思考実験」の域を脱して、「社会実験」の段階に進んできたと言えそうです。世界的なＢＩへの関心の高まりは、ポピュリスト的な政治家たちの扇動の結果生まれたものではなく、勤労によって生きるに足る報酬を得ることが困難になりつつあるという、庶民の実感から発したものなのです。財源の問題をはじめ、ＢＩの実現のためには、克服すべき多くの課題が横たわっています。何よりもまず克服されなければならないのは、途方もない富の偏在を許容している「道徳的に病める状況」なのではないでしょうか。

【註】

〈１〉Ｅ・ブリニョルフソン、Ａ・マカフィー、村井章子訳『機械との競争』日経ＢＰ社、二〇一三年、二〇～二二頁
〈２〉同右書、九九頁
〈３〉同右書、一一七頁
〈４〉同右書、一二一頁
〈５〉同右書、一二二～一二七頁
〈６〉文部科学省「二〇三〇年の社会と子供たちの未来」 http://www.mext.go.jp/b_menu/shingi/chukyo/chukyo3/siryo/attach/1364310.htm（二〇一八年四月二一日閲覧）
〈７〉文部科学省「新学習指導要領案（平成二九年三月公示）」 http://www.mext.go.jp/a_menu/shotou/new-cs/1383986.htm（二〇一八年四月二一日閲覧）

〈8〉ＮＨＫ「週刊ニュース深読み」ＨＰ：http://www.nhk.or.jp/fukayomi/maru/2017/170304.html（二〇一八年四月二一日閲覧）

〈9〉二〇世紀の歴史に関しては以下を参照されたい。Ｅ・ホブズボーム、河合秀和訳『二〇世紀の歴史――極端な時代（上・下）』三省堂、一九九六年

〈10〉エマニュエル・トッド、石崎晴己監訳『最後の転落―ソ連崩壊のシナリオ』藤原書店、二〇一三年

〈11〉ブリニョルフソン、マカフィー前掲書、七一頁

〈12〉ナオミ・クライン、幾島幸子・村上由見子訳『ショック・ドクトリン―惨事便乗型資本主義の正体を暴く（上・下）』岩波書店、二〇一一年

〈13〉反サミット運動については、濱西栄司『トゥレーヌ社会学と新しい社会運動理論』（新泉社、二〇一六年）が詳しい。

〈14〉クリストファー・ラッシュ、森下伸也訳『エリートの反逆―現代民主主義の病い』新曜社、一九九七年

〈15〉日本の地域通貨の成功例として、東京の高田馬場を中心とする「アトム通貨」がある。「アトム通貨」ＨＰ：http://atom-community.jp/

〈16〉ゲゼルの思想は、『モモ』で知られるミヒャエル・エンデにも大きな影響を与えた。本来財の交換の道具であるはずの通貨が、投機目的に濫用されていることが、経済とひいては人々の心を歪めていること、そしてとりわけ日本人が、その悪しき影響を被っていることを憂慮していた。エンデの日本人に向けた「遺言」は、一九九九年にＮＨＫＢＳテレビでドキュメンタリーとして放映され、大きな反響を呼んだ。

〈17〉『ニューヨーク・タイムズ』電子版 http://www.nytimes.com/2011/10/02/world/europe/in-greece-barter-networks-surge.html?pagewanted=all&_r=0（二〇一八年四月二一日閲覧）

〈18〉二〇〇九年に人気コメディアンのベッペ・グリッロと、実業家たちによって結成された政党。欧州経済危機に伴う時の政権の緊縮政策に異を唱え、環境保護とインターネットを用いたデジタル・デモク

ラシーの実現を主張して、幅広い大衆的な人気を博してきた。

〈19〉ベーシックインカムの歴史については、山森亮『ベーシック・インカム入門』（光文社新書、二〇〇九年）と、トニー・フィッツパトリック、武川正吾・菊地英明訳『自由と保障—ベーシック・インカム論争』（勁草書房、二〇〇五年）の両書を参照した。

〈20〉ゲッツ・ヴェルナー、渡辺一男訳『ベーシックインカム—基本所得のある社会へ』現代書館、二〇〇七年

〈21〉フィッツパトリック前掲書、八一～八三頁

〈22〉同右書、六八～七八頁

〈23〉小沢修司「ベーシックインカムと社会サービス充実の戦略を」（萱野稔人編『ベーシックインカムは究極の社会保障か』堀之内出版、二〇一二年、三七～五四頁）

〈24〉堅田香緒里「「ベーシックインカム」に女性の視点を」（フェミックス編『ベーシックインカムは希望の原理か』フェミックス、二〇一〇年、五五～七七頁）

〈25〉「堀江貴文オフィシャルブログ」二〇〇九年七月二八日 https://ameblo.jp/takapon-jp/entry-10308808731.html（二〇一八年五月二六日閲覧）

〈26〉東浩紀「情報公開型のベーシックインカムで誰もがチェックできる社会保障を」（萱野前掲書、五五～七六頁）

〈27〉飯田泰之「ベーシックインカムと経済成長で規制のない労働市場をつくる」（萱野前掲書、七七～一〇六頁）

〈28〉竹信三恵子「なぜ「働けない仕組み」を問わないのか—ＢＩと日本の土壌の奇妙な接合」（『ＰＯＳＳＥ』八号、合同出版、二〇一〇年）

〈29〉萱野稔人「あえて左翼とナショナリズムを擁護する?」（小谷敏ほか編『若者の現在　政治』日本図書センター、二〇一一年）

〈30〉萱野稔人「ベーシックインカムがもたらす社会的排除と強迫観念」（萱野前掲書、一二五〜一四八頁）
〈31〉『日本経済新聞』二〇一七年一〇月六日付
〈32〉原田泰『ベーシック・インカム—国家は貧困問題を解決できるか』中公新書、二〇一五年
〈33〉井上智洋『人工知能と経済の未来—二〇三〇年雇用大崩壊』文春新書、二〇一七年
〈34〉ルトガー・ブレグマン、野中香方子訳『隷属なき道—ＡＩとの競争に勝つベーシックインカムと一日三時間労働』文藝春秋、二〇一七年、一八一頁
〈35〉同右書、三〇〜五四頁
〈36〉同右書、一七五〜一七六頁
〈37〉同右書、二〇八〜二三八頁
〈38〉マルク・レヴィンソン、松本裕訳『例外時代—高度成長はいかに特殊であったのか』みすず書房、二〇一七年
〈39〉Paul Grignon 2006 *Money as Debt* https://www.youtube.com/watch?v=4AC6RSau7r8
〈40〉白崎一裕「オカネは基本的人権だ」（フェミックス編『ベーシックインカムは希望の原理か』フェミックス、二〇一〇年、七〜一六頁）
〈41〉関曠野「関曠野さん講演録「生きるための経済」全文」ベーシックインカムを実現する会ＨＰ：http://bijp.net/transcript/article/27（二〇〇九年、二〇一八年四月二一日閲覧）
〈42〉Clifford.H.Douglas 1924 *Social Credit* Douglas Internet Archive file:///C:/Users/bintyan/Downloads/Social-Credit-by-Major-Clifford-Hugh-Douglas%20(1).pdf
〈43〉木ノ内敏久『仮想通貨とブロックチェーン』日経文庫、二〇一七年、一一七頁
〈44〉トマ・ピケティ『二一世紀の資本』みすず書房、二〇一四年

第10章

「なまけ者になりなさい」

1　水木しげるの幸福論

＊水木しげるは「なまけ者」か？

人口日本最少の鳥取県。その観光名所と言えば、県東部の鳥取砂丘と、西部の〝伯耆富士《ほうきふじ》〟大山《だいせん》でした。これに近年は、県西部境港《さかいみなと》市の、水木しげるロードが加わっています。ＪＲ境港駅から、水木しげる記念館までの八〇〇メートの道沿いに数多くの妖怪のブロンズ像が置かれた水木しげるロードには、一九九三年の開設以来、二〇一六年の五月までに、三〇〇〇万人もの観光客が訪れています。

「なまけ者になりなさい〈註1〉」

水木の遺したことばです。水木は『ゲゲゲの鬼太郎』をはじめとするたくさんの名作を生み出しています。それだけではなく、故郷境港市にも大きな貢献を果たしているのです。水木しげる自身は、「怠け者」だったのでしょうか。「怠け者になりなさい」ということばによって、彼は何を人々に伝えようとしたのでしょうか。

水木は、のん気な子ども時代を送っていました〈註2〉。夏には毎日弓ヶ浜の海で泳ぎ、ガキ大将として戦争ごっこや本物の戦闘《けんか》に明け暮れる。「拝みや」（祈祷師）のおばあさん、「のんのんばあ」の影響を受けて、妖怪の世界に対して親しみをもつようになったのも、子ども時代のことでした。

学校にはいつも遅刻をしてあらわれ、校長先生の講話の最中におならをする。一七歳の時に受験した大阪の園芸学校は、彼一人だけが落ちたという逸話を残しています。子ども時代の水木は、素晴らしい画才を示してはいたものの、絵に描いたような落第坊主だったのです。水木のなかには、たしかに怠け者的な部分があります。

　水木は若い頃から大変な読者家でもありました。鳥取の連隊に入営した際には、エッカーマンの『ゲーテとの対話』を携えていました。水木は、妖怪に関してだけではなく、ヒットラーや新選組、さらには昭和史に関する、精緻な知識に基づくマンガを描いています。膨大な読書に裏うちされた博識ぶりは、終生のライバルでもあった手塚治虫に勝るとも劣らぬものがありました。

　出征の前年、水木は知識への強い渇望を語っています。一九四二年、水木が満二〇歳の時に書かれた文章です。「ソクラテスは知識は徳だと言った。……吾々は知識になるのだ」。「無知程駄目なものはない。青年時代の使命は、自己を知識とする事」。水木はまた、この手記の中で怠惰に対する強い嫌悪感を表明しています。「死ぬまで活動すると言うゲーテのそれには感心する」。「生ある限り戦ふ事だ。（なまけるよりも幸福だ。）あの世に行くまで働かねばならぬ」。「吾は人間の本性を怠惰也と宣言せざるをえない。よいと思つても、それを行はない。その怠惰さには驚く」。「理想を滅ぼすものは怠惰である。理想の全うはまず怠惰の克服であらねばならぬ。怠惰の無い人間になった時人間は完璧だ〈註3〉」。

　水木は、戦争で左手を失いながらも下積み時代の困窮に耐え、営々とマンガを描き続けていきました。彼の傑作群は、誰にも真似することのできない、刻苦勉励が生み出したものであり、類いまれな勤勉さを証するものと言えます。創作に打ち込む水木の鬼気迫る真剣さは、大ヒットしたＮＨＫ朝の連続テレビ小説「ゲゲゲの女房」のなかのもっとも印象に残る場面でもありました。それを思う時、「なまけ者になりなさい」という水木のことばはいよいよ謎めいたものとなるのです。

＊水木サンの幸福論

一〇年以上前、テレビを点けると生前の水木が、「若いうちは死ぬほど働け」と熱く語っていました。「怠け者になりなさい」ということばは、歳をとってから怠けて暮らせるほど、若いうちは必死で働けという意味だとも言っていた記憶があります。それを思うと、「怠け者になりなさい」ということばの謎はいよいよ深まります。

「怠け者になりなさい」ということばは、「幸福になるための七箇条」の中の第六条として登場しています。

第一条　成功や栄誉や勝ち負けを目的に、ことを行ってはいけない。
第二条　しないではいられないことをし続けなさい。
第三条　他人との比較ではない、あくまで自分の楽しさを追求すべし。
第四条　好きの力を信じる。
第五条　才能と収入は別、努力は人を裏切ると心得よ。
第六条　なまけ者になりなさい。
第七条　目に見えない世界を信じる。〈註４〉

「なまけ者になりなさい」は、「努力は人を裏切る」と「目に見えない世界を信じる」に挟まれていることが注目されます。

水木は、成功や栄誉や勝ち負けといった結果にこだわり、人に勝ろうとするのではなく、あくまで自分のやりたいことに忠実であれ、とこの七箇条の中で述べています。水木は生涯にわたってたゆまぬ努力を続けましたが、努力がすべてを可能にするとは信じていませんでした。そして水木が、目にみえない世界を重視していたこともわかります。周りがどうみるかということに無頓着で、目に見えない世界と交信して、ひたすら自分の「好き」なことを追求する人間は、傍からは「怠け者」、あるいは「変わり者」と映じるかもしれません。必死で働いていても、売れもしない気味の悪い紙芝居やマンガを描いていた水木が、「変わり者」もしくは「怠け者」との判定を周囲から受けても不思議はないでしょう。

水木は、「睡眠至上主義者」をもって任じていました。どんなに忙しくとも、一日一〇時間の睡眠時間を確保していたといいます。子どもたちが朝寝ている時には、絶対に起こすなと奥さんに厳命していたといいます。水木の睡眠至上主義には、二つの意味がありそうです。一つは人間には休息が必要だという当たり前のこと。そして眠っている時には意識が消失していますから、「目に見えない世界」との交信が可能になります。「睡眠至上主義」は、「幸福になるための七箇条」の、水木の日々の実践の核にあるものだったのではないでしょうか。

水木は、手塚治虫に対して強烈なライバル意識を抱いていました。何でも一番にならなければ気がすまない棺桶職人を描いた「一番病」というマンガは、トップに立つことに執着し続けていた手塚を揶揄した作品だと言われています。手塚は、睡眠時間を削ったハードワークの末に、六〇歳の若さで亡くなっています。他方、「睡眠至上主義」に徹した水木は、九三歳まで、健康に、そして幸福に生きることができたのです。水木と手塚の間に優劣をつけることは誰にもできません。しかし短命な手塚と長命に恵まれた水木という対照は、睡眠の、そして休息の大切さをわれわれに教えてくれています。

もし水木が著作権をたてに高額の妖怪のキャラクター使用料を要求していれば、水木しげるロードができることはなかったはずです。この点において水木は、実に鷹揚であったといいます。〈註6〉水木の郷土愛の発露であったことはもちろんですが、成功は自分一人の力で勝ちえたものではなく、自らを育んでくれた郷土境港の「文化的遺産」に負うところが大きいという、水木の思いがあったのではないでしょうか。

2 若者を過労死へと駆り立てるものは？

＊「学生消費者主義」――「上から目線」の若者たち

いまの若い人たちは過労死するほどの長時間労働に呻吟しています。若者たちにこそ、「怠け者になりなさい」ということばを贈るべきでしょう。第3章で筆者は、過労死に至るまで働き続ける日本の勤労者たちの「自発的隷従」の根を、会社を宗教の域にまで祭り上げた、松下幸之助の思想のなかに求めた礫川全次を批判しています。礫川の見解は高度経済成長期の「会社人間」には当てはまるとしても、いまの若い人たちの過労死に至る「自発的隷従」の根は、それとは別のところに求めるべきではないか、というのが筆者の批判でした。これまでの各章で筆者は、この問いに対する答えを提示していませんでした。以下には筆者自身の経験に即しながら、その答えを記してみたいと思います。

現在の大学では学期ごとに学生による授業評価を実施しています。筆者の担当科目に対するコメントの中に「授業のやり方がわかっていない」というものがありました。二〇歳の若者が、還暦を過ぎた、三〇年以上の大学教員歴を持つ筆者に、匿名とはいえ上から目線で「授業のやり方がわかっていない」と書く！　これにはさすがにびっくりしました。

講義形式の授業で、筆者は毎回、実名で感想を書かせています。ある授業で「私も寄る年波で、若い人相手に授業をすることがだんだんきつくなってきた」とぼやいたところ、「いい授業ができなくなったと思ったのなら、大学を辞めてください！」という記述をみたときには、それが実名のコメントであっただけに、さらに驚きましたが……。

アメリカの社会学者、デービット・リースマンが一九六〇年代に「学生消費者主義」と呼んだ状況が、現在の日本の大学を覆っています。[註7] 学生は消費者、大学は企業。大学に雇用されている従業員たる教員は、消費者である学生の「顧客満足度」を最大にするよう努力しなければならない。「学生消費者主義」とはそうした考え方です。「学生消費者主義」は、大学の学費が高額になり、少子化で学生募集が困難になった二〇〇〇年代以降、急速に強まっていった感があります。

学生が消費者＝お客様で、教師が従業員であるとすれば、教師は学生を指導するのではなく、サービスを提供する存在になってしまいます。「学生消費者主義」の下では、学生と教師の上下関係は逆転してしまいます。そうした状況の変化が、先の二つの「上から目線」のコメントを生んだのでしょう。

＊「わがままな消費者」と「忠実な労働者」——若者たちの二面性

筆者の眼前の若者たちは、消費者としての権利意識は非常に高いけれども、勤労者としてのそれは恐ろしく低い。そう感じることが、しばしばあります。自分の能力が足りないために、時間内に仕事を終えることができない。だから残業手当の申請をすることに躊躇を覚える。卒業間もない元ゼミ生から、しばしば聞かされる話です。新入社員は、仕事ができないという前提で、初任給は低く設定されているのだから、残業手当を申請することは正当な権利行使だと、筆者はそのつど話すのですが……。高校までの教育課程はもとより、大学の「キャリア教育」においても、労働基準法や労働組合の作り方等々、働く者の権利についての教育は、ほとんどなされていません。若者たちの働く者としての権利意識の低さは、一つには教育の欠陥に由来しているのでしょう。

現在の日本社会は、消費者にとってはパラダイス。ファミレスや居酒屋チェーン店、ファーストフードのお店では、安いお金でおいしいものを心ゆくまで飲み食いすることができます。安価で良質で、おしゃれな服を買うことのできる「ファストファッション」も隆盛を誇っています。マウスをクリックすれば、どんな商品でもネット通販で、居ながらに購入することができます。

しかし消費者にとっての快適な生活は、サービス産業や宅配業等々で働く人たちの、過酷な低賃金労働の上に成り立っているのです。日本人の多くは、消費者としては「王様」として快適な日々を享受しています。ところが、生産者としては「奴隷」のようにこき使われている。先にみた若者たちの歪な権利意識のありようは、そうした日本社会の現実を反映しています。

サービスを供給する側は、「顧客満足度」を極大化させるために最善を尽くさなければならない。そして、それができなくなった時、勤労者は退場しなければならない。日本社会を覆う、「消費者ファースト」とも呼ぶべき価値意識と、新自由主義経済がもたらした能力主義とを内面化した結果発せられたのが、「いい授業ができなくなったと思ったのなら、大学を辞めてください」ということばだったのではないでしょうか。しかし、このことばは彼女が勤労者になった時に、ブーメランのように自らの元に戻ってくる可能性があります。彼女の信念に基づけば、「顧客満足度」極大化のために懸命に働け、という雇用者の要求を拒否することはできないからです。雇用者側の要求は、過労死に至るまで、果てしもなくエスカレートしていく可能性があります。

若者論で名高い社会学者の中野収（故人）と同じ研究会に、筆者は一九九〇年代の半ばに参加していました。その研究会で中野は、「戦後の日本は五〇年をかけて消費者のみを生み出した」と繰り返し語っていました。消費社会の中で、「お客様」意識を肥大させて育った若者たちは、会社に入っても職場の秩序に順応しようとはせず、残業を頼まれても、プライバシーを優先させて帰ってしまいます。そうした若者たちを中野は、「まるで異星人（エイリアン）」と形容しました。〈註8〉

「戦後の日本は……消費者のみを生み出した」という中野のことばには深く同意します。たしかにバブルの時代には、「異星人（エイリアン）」のような若者たちも目についたことでしょう。いまの若者も強い「お客様意識」を持って育ってきています。しかし、現在の若者たちが、好き勝手にふるまう「異星人」であるならば、自ら進んで過労死するほど働くことなどありえません。「消費者ファースト」の価値観を深く内面化した若者たちは、勤労者、もしくはサービスを提供する側に立った時に、死に至るまでの労働を強いる職場の秩序に「自発的隷従」を行っているのではないでしょうか。わがままな消費者である若者たちは、生産者の側に立ったときに、顧客と雇用主に対して忠実な存在となっているのです。

＊「他人との比較」はやめられない

ここで水木の「七箇条」に立ち返ってみたいと思います。「成功や栄誉や勝ち負けを目的に、ことを行ってはいけない。……他人との比較ではない、あくまで自分の楽しさを追求すべし」と水木は言います。しかし、現実には、これはとても難しいことです。

社会学者作田啓一は、フランスの文芸批評家ルネ・ジラールに依拠しながら、人間の行動は内発的な「欲求」に導かれたものではなく、他者の欲求の模倣としての、「欲望」に支配されたものであると述べています。〈註9〉

西欧の個人主義思想は、人間の自律性を過度に称揚してきたために、人間の行動が、羨望と嫉妬に支配されたものであることを、認めることができませんでした。これを作田は、「ロマンチックな虚偽」と呼びます。他方、夏目漱石の「こころ」をはじめとする優れた文学作品には、必ずといってよいほど登場人物たちの三角関係が描かれています。そこには他者を羨望し、他者に対する嫉妬に苦しむ人間の姿が、描かれています。人間は、自己の内発的欲求に従って行動するのではなく、他者の欲求を模倣した結果生まれた「欲望」に突き動かされている存在であるという、「ロマネスクな真実」を優れた文学作品は浮かび上がらせていると、作田は言います。〈註10〉

ここで「羨望」と「嫉妬」という、日常よく遣われることばの異同を確認しておきましょう。二〇世紀ドイツの偉大な社会学者ゲオルク・ジンメルは、羨望と嫉妬の違いを、次のように説明しています。羨望とは、他者が所有している「もの」を羨む単純な心理です。他方、嫉妬は精神的なものであれ物質的なものであれ、自分がもっていないものを所有している「人」に向けられます。本来自分がもつべきものを、もつべきではない別の誰かが所有しているために、自分の正当な権利が侵害されているという思いを、嫉妬に取りつかれた人は抱きます。嫉妬は、近しい関係のなかで生じるが故に、そのなかには憎悪だけではなく、愛情や承認の欲求が併存していることが多い。「激しい敵対的な興奮」と「密接な共属性」を結びつける力をもつ嫉妬は、「社会学的にきわめて重要な事実」であるとジンメルは言います〈註11〉。

作田とジンメルのことばには深いものがあります。人間はおそらく他者との比較から自由になれないのでしょう。水木が、何より「楽しさ」を追い求めた人であることに疑いはありません。しかし、その水木でさえ、手塚というライバルの存在を強く意識し、彼との「勝ち負け」に執着していました。そうでなければ、「一番病」などというマンガを描いて、手塚を揶揄することなどなかったはずです。人間は太古の昔から、他者との比較に苦しんできました。そしてどんなに理想的な政治的・経済的な体制が実現したとしても、人々が他者との比較によって生じる苦しみから、解放されることはないでしょう。羨望と嫉妬の感情に苦しむことは、「人間の条件」とも呼ぶべきものです。しかしながら、第2章でみたように羨望や嫉妬の感情が経済を回転させる駆動力となったのはごく最近――第二次世界大戦以降――のことです。そして、これも第2章でみたように、羨望や嫉妬の力によって無限に亢進する「相対的ニーズ」のために、人間は「経済的至福の時」(ケインズ)の到来から遠ざけられているのです。

＊「好きの力」を信じた挙句に――「やりがい搾取」から過労死へ

水木の幸福論の第四条、「好きの力を信じる」もまた曲者です。一九九〇年代、若者たちが「就職超氷河期」に見舞われていた時、少なからぬ数の若者たちが「やりたいことをやる!」と叫んで、あえてフリーターの道に進んでいったことは、第6章でみたとおりです。当時の大人たちは、そうした若者たちに眉をひそめていました。ところが二〇〇〇年代以降の「キャリア教育」においては、むしろ若者たちに「やりたいことをやる」＝「好きの力を信じる」ことが推奨されていったのです。

二〇〇三年に幻冬舎から出版された、芥川賞作家村上龍の『一三歳のハローワーク』は、ミリオンセラーとなり、大きな話題を呼びました。この本は、五一四もの職業が紹介されている、現代の仕事の百科全書と呼ぶべきものです。本書において村上は、子どもたちに、「好きで好きで仕方のない」ことを職業にすることを推奨しています。〈註12〉

現在は中学校から「キャリア教育」が導入され、「職業体験」等々が「総合的学習の時間」に実施されています。「キャリア教育」でしばしば姿を現すのが、「やりたいこと」「自分らしさ」「なりたい自分」等々のことばです。本番の「就活」でも、学生たちには、自分が何をやりたくて何に向いており、そのためにはどんな仕事が適職なのかを掘り下げる、「自己分析」が求められます。エントリーシートの執筆に際して学生たちは、「自己分析」に基づいて、自分が自己を実現していく上で最適の舞台を提供してくれるのが「御社」であることを論証しなければなりません。〈註13〉

筆者の世代にとって、就職は何より生活の糧を得て、経済的に自立するためのものでした。よい学校を出てよい会社に入れば一生安泰、という神話には根強いものがありましたが、職業に過剰な思い入れを持たされることはありませんでした。むしろ就職には、自由を会社に売り渡して、「ドブネズミ色のサラリーマン」になるという、否定的なイメージがまとわりついていたものです。職業は生活の糧を得るためのものと割り切っていましたし、労働組合もまだ強かったので、働く者としての権利意識を持つことが、筆者の世代には可能でした。

ところが現在は、職業のもつ「自己実現」の側面が、過剰に強調されています。仕事をすることは、経済的な行為なのに、その心理的側面を強調する教育を、長い年月にわたって受けてきている。このことも若者たちが、働く者としての権利意識を持つことを困難にしている一因なのではないでしょうか。自分のやりたいことをやっているのだから、賃金や労働時間について、四の五の言うものではない。そうした意識を若者たちが持たされることによって、社会学者が「やりがい搾取」と呼ぶ構造が生まれています。電通やＮＨＫ等のマスコミ産業で、過労死や過労自殺が目立つのも、「やりがい」にひかれてそこで働くことを目指す若者の多い職場だからでしょう。日本の教師たちが、普段の授業や学校行事、そして部活で子どもたちが「輝く」姿をみることに「やりがい」を覚えて、長時間労働に耐えているであろうことは、想像に難くありません。「好きの力を信じ」、「やりがい」のある仕事に就くことを若者たちに奨励する風潮も、過労死に至る労働の世界の秩序への、「自発的隷従」を促しているー因なのではないでしょうか。

3　坂道を下る――二一世紀的ライフスタイル

＊成長の時代の終わり――二〇三〇年の世界再訪

ケインズが予言した二〇三〇年の世界において人々は、一日三時間働けば暮らしていける、夢のような生活を享受していました。それを可能にするものとして、ケインズは科学の進歩とともに、複利の力をあげています。「ドレイクが一五八〇年に持ち帰った一ポンドが一〇万ポンドにもなっているのである。複利にはこれほどの力があるのだ」〈註14〉。ケインズが描くわが孫の世界は、ご先祖様の遺産で食いつなぐ、優雅な金利生活者の世界です。ところが現実はそんなに甘くありません。二〇三〇年に日本社会を担う世代――現在の若者たち――は、彼らの親や祖父母の世代が築いた、膨大な借金の返済に追われていることでしょう。天文学的な借金は、利子によってさらに膨らみ、もはや返済不能な水準に達しています。この負債が、若い世代の前途を暗くしています。「複利にはこれほどの力があるのだ」というケインズのことばには、皮肉な響きがあります。

二〇一七年に発表された、文部科学省の新しい学習指導要領案も、「二〇三〇年の社会と子供たちの未来」と銘打たれていました。二〇三〇年はケインズ以来、象徴的な年として語られ続けてきたのです。一九七二年、世界の賢人が集う「ローマクラブ」の依頼に応えて、アメリカの経済学者ドネラ・メドウズらは、コンピュータを駆使して、世界経済の未来を予測しています。閉鎖的な生態系である地球において、環境の制約からも人類が無限の経済発展を続けることは不可能であり、経済の原動力である石油の採掘量の減少もあって、二〇三〇年に経済成長は、臨界点（ゼロ成長）に到達する。これがメドウズらの結論でした。〈註15〉地球環境の制約に警鐘を鳴らしたメドウズらの著作は、世界の人々の環境問題への関心を喚起し、七〇年代以降、先進諸国は一様に非常に厳しい環境基準を、企業に対して求めるようになりました。

ケインズとメドウズらはともに、成長目覚ましい青年期を脱して、成熟（老衰？）の域に達した二〇三〇年の世界を描き出しています。二一世紀を迎えた世界に、経済の成長の時代の終わりを深く印象づけた出来事が、二〇一一年三月の東日本大震災に際して起きた、福島第一原発事故だったのです。

＊エネルギー革命の末路──福島第一原発事故

元東大全共闘議長山本義隆は、予備校講師を生業とする傍ら、西欧近代科学史に関する、第一級の研究成果を発表し続けてきました。『近代日本一五〇年』という著書の中で山本は、黒船によって開国を余儀なくされたことによって始まった近代日本は、蒸気機関によって電気を起こし、それを機械や通信機器の駆動力とするという、欧米で進行していたエネルギー革命の波に巧みにのって、産業化において目覚ましい成功を収めたと述べています。山本は、第二次世界大戦による敗戦が日本にとっての決定的な転機となったという見方を認めません。「……日本は、明治期も戦前も戦後も、列強主義・大国ナショナリズムに突き動かされて、エネルギー革命と技術の進歩に支えられた経済成長を追求してきたのであり、その意味では一貫している」〈註16〉。エネルギー革命の波に乗って、国力を増進させていったという点で、戦前と戦後は連続している。それが、山本の見解です。

戦後のエネルギー革命の進展に、大きな役割を担ってきたのが原子力です。一九五七年、茨城県の東海村に最初の「原子の火」が点って以来、数多くの原子力発電所が造られ、二〇一〇年の時点では、五四基の原発がこの国には存在していました。二〇一一年三月一一日の福島第一原子力発電所の過酷事故を、山本は次のように意味づけています。「エネルギー消費の拡大を追求してきたエネルギー革命がそのサイクルを超えてオーバーランしたことを、象徴している」〈註17〉。

山本のみるところ近代日本の産業化の成功は、弱者を踏みつけにすることによって達成されたものでした。産業化の初期の時代の「女工哀史」、足尾銅山事件、そして、高度経済成長期の各地の公害病や、福島第一原発事故においても、一貫してみられる構図です。原発に近接する地域の住民は避難を余儀なくされ、現在も多くの人々の帰還の目途はたっていません。福島第一原発の廃炉には、数十年を要すると言われています。廃炉のためには、被曝の危険と背中合わせの作業に従事する、多くの人手が必要となります。

ドイツやイタリアは、福島第一原発事故を受けて、脱原発の道を選びとりました。他方、日本が、原子力発電所の輸出を「経済成長」のための目玉商品としてきたことは、第7章でみたとおりです。そうした中で福井地裁は二〇一四年五月、大飯原発三・四号機の運転差し止めを認める、画期的な判決を下しています。原発が廃止されれば発電コストの高騰を招き国富の喪失を招くという、被告側の主張に対する同判決の、「豊かな国土とそこに国民が根を下ろしていることが国富であり、これを取り戻すことができなくなることが国富の喪失であると当裁判所は考えている」ということばを引きながら山本は、「福島の事故は、明治以来、「富国強兵」から「大東亜共栄圏」をへて戦後の「国際競争」にいたるまで一貫して語られてきた「国富」の概念の、根底的な転換を迫っているのである〈註18〉」と結論づけています。

＊地方分権の方へ——坂道を下る①

成長の時代が終わり、成熟と衰退の時代が終わったのだとすれば、社会のあり方も、人々のライフスタイルも変わっていかなければなりません。坂道を上りつづけるのではなく、徐々に坂道を下りていくことが、今後の課題となっていくはずです。現在の東京が必要としている電力が、風力と地熱だけでまかなえるとは思えません。再生可能エネルギーが主力になれば、現在のような大都市への人口集中は不可能になるでしょう。東京への過剰な人口集中が、巨大な電力需要を生み、福島の悲劇を招きいれたのですから。高度経済成長期以降、この国は都市化の坂道を上ってきましたが、二一世紀においてはその坂を下って、人口の地方分散の方へと向かうことでしょう。

山本が位置づけたように、福島第一原発事故は、近代日本が推し進めてきた、西欧から移植した科学技術に基づく、産業振興政策の破綻を物語るものでした。明治に始まる中央集権的な日本国家も、第二次安倍政権の下で生じた様々な政治的・行政的なスキャンダルが示すように、二〇一〇年代後半の現在、明らかに機能不全に陥っています。霞が関官僚が実質的に国を動かす権能を持つ、日本の中央集権体制は、情報の収集・伝達手段が限られ、高い教育を受けた人間の数がごく限られていた時代の遺物です。

現在は、AIに代表される、コンピュータ技術が目覚ましく発達した時代です。日本のどこにいても、十分な情報を得ることができます。高い教育を受けた人材が、たくさんいる時代です。東京のエリートにすべてを委ねる必然性はありません。二一世紀の日本は、地方分権の方へと向かうことでしょう。明治以前の日本には、三〇〇余藩がひしめいていました。その意味で地方分権は、江戸期の方へと坂道を下りる試みと言えなくもありません。

＊自営業の復権――坂道を下る②

いま「ダイバーシティ」ということばが盛んに遣われています。しかし日本人の働き方はまことに多様性に乏しい。正規・非正規の区別はありますが、ほとんどの勤労者は、被雇用者なのですから。筆者が子どもだった高度経済成長期には、まだ農家や自営業者が、就労人口の少なからぬ部分を占めていました。筆者自身が自営業者（正確には小企業経営者）の息子であり、私が通っていた小学校の保護者の大半は、商店や町工場を営んでいたのです。中学校に入って、サラリーマン家庭の子どもたちと出会った時には、軽いカルチャーショックを覚えたものです。小さい頃から大人と接する機会の多い自営業の子どもたちは、社交的で機転の効くところがあります。しかし、いざとなったら家業を継げばいいという意識がどこかにあるためか、あまり勉強熱心とは言えませんでした。結局、「よい高校」→「よい大学」のコースを歩んだ者の比率は、サラリーマン家庭の子どもたちの方が多かったと記憶しています。

労働経済学者の野村正實は、自営業の衰退がこの国の社会に及ぼした影響を次のように総括しています。①雇用の世界に参入し、その中でキャリアを重ねていく上では学歴が大きな意味をもつ。他方、自営業の世界では学歴が持つ意味は小さい。自営の世界が失われ、雇用の世界が広がれば、社会の中での学歴主義は強化されていく。②自営業者たちは、独自の通俗道徳ともいうべき勤勉や誠実を重んじる価値意識を持っていた。自営業の衰退後に、労働人口の中で非正規雇用の被雇用者が多数を占めるようになった。しかし、非正規で働く労働者の中から、新しい価値意識が生まれる可能性は乏しい〈註19〉。野村の所説は、筆者自身の経験に照らしても説得力をもつものです。自営業の衰退によって、この国から独自の文化をもつ、一つの世界が失われてしまったのです。

第4章でみたように、ヒレア・ベロックは、「奴隷の国家」の対極にあるものとして、フランスやアイルランドのような自営業者が数多く存在し、社会の中で力をもっている社会を高く評価していました。地方への分権化が進めば、地域に根ざしたスモール・ビジネスが活気づいていくのではないでしょうか。被雇用者の世界から自営業者の世界へ。ここでもわれわれはまた一つ坂を下りていくのです。地方分権と地域経済の活性化のためには、第9章で論じた「お金」の改革と、ＢＩの導入とが不可欠でしょう。

＊兼業社会の方へ——坂道を下る③

東京の大手企業で働く人たちが、残業地獄で呻吟しています。その一方で、鳥取県のある日本酒の蔵元の社長さんは、「うちには残業はありません」とおっしゃっていたのが印象的でした。蔵で働く杜氏《とうじ》の仕事は、昔は農閑期の農民たちによって担われていました。いまでもこの会社で働く、職人さんたちのほとんどが、兼業農家です。夏の夕方や、週末は貴重な農作業タイム。残業も休日出勤もありえません。そんなことを強いれば職人さんたちに逃げられて、この蔵元は商売を畳まなければならなくなります。

わが生家は和菓子屋を営んでいますが、筆者が子どもの頃から、兄が商売を継いだ現在に至るまで、残業はほとんどありません。昔もいまも、職人さんたちの多くはやはり兼業農家。筆者が子どもの頃にいた職人さんは、お菓子作りの腕前は素晴らしいのですが、仕事をしながらお酒を飲むは、気が乗らないと仕事をしないはと、存分に「怠ける権利」を行使して、亡くなった筆者の父をてこずらせていた記憶があります。

兼業農家であれば、食べることには困りませんから、それほどの収入も必要ありません。がつがつ働く必要はない。会社に忠誠を尽くし、死に至るまでの精勤に励むことなど、兼業農家の人たちには考えもつかないことでしょう。過労死もまた兼業農家をも含む、「自営業の衰退がもたらしたもの」である可能性を否定できません。

地方では仕事がなく、暮らしていくことができないことが、大都市部への人口集中を招いています。BIが支給されれば、地方にいても少なくとも生活はできます。地方に暮らしながら、自分とその家族が食べる物は最低限自給して、残された時間とエネルギーで自分の「やりたいこと」に取り組む。家庭菜園で食べる物をまかないながら、小さな事業を営んで、公共的な活動に従事する。そうしたライフスタイルも、夢物語ではなくなります。それは、地域通貨の運動にかかわる人たちが、ＢＩの導入のメリットとして主張しているところでもあります。

二〇世紀は、一つの事業所に勤め、一つの仕事に従事する専業会社員とそれを支える専業主婦、そして両親に保護されながら勉強に励む「専業子ども」の時代でもありました。二一世紀はそれとは逆に兼業的な生き方が標準化していく時代になる可能性があります。家庭菜園や自営の世界で、子どももかつてのように働き手となるかもしれません。何かに専従することを求められない時代になれば、若者もあの忌まわしい「就活」から解放されることでしょう。

4 「怠ける権利」を阻むものは？――長時間労働信仰とジェラシー

＊なお生き残る長時間労働信仰

エネルギー革命が峠を越えた二一世紀において、エネルギー消費を増大させることは、もはや善ではありません。人間に対しても、「エネルギッシュ」は、徐々に誉め言葉ではなくなっていくはずです。労働には、環境に対する暴力という側面が、避け難くあります。環境に配慮するならば、人々はあまり多く働くべきではありません。その意味で「怠ける権利」は、すぐれて二一世紀的な権利概念であると言うことができます。

ラファルグは、一九世紀にすでに、労働時間の短縮こそが生産性を向上させると主張していました。ところがこの国の企業経営者たちの多くは、二一世紀の現在もなお、長時間労働こそが企業の競争力を高めるという信仰に取り憑かれているのです。

第二次安倍政権の目玉の一つに「働き方改革」がありました。「働き方改革」には、これまで三六協定によって事実上青天井だった労働時間に上限を設けることと、「同一労働同一賃金」の実現という規制強化の側面がありました。他方、高度な専門職は労働時間の規制対象外とする「高度プロフェッショナル制度」を導入し、労働時間ではなく成果によって賃金が決まる、「裁量労働制」の適用枠を広げるという、規制緩和の側面もあったのです。高度な専門的職業に関してのみ認められていた派遣労働の対象が、ほぼすべての職種に拡大されていった過去の経緯を想起するならば、「働き方改革」における規制緩和の部分が、実質的な残業手当の廃止と、さらなる長時間労働につながるという懸念が強くもたれることに不思議はありません。

「働き方改革」の規制緩和の部分は、財界の強い意向を受けたものです〈註20〉。労働者を長時間労働によって疲弊させてしまえば、働く者の創造性は枯渇してしまい、企業の競争力は大きく損なわれてしまうでしょう。日本の製造業が目に見えて衰退し、目を覆うような不正やミスが頻発している背景には、働く者の疲弊が一因しているのではないかという疑問も生じます。それなのに日本の企業経営者たちは、いまだに長時間社員を働かせることが、企業の利益につながると考えているのです。

＊練習をし過ぎると野球が下手になる――長時間労働神話に抗して

繰り返し述べているように、日本の学校教師の過半が、過労死レベルの長時間労働を強いられています。学校は、子どもたちが先生の背中をみて、勉強だけではなく生き方を学ぶ場所でもあります。過労死レベルの残業をこなしている先生の背中をみて育った子どもたちが、過労死予備軍に育っていくことは理の当然です。教師たちの長時間労働の原因となっているのが、中学と高校の過熱した部活動です。

しかし、近年ここに変化が生じてきています。教育社会学者の内田良は、エスカレートする運動会の「組体操」や、長時間の部活動など、現在の学校に蔓延する、不合理な慣習に疑問を投げかけています。〈註21〉長時間労働に呻吟する教師たちも、ＳＮＳ上で声を上げるようになりました。教育行政の側も重い腰を上げ、長時間の部活動を規制する方向に乗り出しています。〈註22〉

日本の学校の部活動の長すぎる練習時間に対しては、トップアスリートの側からも疑問の声が上がっています。プロ野球読売巨人軍のエースとして長年活躍した桑田真澄は、二〇一三年当時、東京六大学リーグで五〇連敗を続けていた東京大学野球部を臨時コーチとして指導しました。その時桑田は、休日には一二時間を超える東大野球部の練習時間を長すぎると批判しています。長すぎる練習時間はただでさえひ弱い東大の選手をさらに疲弊させる。長時間全力で動くことは不可能だから、選手は無意識のうちに手を抜くことを覚える。過度の長時間練習の結果、東大の選手たちは野球が上達するどころか、むしろ下手になっていると桑田は言います。〈註23〉

現役メジャーリーガーとして活躍するダルビッシュ有は、「球児よ、がんばり過ぎなくていい」というメッセージを日本の高校球児に送っています。自分は高校時代から納得のいかない練習は断固として拒否してきた。指導者の言いなりになっていると、自分で考える力がつかない。練習は質こそが重要なのであって、全体練習は三時間もやれば十分。週二日は休みをとるべきだ……。〈註24〉桑田もダルビッシュもともに、指導者に強いられる長時間の練習が、選手たちを疲弊させるだけではなく、彼らから考える力を奪い、結果として競技力を低下させてしまうことに対して、警鐘をならしています。

練習のし過ぎは百害あって一利もない。新旧の球界のスーパースターは、奇しくも同じことを述べています。「練習」を「勉強」や「労働」に置き換えても、同じことが言えるでしょう。日本人の長時間労働信仰には根深いものがあります。

だが変化の芽も萌《きざ》しています。人手不足と運送量の飛躍的な増加によって、クロネコヤマトが二〇一七年の六月に、配達の時間指定枠を縮小したことが、大きな話題になりました。やはり人手不足に伴う人件費の高騰から、二四時間営業を取りやめるファーストフード店が、これと同じ時期に相次いで出ています。これら一連の動きは、長時間労働信仰と、「消費者ファースト」の過剰サービスからの、反転現象という点で意味深いものがあります。

＊「働かざる者食うべからず」

第9章でみたように、二〇一〇年代の後半には、日銀の要職を務めたエコノミストまでもが、働かず税金を納めないでＢＩを受給する「フリーライダー」の存在を容認していました。しかし、日本の庶民が「フリーライダー」の存在を容認するとも思えません。第7章の「年越し派遣村」の例でみたように、一生懸命働いていていながら、意に反して仕事を失った人たちには同情が集まっても、生保受給者や公務員（！）のように、「働いていない」と目されている人たちへの偏見は、非常に根強いものがあるからです。

前章でみたように、二〇一〇年代前半のＢＩ論争に際しては、左翼をもって任じる論客が、強硬な反対論を述べていました。また二〇一〇年代のＢＩをめぐる論争の場となった『ＰＯＳＳＥ』は、若者の労働相談を行うＮＰＯが刊行している雑誌ですが、編集部の姿勢はＢＩに対して非常にネガティブなものでした。

日本の労働運動や左翼思想は、長くマルクス主義の圧倒的な影響下にありました。今日においても、マルクス主義の影響が完全に払拭されているとは言えません。労働を聖化するマルクスの思想に感化された「左翼」の人たちの方が、ドライな新自由主義者やテクノクラートたちよりも、「働かざる者食うべからず」という観念により強く呪縛されている可能性を否定することはできないのです。

✱ジェラシーが阻む「怠ける権利」

先にもみたように、日本経済が右肩上がりであった時代には、持てる者への「羨望」が、人々の旺盛な消費活動を牽引していました。九〇年代初頭のバブル崩壊によって、日本は長い経済的停滞の時代に突入しました。この頃から「羨望」より「嫉妬」が、社会を動かす力となっていきました。経済の停滞によって、人々がより豊かになり、社会的に上昇していく可能性は極めて小さくなってしまいます。人々のなかでは転落と喪失への恐れが膨らんでいきます。社会的上昇への望みが失われ、経済状況も厳しいものになったことによって、人々が自分よりも「上」の人を羨むことは少なくなりました。人々の比較対象は、自分と同じか自分よりも「下」の人たちに向くようになります。

ポピュリスト政治家たちは、そうした人々の心理に巧みにつけこんでいったことはこれまでの各章で見てきたとおりです。また、九〇年代以降の日本社会のなかには、ヘイトスピーチに象徴される排外主義的な傾向が強まってきています。排外主義の標的になってきたのが、中国韓国等の近隣諸国です。八〇年代までの日本は、アジアのなかで突出した存在であり、近隣諸国にとっては、経済発展の「お手本」でした。ところが九〇年代以降、近隣諸国の目覚ましい経済成長と、日本経済の停滞とによって、両者の距離は大幅に縮小しました。中韓両国は、日本の「ライバル」として浮上してきたのです。日本の排外主義の根底には、かつて見下していた国々が日本と肩を並べ、部分的には日本を凌ぐようにさえなったことに対するジェラシーがあることは否定できません。

ジェラシーに取り憑かれた人たちは、誰かが不当にうまい汁を吸っているのではないかと疑心暗鬼になりがちです。そうした人たちが、働かず税金を納めず、ただＢＩの恩恵を享受している「フリーライダー」たちの存在を能天気に許容するとは到底思えません。ＢＩの支給によって自分の生活が楽になるのだとしても、「怠けている」人々までもがＢＩの恩恵を受けることは許し難いと考える人が少なくないのではないか。

高度経済成長期からバブルの時代に至るまでの、経済が「右肩上がり」の時代の日本人は、大衆消費財や高級ブランド商品を購入することで、「上」の人たちと肩を並べたと感じ、自尊心を満足させていました。経済が停滞を続け、「上」を目指すことが困難な時代になってからの日本人は、自分よりも「下」の人たちをみて自尊心を満足させているようにみえます。こうした人たちにとって、ＢＩの支給は望ましいことではありません。ＢＩの支給によって、「生保受給者」という自分より明らかに「下」の存在が消失してしまうのですから。ジェラシーに支配され、自分よりも不幸な人たちの存在を自尊心の満足のために必要とする人々が少なからず存在する、この国の「道徳的に病める状況」も、ＢＩ実現にとっての大きな壁として立ちはだかっています。

5　ゲゲゲのヴェブレン――「なまけ者になりなさい」

＊「親性傾向」と「製作者本能」――困難の中で培われた利他的な人間性

本書においてしばしば顔を出した、かのソースタイン・ヴェブレンも人間の知的活動は、「怠惰な好奇心」につき動かれたものだという見解を述べています。ヴェブレンは、「怠惰な好奇心（idle curiosity)」を「製作者本能（instinct of workmanship)」や「親性傾向（parental bent)」と並ぶ、人間に備わった三大本能として位置づけています。本能ということばは、いまや学問の世界ではほとんど遣われることのない、死語のようなものではありますが、ヴェブレンの議論は非常に興味深いので、この三つの「本能」についての彼の説明をみてみることにしたいと思います。

「親性傾向」とは、「人間の親らしい心遣い」の意味です。それは「自分自身の子供の幸福という問題よりずっと広い関連をもつ」。そして、「すべての思慮深い人たちは……現在の世代が故意に次の世代の生活の道をより困難にすることは卑しむべき非人道的な事柄であるという見解には同意するであろう〈註25〉」。「親性傾向」に支配された人々は、子どもたちの将来を損ねてはならないという配慮のもとに、効率と節約を第一義に考え、社会集団のなかから無駄を排除しようとします。「親性傾向」には、次にみる「製作者本能」と非常に深いかかわりがあります。

「製作者本能」とは、乏しい資源を無駄なく活用して、骨身を惜しまず働き、効率よく、巧みに仕事を仕上げようとする、人間に深く根づいた傾向を言い当てたことばです。「製作者本能」の起源は、人類の長い歴史のなかでの困難な状況下における連帯の記憶にあるとヴェブレンは言います。人々が連帯して、「製作者本能」を身に付けることができたからこそ、厳しい環境の中を生き延びることも、自分たちの子ども世代を存続させることも可能になったのです〈註26〉。

集団の存続と次世代への配慮を最重視する、「親性傾向」と「製作者本能」は、ともに利他的なものです。困難な状況に人々が連帯して立ち向かうことによって、利他的な心性が育まれていくというヴェブレンの指摘には興味深いものがあります。東日本大震災の被災地でも、被災者たちの力強い連帯と、自己犠牲の精神に溢れた、英雄的な行動を伝える数多くのエピソードが生まれました。そして全国、さらには全世界からたくさんの救援が被災地に寄せられました。

しかし、大震災以降、この国の中で人々の利他的な心性が支配的になっていったとは、到底言えません。各地に避難している、福島県の子どもたちに対する、陰湿ないじめの報道が絶えません。いじめに遭い、不登校に陥った子どもの手記には、「(原発事故の)賠償金をもらっているだろうなどと言い掛かりをつけられて金銭を要求されたり、ばい菌と呼ばれ「放射能の影響ではないか」と不安になったりした経緯が記されている」〈註27〉。「賠償金」云々は、子どもの頭から出てくる発想ではありません。大人たちがそうした話をしていたのを、子どもたちが耳にしたのではないか。生保受給者バッシングを生んだのと同質のジェラシーが、避難している子どもたちを苦しめているのです。

＊「怠惰な好奇心」とは何か

「怠惰な好奇心」とは何なのでしょうか。ヴェブレンが活躍していた時代の心理学者たちは、人間行動に関する機能主義的な説明を行ってきました。すなわち、人間（あるいは広く生物有機体）は、「役に立つ」活動をする存在だという前提に、当時の心理学は立っていたのです。ヴェブレンもこの考え方を排斥はしません。しかし、役に立つ行動を志向するのとは別の性向も、人間のなかにはあるとヴェブレンは言います。それが、「怠惰な好奇心」です。人間は役に立つことだけではなく、そうではないものに対しても等しく注意を向けています。これは人間だけではなく、高度に知的な動物にもよくみられる遊び心のようなものです〈註28〉。

「怠惰な好奇心」に突き動かされて知識を収集し、それを体系化して一つの世界（宇宙）像を築き上げ、体系的にそれを語る営みを、古代から人間は続けてきました。そうした語りの真実性もしくは妥当性は、いかに劇的にかつ破綻なく、それを語りきるかにかかっています。「怠惰な好奇心」が築き上げた知の体系は、古代においては神話でした。それが、中世においてはスコラ哲学となり、近代においてその役割を担っているのは科学であると、ヴェブレンは言います。

科学者の活動が、「怠惰な好奇心」に突き動かされているということばは、奇異に響くかもしれません。一九世紀以降、それまで職人たちの経験の積み重ねの上に成立していた技術は、科学的知識と結びついて「科学技術」となり、飛躍的発展を遂げ、大きな実利と福利と、そして戦争や公害のような災厄をも人類にもたらしてきたからです。科学技術の担い手である科学者の研究の動機が、「怠惰」であると言われれば誰しもが首をかしげるところでしょう。

山本義隆も述べていたように、産業革命以降、科学は技術と結びつき、大きな成果をあげてきました。しかし、科学者の本来的な関心は、応用や実利にないとヴェブレンは言います。科学者たちの知的活動の源泉は、ただただ事実を知りたいということにあり、実際的成果はその副産物でしかないのです。それ故、科学者たちの知的探求は、北米大陸の先住民であるプエブロ族の神話作者と同じくらい「怠惰」であると、ヴェブレンは言います。〈註29〉拝みやの「のんのんばあ」も、弓ヶ浜の素朴な「神話作者」でした。「のんのんばあ」と科学者の精神には、ある部分共通性があることを非常に興味深く感じます。

＊「プラグマティズム」――「怠惰な好奇心」の敵対者としての

「怠惰な好奇心」の対極にあるものは、「プラグマティズム」であるとヴェブレンは言います。ヴェブレンの言う「プラグマティズム」は、アメリカ原産の哲学としてのプラグマティズムと同一のものではありません。哲学流派としてのプラグマティズムは、科学の精神を哲学のなかにもちこんだものであり、命題の真偽を実験によって検証可能な形で提示しようとする志向性をもつものでした。ダーウィンの進化論に深く影響されたプラグマティズムは、人間の精神や理性の起源を動植物の環境への適応行動のなかに認めています。

若きヴェブレンは、プラグマティズムの創設者の一人、チャールズ・サンダース・パースの講義を聴講しています。ダーウィンの進化論を称揚し、人間の思考習慣の形成を、人々の置かれた環境との相互作用によって説明するヴェブレンの方法論は、優れてプラグマティズム的なものということがで

きます。〈註30〉

ヴェブレンが「怠惰な好奇心」の対極に置く「プラグマティズム」とは、卑俗な意味での実用主義ととらえるべきでしょう。「プラグマティズム」は、役に立つことを第一義とするというだけにはとどまりません。他者に対して優越的な地位に立つことを至上の目的として、そのためには詐術と暴力を行使し、他者を貶めることさえ躊躇しない邪悪な心のあり方が、このことばには示唆されています。

＊「プラグマティズム」に支配された大学

ビジネス・スクールで教授される経営学や、ロースクールで講じられている解釈法学は、本来は科学ではありません。相手を貶め出し抜くことで自らの利益を増大させようとする「プラグマティズム」に属するものです。『アメリカの高等教育』という著書のなかでヴェブレンは、アメリカの大学が、彼が「産業の総帥」と呼んだロックフェラーのような大金持ちたちの支配下に置かれ（ヴェブレンが一時奉職したシカゴ大学は、ロックフェラーが創設した）、「プラグマティズム」の訓練を施す部門が肥大化していることに警鐘を鳴らしています。

ヴェブレンはまた、ロースクールやビジネス・スクールはもとより、工学や農学のようなテクノロジーにかかわる部門を含む実学を大学から分離すべきであるとも述べています。さらにヴェブレンは、いまや中等教育の域に属するようになった学部教育も大学から切り離して、大学の機能を「知のための知」を追求する、純粋科学の大学院教育に限定すべきであるとさえ主張しています。〈註31〉

大学進学率が先進諸国の多くで五〇％を超えたいま、このヴェブレンの主張は現実離れのした極論のようにしかみえません。しかし今日の日本の大学が、「プラグマティズム」に支配されていることは、疑いようのない事実です。「役に立つ」学問のみが推奨され、「怠惰な好奇心」を追い求める理系の基礎研究や人文学の研究者たちは、大学の内部で肩身の狭い思いをしています。「役に立つ」と言った時に、果たしてそれが誰にとって「役に立つ」ものであるのかが、問われることはありません。戦後の理系ブームによって拡充された大学の理工系学部が、公害型産業や軍需産業に「役に立つ」ものであることに疑問を抱き続けてきたことが、山本が全共闘運動にコミットする大きな理由となりました〈註32〉。

山本は、日本が敗戦を機に「平和国家」に転じたという考え方に異を唱えています。戦時中の飛行機の製造技術は、戦後の自動車産業の中で生かされていきました。日本の総合電機メーカーは例外なく大きな軍事部門を抱えています。日本経済の再生は、朝鮮戦争の特需景気によってもたらされました。日本で造られた兵器によって、多くの朝鮮半島の人々の命が奪われたのです。ベトナム戦争でも、同様の事態が生じました。「朝鮮や中国の人たちを殺戮するために、多くの兵器が作られていたのであり、こうして日本は復興をなしとげ、「驚異的」と言われる経済成長を達成した。ふたたび日本は、アジアの人たちを踏み台にして大国への道を歩んだのである〈註33〉」。

武器輸出を「成長戦略」の目玉の一つと位置づける安倍政権になって、大学の軍事研究を奨励する動きが盛んになっています。軍事化した経済は戦争を待望します。戦争はいまの世代の命を奪うだけではなく、「修復、修繕、補修」のための大きな負担を次世代に強いていきます。「戦争経済のこの「修復、修繕、補充」のための物質的、エネルギー的、そして金銭的な支出……は、すべて子孫の世代に付け回されることになる。……兵器生産・武器輸出は、同世代の人間に対する犯罪行為であるとともに、将来の世代からの収奪によってその「利益」を作り出しているのである」。[註34]

子孫たちの未来を奪う「戦争経済」は、ヴェブレンのいう「親性傾向」に完全に背反するものです。他者を出し抜き利益を得る「プラグマティズム」の中でも、「戦争経済」への貢献は最悪のものでしょう。大学に軍事研究を奨励する動きが盛んになってきた現在、「プラグマティズム」の排除というヴェブレンの主張は、荒唐無稽なものにみえて、優れて現実的な意味をもつものと言えます。

＊宇沢弘文——水木とヴェブレンをつなぐもの①

水木しげるとソースタイン・ヴェブレン。この一見かけ離れた二人をつなぐ人物がいます。鳥取県米子市出身の偉大な経済学者、宇沢弘文です。宇沢はヴェブレンに多くを負っていました。スタンフォード大学留学当時の下宿の主が、ヴェブレンの娘であったというから驚きです。ちなみにヴェブレンには、水木と同じように自分の子どもたちを好きなだけ寝させていたという、水木と類似の逸話（伝説？）も残っています。[註35]

宇沢には『自動車の社会的費用』という名著があります。自動車は排気ガスをまき散らし、子どもの遊び場を奪い、足の弱った老人に歩道橋を上り下りすることを強いています。高度経済成長期には、「交通戦争」と称されたほどの自動車事故による死傷者を出してもいたのです。自動車の普及にかかるこれら「社会的費用」を自動車メーカーが負担し、自動車の価格に転化されることはありませんでした。自動車の「社会的費用」は、税金等の形で普通の人々が負担してきたのです。[註36]

宇沢が指摘した産業活動の「社会的費用」が「外部化」されるという問題は、3・11の福島第一原発事故によってわれわれが経験したところでもあります。原発事故によって奪われた人々の生活と経済活動。放射能の除染活動や人々の健康のケア。そして、膨大な時間を要する廃炉活動。原発事故のために要する「社会的費用」は、天文学的な規模に及ぶはずですが、そのほとんどは国民の税負担という形で「外部化」されていくことでしょう。

＊前近代へのノスタルジア——水木とヴェブレンをつなぐもの②

ヴェブレンは機械が産業の中で大きな位置を占める時代になれば、人々の間に合理的な思考法がもたらされると考えていました。「技術者と価格体制」というエッセイのなかでは、私利私欲にとりつかれた資本家ではなく、事実に立脚した公正無私の判断を下すことのできる技術者たちに経済運営の実権をもたせるべきであると論じています〈註37〉。

科学主義者でエリート主義者であり、テクノクラート（技術官僚）が社会を支配することを理想とした思想家。これまでそうしたヴェブレン像が支配的であったことは否定できません。しかしヴェブレンには、それとはまた別の一面もあります。

ヴェブレンは、科学を十全に発展させた西欧文明を至上のものとは考えていませんでした。たしかに西欧文明は現象にたいする即物的な洞察に関しては他のすべての文明を圧倒しています。しかし、美的感覚や、勇敢さ、さらには繊細な職人技術等においては、西欧を凌駕する文明は過去にいくつもあったのです。科学者の導き出す結論は正しいのかもしれません。しかしそれは善きことでもなければ美しいことでもないのです。科学の登場は近代以降のことであり、人類の歴史のなかでは極めて新しいものです。人間は科学的探査の方法を知るはるか以前から、人間らしい生活を営んできました。科学という〝新参者〟が支配する、この世界に対する違和感を多くの人が抱いていることも、故なきことではありません。現代人のなかには、科学への鑽仰《さんぎょう》と、それへの違和感が併存していることを、ヴェブレンは正しく指摘しています。〈註38〉

科学の無機質な事実の記述への嫌悪感を抱いている人々は、現代人の中においてさえ珍しくはありません。そこには人間的な温かみもなければ、面白みもないからです。科学技術が社会に浸透すればするほど、オカルトのような、荒唐無稽な物語への需要も高まっていくとヴェブレンは言います。〈註39〉ヴェブレン自身も、ノルウェーのサーガ（古代の英雄譚）の訳業をライフワークとしていました。〈註40〉科学と技術が急速に発展し、それが庶民の生活のなかにまで入り込んできた高度経済成長期に、水木しげるの妖怪マンガが広く世の中に受け容れられるようになっていった背景には、まさにヴェブレンが指摘する、こうした心理が影を落としているのではないでしょうか。

＊「怠惰な好奇心」の赴くままに生きよ——ヴェブレンと水木しげるの教え

本章の冒頭の問いに立ち返ることにします。「怠け者になりなさい」ということばで水木は何を言わんとしたのでしょうか。水木はその生涯を通してモーレツに働いていました。彼自身は境港の比較的裕福な中産階級家庭の出身でしたが、軍隊に召集されて戦地で左手を失い、裸一貫で戦後の混乱した社会に投げ込まれています。優雅な閑暇の生活を送れる立場には、到底ありませんでした。生来の絵を描く才能を頼りに、浮沈の激しいマンガの世界を生き抜いていくためには、モーレツに働くほかはなかったのです。『ゲゲゲの鬼太郎』の大ヒットによって社会的成功を収めた後も、彼の双肩には妻子やスタッフ等、一族郎党を養うという重い義務がかかっていたのです。そうした義務から解放された晩年には、人間は怠惰の生活に戻るべきだという思いが水木にはあったのでしょう。

貸本屋時代の『墓場鬼太郎』と、後年の『ゲゲゲの鬼太郎』の絵柄は、大きく変化しています。そこに、世に受け容れられるために表現を甘口にする、「プラグマティズム」の存在を指摘することは容易です。しかし、『ゲゲゲの鬼太郎』も、妖怪マンガも水木しげるロードも、水木が何の役にも立たない妖怪についての膨大な知識を収集することなしには生まれてこなかったものです。「怠け者になりなさい」ということばによって水木は、「「怠惰な好奇心」の赴くままに生きよ」と言おうとしたのではないでしょうか。

学問とはヴェブレンも言うように、本来「怠惰な好奇心」に導かれた営為のはずです。だが日本の大学は、いまやビジネスの原理に支配されています。大学教員は、教育研究だけではなく初等中等教育の教員と変わるところのない、学生指導等の「先生」としての業務、そしてオープンキャンパスや高校訪問等の大学のセールスマン的業務に日々追われています。本来暇（スコーレ）人であるべき大学人たちが、多忙な人（ビジネスマン＝business は busy から転じたことば）になってしまいました。

大学教育の分野においても、就職と直結した学習が奨励され、「キャリア教育」という名の、就職活動に利するための科目群がカリキュラムの一部を占めています。いまの学生たちは、既存の企業社会の枠組みのなかで生きるほかに選択肢がないと、事実上洗脳されてしまっています。現在の学生たちが勤勉に授業に出席し、課題もまじめにこなすようになったのは、歓迎すべきことではありません。日本の大学は、もはや九〇年代初頭までの「レジャーランド」ではなくなってしまいました。しかし同時に、怠惰な好奇心に導かれた、「遊び」としての学問が、大学から姿を消してしまったことも、残念ながら事実なのです。

日本のマンガの巨人も、アメリカの社会科学の巨人も、ともに「なまけ者になりなさい」＝「「怠惰な好奇心」の赴くままに生きよ」と言っています。それは「プラグマティズム」の支配に窒息しかかっている、日本の大学人への叱咤激励のことばのようにも思えてきます。

【註】

〈1〉水木しげる『水木サンの幸福論』角川文庫、二〇〇七年、一二～一三頁
〈2〉水木しげる『のんのんばあとオレ』（筑摩書房、一九七七年）、同『ねぼけ人生』（ちくま文庫、一九九九年）。
〈3〉水木しげる「水木しげる出征前手記」（『新潮』二〇一五年八月号）
〈4〉前掲『水木サンの幸福論』
〈5〉水木しげる「コケカキイキイ」（『水木しげる妖怪傑作選四』中公文庫、二〇〇八年）
〈6〉水木しげるロード開設に当たっての水木の尽力は、舛田知身『水木しげるロード熱闘記―妖怪によるまちづくり境港市観光協会の挑戦』（ハーベスト社、二〇一〇年）に詳しい。
〈7〉D・リースマン、喜多村和之ほか訳『高等教育論―学生消費者主義時代の大学』玉川大学出版部、一九八六年
〈8〉中野収『まるで異星人（エイリアン）―現代若者考』有斐閣、一九八五年
〈9〉作田啓一『個人主義の運命―近代小説と社会学』岩波新書、一九八一年、一八～二五頁

〈10〉同右書、二〜八頁
〈11〉ゲオルク・ジンメル、居安正訳『社会学（上）』白水社、一九九四年、二九二〜二九四頁
〈12〉村上龍著・はまのゆか絵『一三歳のハローワーク』幻冬舎、二〇〇三年
〈13〉就職活動における「自己分析」のメカニズムについては、牧野智和『自己啓発の時代―「自己」の文化社会学的探究』（二〇一二年、勁草書房）を参照されたい。
〈14〉ジョン・メーナード・ケインズ、山岡洋一訳『ケインズ説得論集』日本経済新聞社、二〇一〇年、二〇九頁
〈15〉ドネラ・H・メドウズほか、枝廣淳子訳『成長の限界　人類の選択』ダイヤモンド社、二〇〇五年
〈16〉山本義隆『近代日本一五〇年―科学技術総力戦体制の破綻』岩波新書、二〇一八年、ii頁
〈17〉同右書、三頁
〈18〉同右書、二八七頁
〈19〉野村正實『学歴主義と労働社会―高度成長と自営業の衰退がもたらしたもの』ミネルヴァ書房、二〇一四年、二二一〜二四七頁
〈20〉二〇一八年二月、安倍内閣が「働き方改革」関連法案を一括して国会に上程した際、根拠になるデータに捏造があることが発覚し、国会期間内での成立が困難になった際、財界関係者は、一様に落胆を示した。『毎日新聞』電子版二〇一八年三月一日 https://mainichi.jp/articles/20180302/k00/00m/020/113000c（二〇一八年四月二二日閲覧）
〈21〉内田良『教育という病―子どもと先生を苦しめる「教育リスク」』光文社新書、二〇一五年
〈22〉文部科学省は、二〇一八年一月に中高の部活動の活動時間を、平日は二時間、土日は三時間程度とし、週に二日の休養日を設けるという指針を示した。『日本経済新聞』電子版二〇一八年一月一六日 https://www.nikkei.com/article/DGXMZO25758070W8A110C1CR8000/（二〇一八年四月二二日閲覧）
〈23〉NHKクローズアップ現代、二〇一三年六月三日放送「〝最弱〟チームは変われるか―桑田と東大野球部」http://www.nhk.or.jp/gendai/articles/3357/1.html（二〇一八年四月二二日閲覧）

〈24〉『朝日新聞』二〇一八年一月六日付
〈25〉ソースタイン・ヴェブレン、松尾博訳『ヴェブレン経済的文明論─職人技本能と産業技術の発展』ミネルヴァ書房、一九九七年、一三頁
〈26〉同右書、二六〜三〇頁
〈27〉『毎日新聞』電子版二〇一六年一一月一五日 https://mainichi.jp/articles/20161116/k00/00m/040/063000c（二〇一八年四月二二日閲覧）
〈28〉ヴェブレン前掲書、六九〜七一頁
〈29〉Veblen.T 1961 *The Place of Science in Modern Civilization* Routrege/Toemmes Press p.17
〈30〉哲学流派としてのプラグマティズムについては、鶴見俊輔『新版　アメリカ哲学』（講談社学術文庫、一九八六年）を参照されたい。
〈31〉Thorstein Veblen 1918 *The Higher Learning in America-A Memorandum on the Conduct of University By Business Man*
〈32〉山本義隆『私の一九六〇年代』金曜日、二〇一五年
〈33〉山本『近代日本一五〇年』二二〇頁
〈34〉同右書、二五三頁
〈35〉J・ドーフマン、八木甫訳『ヴェブレン─その人と時代』ホルト・サウンダースジャパン、一九八五年、四三〇頁
〈36〉宇沢弘文『自動車の社会的費用』岩波新書、一九七四年
〈37〉ソースタイン・ヴェブレン、小原敬士訳『技術者と価格体制』未来社、一九六二年
〈38〉Veblen.T 1961 *The Place of Science in Modern Civilization* Routrege/Toemmes Press pp.30-31
〈39〉Veblen.T 1961 *The Place of Science in Modern Civilization* Routrege/Toemmes Press p.26
〈40〉稲上毅『ヴェブレンとその時代─いかに生き、いかに思索したか』新曜社、二〇一三年

あとがき

＊消えた「定休日」

筆者たち一家が鹿児島から、相模原に転居してきたのは、一九九九年のことです。市の南部に位置する筆者たちが越してきた街は、デパートと大きな駅ビルのある、思いのほか便利な所でした。近接する厚木基地を離発着する、米軍機の騒音には悩まされましたが。米軍病院の跡地に造られた、公団の賃貸住宅に筆者たちは居を構えました。一九八〇年代の末にこの団地ができた当時には、米軍兵の幽霊が出るという噂が絶えなかったといいます。団地の住人たちが、「お祓いをしてくれ」と公団に頼むと、「アメリカ兵は日本語が分からないからお祓いはしない」という答えが返ってきたという、都市伝説めいた話が、まことしやかに語られていました。

一九九九年当時は、デパートは水曜日がお休みでした。このころにはまだ、「定休日」というものが存在していたのです。西暦二〇〇〇年を迎えると、街には百円ショップの看板が立ち並び、二四時間営業のお店が急増しました。デパートの「定休日」も、いつしか姿を消してしまいました。長引くデフレで消費が冷え込む中、低価格競争と長時間営業で売り上げを増やす方向に、企業は舵を切っていったのです。商品価格が下落すれば、勤労者の賃金も下がり、購買力は低下して、デフレが一層深刻化するという、悪夢のような循環に日本経済は陥っていったのです。

企業の目的が利益の追求であるとすれば、低価格競争も長時間営業もできれば避けたいと、経営者たちは考えるはずです。こんなことをしていれば、コストばかりがかかって、利益の増加が見込めないからです。日本の企業は、利益より市場占有率（シェア）を重視する傾向があります。家電量販店が「地域一番店」をアピールしているのが、分かりやすい事例です。利益よりもシェアが同業の企業の中で「一番」であるという、威信を重視する日本企業の行動原理も、低い労働生産性と、過労死を生み出す原因の一端をなしているのではないでしょうか。

＊働かざる者食うべからず？

筆者は現在の職場に移ってほどなく、骨髄の難病を発症しています。幸い兄と骨髄の型が一致し、神奈川県内の大学病院で移植手術を受けることで、一命をとりとめました。筆者が九九年の暮れに退院した際、街の本屋の書棚には、『パラサイト・シングルの時代』（山田昌弘著、ちくま新書）が平積みになっていました。学業を終え、十分な収入を得ながら親元を離れない若者たちが不況の原因を作っている。これが同書の主張でした。筆者が復職する直前の二〇〇〇年三月末には、ＮＨＫ総合テレビで「プロジェクトX～挑戦者たち」の放映が始まっています。日本人が勤勉だったから、高度経済成長は達成された。いまの日本人――とくに若者――が「怠け者」になったから、この国は衰退した。そうしたプロパガンダが盛んに行われていた時代でもありました。

高度経済成長期には、植木等演じる怠け者的なサラリーマンが大きな人気を博していました。そしてバブルの時代には、投機がもてはやされ、額に汗して働くことは、貶められてさえいたのです。とところが、経済が右肩下がりの二〇〇〇年代を迎えるころから、突如、「働かざる者食うべからず」という風潮が世を覆うようになりました。もはや労働力集約型産業が花形の時代ではありません。すぐれたアイデアが大きな利益を生み出すとされる時代です。大変皮肉なことに、労働がもはやそれほど必要とされなくなった時代に、労働への強迫が世を覆っていったのです。

日本人は、勤勉な国民だと声高に主張する人々がいます。ところが、生活保護の不正受給の比率が誇大に語られ、ＢＩの論議に際しては、働かず、税金を納めることなく制度にただ乗りする「フリーライダー」（すなわち怠け者）の存在が問題にされます。本当に勤勉こそが日本人の国民性であるとすれば、生活保護費を不正に受給しようと考える人間がそれほど大勢いるはずがありません。ＢＩで生活費を充たすことができても、日本人が生来勤勉であれば働こうとするはずです。「働かざる者食うべからず」という割には、富裕層の各種の不労所得や、社会的地位の「世襲」を批判する声を聞きません。これは非常に不思議なことです。

＊無理をせず、心のおもむくままに生きる

相模原に越してきた一九九九年に娘が小学校に入学しました。娘も、四つ下の息子も、相模原市内の公立の小中高校を卒業しています。娘はすでに就職し、息子もこの原稿を書いているいま、大学四年生。父親業（？）からもそろそろ卒業です。二人の子どもを育ててみて、痛感したことがあります。それは日本の学校生活が本当に忙しいということです。部活に塾に学校行事。そして高校大学の入学試験。大学入学後も、昔と違って授業にはまじめに出なければなりません。入学当初から就職を強く

意識させられます。そして就職活動になだれこむ。ものを考える「ゆとり」も、自分が担うべき社会的役割を様々に試してみる「モラトリアム」もありません。

若者たちが社会に出ると、過酷な労働の世界が待ち受けています。筆者の周辺にも、働き過ぎが原因で心身に不調をきたし、仕事を辞めていった若者が何人もいます。これまでの日本社会は、ひたすら経済の成長を、すなわち「進歩」を目指してきました。その「進歩」の果てに到達したのが、若者が過労で倒れるほど働く社会かと思うと悲しくなります。

人々がそれほど無理をして働かなくとも、心のおもむくままに生きていくことができる。そうした社会への「進歩」を目指していくべきではないのか。『怠ける権利！』という本書の一見エキセントリックなタイトルには、そうした思いが込められています。財源等、未解決の問題も数多くありますが、近年にわかにＢＩの実施が現実味を帯びてきました。本書でみたとおり、ＢＩはこれまで社会福祉の問題として語られてきていました。筆者は、ＢＩを「人々がそれほど無理をして働かなくとも、心の赴くままに生きていくことができる」社会にとって不可欠な経済インフラとして考えています。それはかのバートランド・ラッセルが主張したところでもあります。

『ジェラシーが支配する国』と同様、本書の刊行にあたっても高文研編集部の真鍋かおるさんのお世話になりました。出版の依頼を引き受けたのが二〇一四年の一月。それから四年もの歳月が流れてしまいました。筆者が怠惰に日々を送った結果です。さすがにこのままではいけないと思い、二〇一七年の年初から筆者は本書の執筆にとりかかりました。それからの約一年間は、己の怠け心との戦いの日々となりました。怠惰を礼賛する言説でさえ、それが世間で通用するものとなるためには、刻苦勉励を求められる。「怠ける権利」が、内包するパラドクスを思い知らされた日々でもありました。

二〇一八年五月末日　梅雨の訪れを感じさせる相模大野にて

小谷 敏

小谷　敏（こたに・さとし）

1956年鳥取県生まれ。大妻女子大学人間関係学部教授。
専門は現代文化論。
著書：『若者たちの変貌』（世界思想社、1998年）、『子どもたちは変わったか』（世界思想社、2008年）、『ジェラシーが支配する国』（高文研、2013年）
編著：『シリーズ　若者の現在』（全3冊、土井隆義・芳賀学・浅野智彦との共編著、日本図書センター、2010～2012年）、『二十一世紀の若者論』（世界思想社、2017年）

怠ける権利！
——過労死寸前の日本社会を救う10章

●二〇一八年　七　月二〇日——————第一刷発行
●二〇一八年一〇月　一　日——————第二刷発行

著者／小谷　敏

装幀　わたなべひろこ
装画　ワタナベケンイチ

発行所／株式会社　高文研
東京都千代田区神田猿楽町二—一—八
三恵ビル（〒一〇一—〇〇六四）
電話０３＝３２９５＝３４１５
http://www.koubunken.co.jp

印刷・製本／モリモト印刷株式会社

★万一、乱丁・落丁があったときは、送料当方負担でお取りかえいたします。

ISBN978-4-87498-653-0 C0036